"中国线王"的股票投资经典专著

卧底大牛股

均线捕捉主升浪

刘烜鑫 / 著

四川人民出版社

图书在版编目（CIP）数据

卧底大牛股：均线捕捉主升浪/刘炟鑫著. —成都：
四川人民出版社，2015.9（2018.4 重印）
ISBN 978-7-220-09551-1

Ⅰ. ①卧…　Ⅱ. ①刘…　Ⅲ. ①股票投资—基本
知识　Ⅳ. ①F830.91

中国版本图书馆 CIP 数据核字（2015）第 164455 号

WODI DANIUGU JUNXIAN BUZHUO ZHUSHENGLANG

卧底大牛股：均线捕捉主升浪

刘炟鑫　著

责任编辑	江　风　叶　驰
封面设计	江　风
技术设计	戴雨虹
责任校对	蓝　海
责任印制	王　俊
出版发行	四川人民出版社（成都槐树街 2 号）
网　　址	http：//www. scpph. com
	http：//www. booksss. com. cn
	scrmcbs@sina. com
发行部业务电话	（028）86259624　86259453
防盗版举报电话	（028）86259624
照　　排	四川胜翔数码印务设计有限公司
印　　刷	成都蜀通印务有限责任公司
成品尺寸	170mm×240mm
印　　张	13.75
字　　数	175 千
版　　次	2015 年 9 月第 1 版
印　　次	2018 年 4 月第 2 次
印　　数	5001—8000 册
书　　号	ISBN 978-7-220-09551-1
定　　价	40.00 元

目录

CONTENTS

卧底大牛股：均线捕捉主升浪

普希金有首诗："假如生活欺骗了你，不要悲伤，不要心急！忧郁的日子里需要镇静，相信吧，快乐的日子将会来临！心永远向往着未来，现在却常是忧郁。一切都是瞬息，一切都将会过去，而那过去了的，就会成为亲切的怀恋。"证券市场也是如此，绝大多数的投资者在市场上经历千辛万苦，亏得一塌糊涂，却还对市场抱有莫大的期待，仍不离不弃，说明即使市场有很大的风险，仍具有非常大的魅力，不断吸引着新的股民前仆后继奔赴其中。据统计，当前我国证券账户已超过 2 亿。

股市既令人着迷又让人悲伤，投资者自从踏入股市那天起，就开始与狼共舞，有的在股市折腾了 N 年，至今也没有摸透股市的规律，他们抱着发财梦兴冲冲地来到股市，而股市却让他们变得比过去更加贫穷，是他们不努力不刻苦吗？是他们运气不够好吗？答案是否定的，关键可能是交易思路出了问题。无论哪个行业，成功者总是少数，二八法则在证券市场体现得更为淋漓尽致，如果你想成功，那就意味着你要走少数人选择的正确道路，要比别人付出更多的代价。如果投资者真心喜欢炒股并且愿意把它当作一辈子的事业去做，就一定要做好吃苦和迎接失败的准备，成大事者亦必有坚忍不拔之志。人不是命运的囚徒，而是自己思想的囚徒，每个人都可以创造奇迹，每个人都有天赋潜能，炒股的成功，不仅要有一套成熟稳定的交易系统，而且要有遵守操盘纪律的决心和执行力。股市里极少数人拥有的财富超过了大多数人所拥有的财富总和。假设我们打破金融寡头对股市的垄断，然后对股市财富来一次平均分配，凡是在证券公司开户的所有股民每人账户分配 100 万元，所有股民都在同一个起跑线上操作股票。如果没有一套成熟的交易系统，没有一个正确的交易理念，没有一个严明的操作纪律，几年后，大多数股民账户里分配到的 100 万元将会再次回流到少数人的口袋里。股市如战场，行军打仗来不得半点含糊与虚假，否则，付出的将是金钱甚至生命的代价。

笔者出版的第一本图书《一线牵牛股——精准狙击买卖点》重在大方向与理论，是基础；第二本图书《三线骑牛股——精确掌控支撑与压力》重在小细节与技术，是完善；第三本图书重在阐述如何捕捉主升浪，在短期内获取暴利，是升华。它们之间是一个完整的系统，相辅相成，珠联璧合，能在实战中真正展现出一线交易价值系统的强大威力与无穷魅力！若这套系统能帮助广大缺少核心交易系统的股民，在实战中提供强大的理论与技术上的依据，笔者则甚为欣慰。本书的主要内容包括：交易系统综述、5 日均线战法、10 日均线战法、攻击线战法、中心线战法、防守线战法、分钟均线战法、周均线战法、实盘展示与读者来信，共计九章。

本书理论与技术观点纯属个人之见，笔者热诚欢迎您的质疑和批评，真诚期待国内外各路投资高手的指点与交流，共同完善中国人自己的均线法则。

刘烜鑫

2015 年夏于粤北黄岗山中

第1章 交易系统综述

《龙韬·军势篇》云："夫将有所不言而守者，神也；有所不见而视者，明也。"意指将帅用兵能不动声色且胸有成竹的叫作神，情况尚未明朗而能看出端倪的叫作明。

《周易·系辞上》云："一阴一阳之谓道"，意指宇宙间一切事物都是由阴阳之气构成，它们互相对立着，依存着，发展着，变化着。对立而又变化，这就叫"道"，也就是规律性。

对这两则典故的借鉴意义，可用如下字句阐释：阴阳多空战事紧，11重滤网观仔细，理论法则不可少，姜公钓鱼凭自然，交易系统是关键。

什么是交易系统？交易系统是指完整的交易规则与体系。

一套设计良好的交易系统，必须对投资决策的各个相关环节作出相应明确的规定。这种规定必须是客观的、唯一的，不允许有任何不同的解释。

一套设计良好的交易系统，必须符合投资者的心理特征、投资对象的统计特征以及投资资金的风险特征。

交易系统的特点在于强调其完整性和客观性，并且保证该系统交易的可重复性。从理论上说，对任何使用者而言，如果使用条件相同，则操作结果

就应该相同。系统的可重复性即是方法的科学性，系统交易方法属于科学型的投资交易方法。完整的交易系统应该包含以下五个方面：

一、理论基础

在任何市场交易任何品种，都要有理论上的支持，否则，交易就是无规则的，或者规则形同虚设。

二、资金管理

有关交易量的决策是基本的，然而，这又通常是被大多数交易者曲解或错误对待的。交易量的多少会影响交易品种的多样化。多样化就是在诸多投资工具上分散风险，并通过增加抓住成功交易的机会而增加赢利的机会。正确的多样化要求在多种不同的投资工具上进行类似的（如果不是同样的话）交易。资金管理实际上是通过不过多交易，或者说限制交易来避免在良好的趋势到来之前就用完自己的资金，并借此控制风险。

交易量是交易中最重要的一个方面。大多数交易新手在单项交易中冒太大的风险，即使他们拥有其他方面有效的交易风格，也大大提高了破产的概率。

三、风险控制

进场建立头寸之前，应该预先设定退出的点位，一旦发现交易方向与预判的价格波动方向相反，要在第一时间止损出局。不会止住亏损的交易者很难取得成功。

四、技术依据

依据某种信号进行买卖是交易决策的技术依据，入市信号显示进入市场时，买入的明确价位和市场条件，离市信号显示退出市场时，卖出限制赢利或者亏损的头寸。就本书所讲述的交易系统而言，逢峰调压或遇谷调撑所得出的山峰线与山谷线都是技术依据，举例如下。

买入信号：

1. 当股价站上 10 日均线，同时 10 日均线角度大于 30°，建立短线仓位。

2. 股价站上 30 日均线，同时 30 日均线角度大于 15°，建立中线仓位。

3. 当股价站上 60 日均线，同时 60 日均线角度大于 0°，建立长线仓位。

卖出信号：

1. 当股价跌破 10 日均线，平出短线仓位。

2. 当股价跌破 30 日均线，平出中线仓位。

3. 当股价跌破 60 日均线，平出长线仓位。

五、操作策略

资金进退可能会导致价格显著的反向波动或者影响市场走向，所以在操作过程中应该设立交易的方法。例如，投资者利用防守线操盘时，采取降低机会成本买卖股票的方法就是一个不错的操作策略。

在建立一个完善的股票交易系统的时候，还要注意以下几个问题：

1. 资金有多少？

2. 这些资金的情况？

3. 自己每天在交易上能花多少时间？

4. 自己的计算机水平如何？

5. 自己在个人纪律方面的优势和劣势是什么？

6. 自己能忍受多大的资金损失？

7. 自己对交易系统的赢利期望是多少？

第一节　止损与资金管理

《孙子兵法·虚实篇》云："故兵无常势，水无常形。能因敌变化而取胜者，谓之神。故五行无常胜，四时无常位，日有短长，月有死生。"意指军队没有永恒不变的态势，正如流水没有永恒不变的形状。能随着敌情的变化而采取适宜的战法取得胜利，就可以说是用兵如神。一线操盘的纪律是"唯信号论，摒弃幻想。"如果在五大买点位置建仓以后，股价没有按照预期的方向波动，一旦到了止损位置，按照资金管理原则，就必须无条件卖出股票。

一、止　损

止损是指当某一笔投资出现的亏损达到预设数额时，交易者及时斩仓出局，以避免造成更大亏损的行为。其目的在于：当投资失误时，能把损失限定在可承受的较小范围内。股票投资与赌博的一个重要区别就在于前者可通过止损，把损失限制在一定的范围之内，同时又能够最大限度地获取报酬。换言之，止损可以让我们以较小的代价博取较大利益成为可能。股市中无数血的事实表明，一次意外的投资错误足以导致满盘皆输，而止损能够帮助投资者减少致命伤害。

证券投资界有句名言：止损错了也是对的，硬撑对了也是错的。股票交易是一种概率游戏，没有万无一失的好事，也不存在万全之策，必须采取纠错机制，正如索罗斯所说，投资本身没有风险，失控的投资才有风险，止损远比赢利重要。打个比喻：投资人每一次操作股票，就像士兵投入一场战斗。在股票操作之前做好止损准备，就像士兵在战斗前做好戴头盔穿护衣等战前准备。如果止损造成一次小的亏损，就像士兵在战场上负了轻伤。如果操作不慎，严重亏损，就像士兵在战场上严重受伤。如果操作失败，把资金亏完，就像士兵不幸中弹牺牲。不同的是，士兵作战牺牲后还有国家给予的荣誉，股民如果把资金亏完，什么也得不到。

实战中，常见的止损方式有以下几种。

1. 刚性止损

刚性止损也叫机械止损或固定止损。不管是在哪个位置、什么趋势，不管是在操盘线上还是在操盘线下买入的筹码，如果买入后股价没有上涨，就应该在买入价出现亏损3%时，坚决止损卖出，当然，止损的比例还可以按照自己的风险偏好另行设置。尤其是在震荡市或熊市中，更要严格执行这种止损方法。如果交易者发现交易信号止损幅度偏大，就必须削减幅度，甚至更换止损幅度小的信号进行交易，总之，止损幅度必须是交易者可以接受的亏损幅度。

2. 形态止损

当股价击破头肩顶、M头、多重顶、圆弧顶等头部形态的颈线位，或形成一阴包三阳的断头铡刀等见顶的K线形态并得到确认后，应坚决止损离场。

3. 点位止损

如果股价跌破关键点位，如石墨烯柱（参见作者《一线牵牛股——精确狙击买卖点》）、最低点、前一根K线的最低价、前期谷底点等，应该坚决止损离场。

4. 操盘线止损

按照一线操盘系统中五大买点位置买入股票后，如果股价没有按照预期上涨，其后的收盘价只要跌破任何一条操盘线就要卖出，因为股价跌破操盘线就意味着一个上涨攻击波段的行情结束。在实际交易过程中，可把中心线、攻击线、防守线设定为短、中、长周期的止损线。

5. 趋势线止损

买入股票后，如果股价没有按照预期上涨，且收盘价跌破水平趋势线、倾斜趋势线时，止损出局。

6. 基本面止损

当个股的基本面发生了根本性转折，或者预期利好未能出现时，交易者应摒弃任何幻想，不计成本地把筹码卖出，这时不能再看任何技术指标，因为决定技术面走势的基础已不复存在。如果主力机构或者上市公司出现重大不利消息时，如被查或有迹象显示其资金断裂，应果断斩仓出局。

在实际操作中，为减少受损程度，降低止损次数与幅度，提高赢利幅度，可以采取以下几种技术手段：

1. 同一根操盘线进出

买入点若选择的是某根操盘线的突破点或者回踩点，买入后发现股价没有按照预期上涨，只要股价跌破此线，坚决止损卖出。买入点距离止损标的位置越近，买入后万一出现亏损，幅度则越小，机会成本越低，符合大赚小赔的原理。

2. 选择均线黏合的标的股票

均线黏合的目标股票，各个时间周期的市场成本接近一致，整理充分，容易上涨。

3. 长买短卖主动止损

股价靠近长周期线即市场成本低的位置可以买入，如果跌破此线或市场成本高的短周期线应该卖出，主动止损。

二、资金管理

资金管理是交易系统中最重要的环节之一。国内的期货、股票投资者不少，很多人将自己多年挣得的血汗钱投入其中，却全然不去思考一些值得思考的问题。以至于最后血本无归，实在令人扼腕叹息。很多人认为，证券市场是一个相对较为公平的市场，在这里，只要你想买，几乎总有卖家，只要你想卖，也几乎总有买家。赚钱之道似乎只有一个，那就是做对方向，只要行情预测对了，总是可以发财的。如果亏了，只怨自己做错行情。然而，我并不认同以上观点。《太白阴经·善师篇》云："善师者不阵，善阵者不战，善战者不败，善败者不亡。"意指善于统兵的人，不布阵；善于布阵的人，不打仗；善于打仗的人，不失败；善于处置失败的人不会灭亡。善于实战的人，见可则进，根本不需要什么招数。善于钓大鱼的人，从不频繁操作。严格执行指令的人，受伤害的时候少。有错就改的人永远不会失败。同样，只有学会"善"，才能立于不败之地。市场只给予那些尊重市场、懂得资金管理的人应得的回报，消灭一切凭着血性做单的交易者。

在资金管理过程中，加仓是很重要的一个操作步骤。在交易过程中，当第一笔投资开始有了利润，价格走势仍有机会进一步发展时，要懂得加仓，以争取利润的最大化。加仓分为三种。

1. 金字塔加仓法

金字塔加仓是风险相对较小的一种方法，必须满足以下三个条件：

(1) 每次加仓前必须要求前面的仓单已经赢利。

(2) 每次加仓数量不应该大于初始开仓的仓位数量，第二笔加仓的仓单数量必须比第一笔仓单数量小。

(3) 多数情况下，在同一种投资标的上的加仓次数不超过三次。

常见的金字塔加仓类型主要有：532、443、211 等（数字表示仓位量的大小，如 5 表示 50%仓位量）。

此种加仓法的优势在于可以比较有效地避免亏损。例如，如果发现第一次加仓后出现行情逆转，最低要求股价跌到第一笔开仓价位和第一次加仓价位之间的中间价格位置以前全部清仓。又如，如果第三次加仓后发现行情逆转，以同样的方法，可在第二次加仓和第三次加仓的中间价格位置，将第二次和第三次加仓的全部仓单进行清仓，至少保证这两笔加仓不会亏钱。在此基础上，可以暂时保留第一笔开仓单和第一次加仓单，继续观察行情的发展，便于以后继续减仓或者继续加仓。

2. 倒金字塔加仓法

顾名思义，这种加仓法是每次加仓的仓单数量越来越多，如同一个倒立的金字塔。比如，第一个买点出现后，以 20%仓位买入；第二个买点出现后，增加 30%仓位买入，投资者对行情越有把握，投入资金相应越多。

3. 平均加仓法

即每次加仓的资金量相同，此方法较为中庸，特点介乎前面两种方法之间。

说完加仓，我们再来说说补仓。在实战中，有的投资者买入股票后，只要价格稍有下跌，不管价格破位与否就再次加大资金买入股票，目的是摊低成本，期待尽快由亏损转为赢利。实际上，这种做法极其不可取，因为一旦市场趋势继续下行，投资者将长期被深度套牢。所以，面对亏损，我的主张是“唯信号论”，坚决止损出局。

第二节 登山理论与截金道理论

《孙膑兵法·奇正》云：“战者，以形相胜者也。形莫不可以胜，而莫知其所以胜之形。形胜之变，与天地相敝而不穷。”意指战争是以作战方式取胜，恰当的作战方法与军事理论素质是取得胜利的基础，方法是不断变化的，与天地并行而无穷无尽。投资者若想要在资本市场取得胜利，必须掌握支持其交易的理论基础，好的理论静止地看，是有形的，在实战中却又无形地支持技术。

一、登山理论

登山是指在特定要求下，运动员徒手或使用专门装备，从低海拔向高海拔山峰进行攀登的一项体育活动。登山运动可分为登山探险（也称高山探险）、竞技攀登（包括攀岩、攀冰等）和健身性登山。登山设备要适应登山运动的环境条件，在设计、选材、用料、制作上要尽量使其轻便、坚固、高效，并能一物多用。经常外出进行登山野营活动对人体有很大的好处，从医学角度来说，它对人的视力、心肺功能、四肢协调能力、体内多余脂肪的消耗、延缓人体衰老等众多方面有直接益处。置身大自然，望着连绵起伏的群山，领略横看成岭侧成峰，远近高低各不同的山脉，我们会禁不住感叹大自然的鬼斧神工。

对山脉而言，自然山脉的形成是由地球自转公转、板块漂移、地壳运动乃至人工作用等内、外在力量所致，才会有我们触目可见的高低错落、蜿蜒起伏、风景如画的自然山脉。对登山而言，登山的高度取决于登山者、物质供给、山势山形等。从山脉与登山运动中我们联想到了资本市场。股价的涨跌由国家宏观经济面、政策面、基本面、题材面、资金面乃至人为操纵等因素所致。自然山脉、登山运动与股价涨跌的内部机理与外部形态具有异曲同工之妙，既有其客观性也不乏人的主观性。仪态万千、连绵起伏的山脉，与价格跌宕起伏的 K 线图何其相似。

展开我们拓展性思维与想象力：登山运动中的上山与下山，海拔高度不断向上或向下延伸的自然山峰与资本市场中股票、商品期货、现货白银黄金的价格涨跌，形神皆似。两者对应关系涵盖资本市场的各个环节，其逻辑基础惊人相似，现在把它们之间的逻辑关系列表如下，并配上象形图片，希望读者能够更加形象生动地了解资本市场与登山运动的相似之处。

1. 两者从主观性角度比较

登山运动	资本市场
登山者	投资者
上山	价涨
下山	价跌
山腰间横走	横盘
登山者体能	成交量
登山运动中遇到困难	利空
登山运动中得到帮助	利多

表 1—1

图 1—1　登山理论主观性角度象形照片

2. 两者从客观性角度比较

山脉	资本市场
高低起伏的不同山脉	高低起伏的不同 K 线
树木	K 线
海拔线	价格线
均高线	均价线
峰顶点	价格的阶段性高点
谷底点	价格的阶段性低点
地壳能量	成交量
生态环境	上市公司基本面
山上的动植物	上市公司主营业务

表 1—2

图 1—2 登山理论客观性角度象形照片

3. 树木与K线之间的逻辑对应关系

树木	K线
树梢	最高价
树干	K线的价格实体
树根	最低价
一棵树	一根K线
N棵树	N根K线
一棵树木一个海拔点	一根K线一个价格点
N棵树木N个海拔点	N根K线N个价格点

表 1—3

图1—3 登山理论树木与K线象形照片

4. 山脉均高线与股价均价线之间的逻辑对应关系

均高线	均价线
海拔基点	股票上市首日价格
海拔点	价格点
海拔线	价格线
N个海拔点的平均高度	N个价格点的平均价格
N个海拔点移动平均高度线（均高线）	N个价格点移动平均价格线（均价线）
上升的海拔均高线	登山线

表1—4

图1—4 登山理论的山脉均高线与股价均价线象形照片

5. 地壳能量与成交量之间的逻辑对应关系

地壳（登山）能量	成交量
山势	股价形态
地壳（登山）能量释放大小	成交量柱的高低
地壳（登山）能量释放形式	成交量柱的七大基本形态

表 1—5

图 1—5　登山理论的地壳能量与股价成交量象形照片

二、截金道理论

截金道理论从字面上解释，指在资本市场截取金钱的道路与方法。取名“截金道”源于李小龙先生创立的武术——截拳道。我们只要了解李小龙先生的截拳道，对截金道理论也就懂了。交易之道，刚者易折，唯有至阴至柔，方可纵横天下。天下柔弱者莫如水，然上善若水，截金道亦莫过如此。

李小龙是广东省顺德市均安镇人，是中国伟大的实战技击家、武术哲学家、世界武术改革先驱者、世界影视巨星。他于1966年创立了一种全能、无规则搏击术——截拳道，集合了咏春、太极、泰拳、空手道、柔道、跆拳道、菲律宾武术以及法国拳术等26种世界武术精华，亦如中国兵家所云“渡河未济，击其中流”之意。“截”意味着“拦截”“防守”，“拳”意味着“拳打脚踢”“攻击”，“道”即“方式方法”。而截拳道中的“道”字，除表示一种武术风格外，还包含有习武的精神修炼内容。截拳道简单解释就是“截击拳头之道”，是对付敌人攻击之方法。整个体系包括以下几个部分：

1. 截拳道的总原则

精简、直接、非传统。

启示：对应一线操盘交易系统。

2. 截拳道的最高宗旨和哲学核心

以无法为有法，以无限为有限，以无招胜有招。

启示：对应一线操盘灵魂。

3. 截拳道的武术观

武术并非单指一种体育运动或自卫术，其本身也是一种智力和技巧相配合的精妙艺术。

启示：对应一线操盘技术、纪律。

4. 截拳道的风格

大多数武术的练习只是一种模仿性的重复，如同工厂流水线产品，失去了独特性，而截拳道因人而异，根据每个人不同的特点采取最适宜、最有效的技术。

启示：对应一线操盘风格。

5. 修炼截拳道的目的

截拳道锻炼人类天生的身体武器，达到两个目的：一是摧毁面对你的敌人，消除自由、正义与人性的障碍；二是摧毁任何纷扰你心灵之物，无须伤害人，能克服自己的贪婪、愤怒与愚昧。

启示：对应一线操盘宗旨。

第三节　一线操盘术与11重滤网术

《吴子·治兵篇》云："用兵之法，教戒为先。"《百战奇略·教战篇》云："凡欲兴师，必先教战。"这两句话的意思指凡是要用兵打仗，必须先要学习好作战的方法，然后不断地训练，才能取胜。资本市场既是天堂更是地狱，投资者必须要经过严格的专业训练才能生存下去。而一线操盘术与11重滤网术就是值得我们长期严格训练的好战术。

一、一线操盘术

一线操盘术就是依据一条不同时间周期的均价线操作股票、商品期货、现货白银黄金等金融工具的技术，是以"谷底点、峰顶点、登山点、登山线、登山角"为核心要素，以"逢峰调压，遇谷调撑"为核心技术而形成的动态操盘技术。可分为广义和狭义两种形式。

1. 狭义的一线操盘术

狭义的一线操盘术，是指依据一条中心线来操盘的技术。中心线是揭开股价中级行情涨跌的临界线，在实战中意义非凡，可谓一线值千金。见图1—6、图1—7。

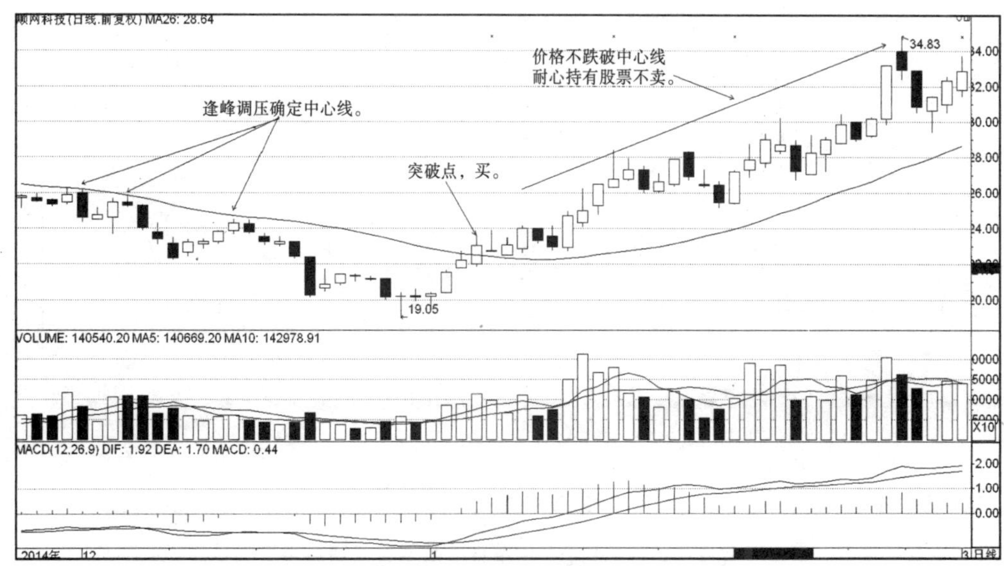

图 1—6　利用逢峰调压技术设置的一条中心线操盘

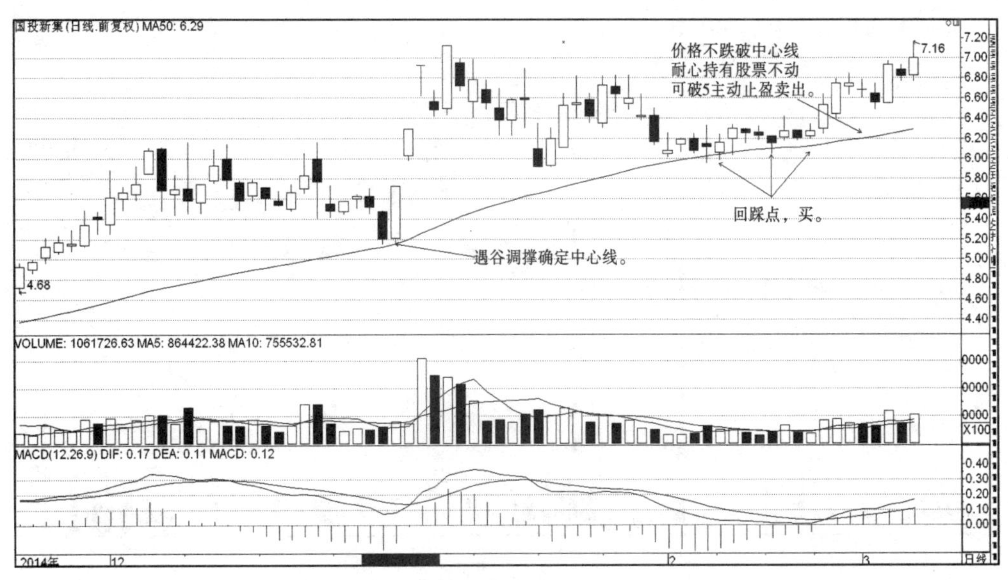

图 1—7　利用遇谷调撑技术设置一条中心线操盘

2. 广义的一线操盘术

广义的一线操盘术，是指依据任意一条操盘线来操盘的技术，包括攻击线、中心线、防守线以及其他山谷线与山峰线。见图 1—8、图 1—9。

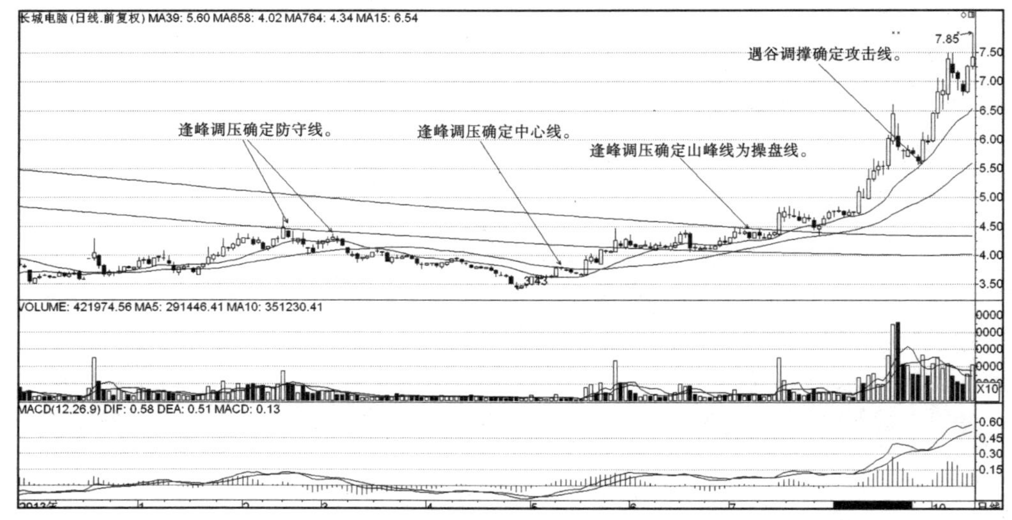

图 1—8　利用短中长期的不同峰与谷线操盘

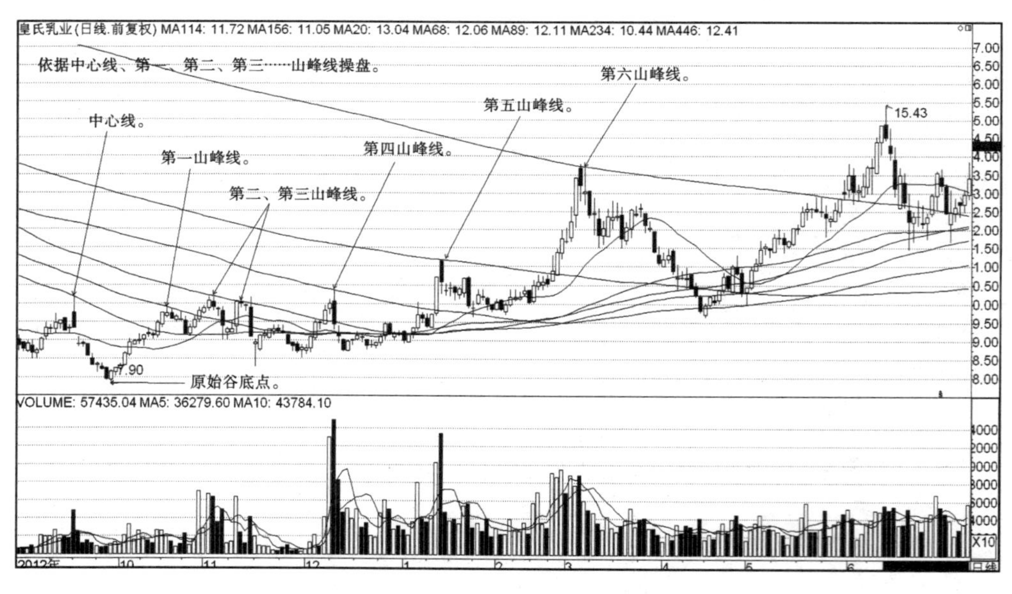

图 1—9　利用不同时间周期的山峰线操盘

二、11重滤网术

11 重滤网术结合了武学中的气宗与剑宗两派之精华，用来过滤难以避免的风险，增加交易赢利机会，决策买卖点。证券市场如“人间四月芳菲尽，山寺桃花始盛开”一般，不同个股在同一时期或同一只个股在不同时期都有不同的技术走势，阴阳转变仅瞬间之事。笔者为了防范风险，在长年的实战中，归纳总结出11重滤网术，涵盖宏观面、政策面、题材面、基本面、价、量、线、形态、位置、趋势、大盘。

1. 宏观面

我国证券市场是有着中国特色的新兴加转轨的市场，就目前而言，国有成分比重大、行政干预较多、波动性大、投机性高，由此导致股价的波动在很大程度上随着宏观面的变化而波动不定。宏观面分析包括总量分析与结构分析两种方法。常用的经济指标有GDP、CPI、PPI、M1、M2、利率、汇率等几十项，这些数据在国家统计局、国家发改委、中国人民银行、海关总署的网站上都能查询到。

2. 政策面

政策面是指对股市可能产生影响的有关政策方面的因素，包括财政政策与货币政策。对证券市场的影响主要体现在税收调节、财政支出、国债发行、财政补贴、利率政策、公开市场业务、货币供应量等方面。

3. 题材面

题材通常特指由于某一些突发事件或特有现象而使部分个股具有一些共同特征，例如资产重组、一带一路、国企改革等等。市场炒作大多以各种新颖题材做支撑，这样会产生热点，并以此在资本市场掀起波涛巨浪，这似乎已成为市场规律。炒作的来源是政策因素与重大事件。常被利用的炒作题材大致有以下几类：（1）上市公司的经营业绩好转、改善；（2）国家产业政策扶持、倾斜；（3）将要或正在合资合作、股权转让；（4）出现控股或收购等重大资产重组；（5）增资配股或高送股分红等。

4．基本面

股票代表的是上市公司，公司盈利好坏对股票价格影响最直接、最明显。为提高选股能力，投资者必须学会选公司、选企业，其基本面包括：所属行业、背景与历史、经营管理、市场营销、研发能力、融资能力、财务报表等。

5．价

价即股价，是指股票的交易价格，与股票的价值是相对的概念，股价的真实含义是企业资产的价值。它是市场中最重要、最关键、最基本、最核心的要素，是所有技术分析指标的基础和根本，也是确认形态的重要因素。

6．量

量即成交量，是指一个时间单位内，某项交易成交的数量。它是一种供需的表现，当供不应求时，人潮汹涌，都要买进；反之，供过于求，市场冷清，买者稀少。如果将买卖加以数值化，便是成交量。它是窥察散户与主力进出筹码数量的最好武器，是金钱流动的轨迹，是股价涨跌的元神，是整个盘口精神所在。

7．线

线包括均价线、量线、指标线。本书的操盘线，就是反映股价平均数值大小、运行趋势的重要指标，其方向一旦形成，将在一段时间内继续保持，而运行中所形成的高点或低点又分别具有阻力或支撑作用，因此，均价线指标所在的点位往往是十分重要的支撑或阻力位，这就为买进或卖出提供了参考，均价线系统的价值也正在于此。

8．形态

形态从字面上解释是形状、神态、姿态，是事物在一定条件下表现的形式。证券市场有K线、均价线、成交量等许多种指标的表现形式。K线形态又有圆弧底、圆弧顶、十字星、“W”底、头肩底、多重底等类型。均价线形态有黏合、金叉、靠线、发散等类型。

9. 位置

位置从字面上解释是指所在或所占的地方。证券市场是指 K 线、均价线、成交量等指标在不同时间所在的具体地方，如我们通常说的，某根 K 线在日 K 线中处于近半年的最低价，某根成交量柱是一年来的最小量等等。位置决定形态，相同的形态出现在不同位置，其市场意义是不一样的。再完美的形态，如果出现的位置不当，都将可能是失败形态。

10. 趋势

趋势就是股票价格运动的方向。趋势既是观察金融交易市场价格运行得到的规律性结论，又是分析市场的主要工具。一轮趋势一旦确立以后，其运动就将往某个特定方向移动一段时间。趋势方向分为上升方向、下降方向、水平方向，类型有主要趋势、次要趋势和短暂趋势三种。

11. 大盘

大盘通常是指全部股票或其他金融工具的汇总，多数情况下，大盘涨，八成的个股涨；大盘跌，八成的个股跌。在实战中，投资者在任何时候都要注意大盘的脸色。

第四节　如何动态调节均价线的参数值

《龙韬·军势篇》云：“势因于敌家之动，变生于两阵之间，奇正发于无穷之源。”意指军事形势是根据敌人的行动而变化，权谋的运用在敌我两方对阵的时候，奇与正的变化是依靠将领的无穷智慧。所以，重大的事情不先决定，调动军队不提前预言；同时，重大事情，提前决定不能完全相信；调动军队，战场形势变化多端，不能拘守固定的见解。同理，每只股票都有其特性，不可能有固定的均价线将其涵盖。故我们需要根据每只股票或者商品期货、现货白银黄金的走势来动态设置均价线参数值，尽量使参数值最能够体现主力意图，最贴近股价波动，最符合市场规律。这样才能以变制变，赢利市场。

一、动态设置均价线参数值的意义

均价线参数值的设置，直接决定着操盘赢利与否。经过长达十年之久的反复研究、探索、思考，历经证券市场几次牛熊转换与跌宕起伏，历经无数次遭受真金白银的亏损所试验买卖点的实战，终于，在常年的登山运动中，笔者从感悟中跳出了前人对均线参数常规设置的框架，破解了这一重大难题，创出动态设置均价参数值的操盘技术。

动态设置均价参数值不仅仅是简单调整均价线的参数，而是为了紧跟主力意图进行的调整，是为了踏准股价波动的节拍而进行的调整，是为了更好地规避风险而进行的调整，是为了在血腥市场攫取利润而进行的调整。

二、动态设置均价线参数值的方法

“不识庐山真面目，只缘身在此山中。”踏入资本市场就如进入了高低起伏的山脉，资本市场中形形色色的信息就像山脉里的花草树木一样繁多，与其随波逐流在市场迷失方向，倒不如援引动态均价线的参数，以此作为对市场预测的依据，在浩瀚如山脉般的资本市场中踏准获利步伐！

世界上万事万物是不断在运动的，股市亦如此。在令人眼花缭乱，变化无常的股价波动中，股价的阶段性高低点、趋势、基本面都在变，那么我们应该怎样去锁定这个变呢？如何寻找一个相对不变的参照物？如何寻找操盘的依据？如何寻找到最适合目前操盘的参数值？

第一种方法，我们以变制变，因股、因时、因点的变化而变化，紧紧以某个阶段价格的最大压力点即峰顶点调压山峰线，以某个阶段的最大支撑点即谷底点调撑山谷线，这样调出的参数值才是在万千密密麻麻均价线中最有用的线，才是众里寻觅千百度的她。

需要注意的是，不同投资标的在同一时间或者同一个投资标的在不同时间段调出来的参数值是不同的。这种方法也是本书倡导的，因为这种动态的设置方法最贴近市场。见图1－10、图1－11。

图1－10　逢峰调压设置操盘线

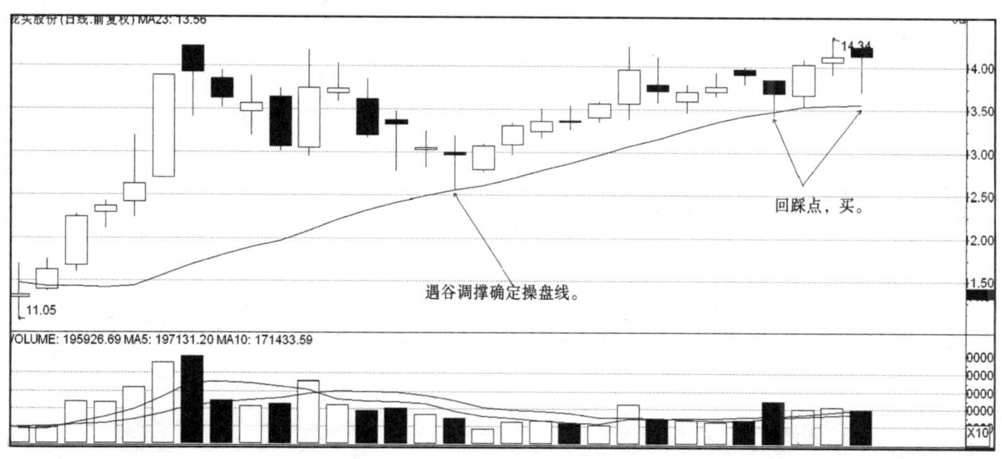

图1－11　遇谷调撑设置操盘线

第二种方法，把人的理念用计算机写成公式，使之程序化、公式化、固定化。利用计算机对某个投资品种价格的历史数据（通常为 6 个月以上）进行测试，选出赢利最大的均价线，然后采用这条均线的参数值作为下个月的操盘依据，由于这种方法不是本书的内容，故不作举例阐述。

以上两种确定均线参数值的方法，在实战操作中各有优劣，读者可以根据自己的风格偏好以及对计算机的熟悉程度进行选择。笔者提倡第一种方法，并将在接下来的章节中进行讲解。

三、动态设置均价线参数值的步骤

如果采取第一种方法确定参数值，就需要对不同的投资标的分别进行设置。接下来，就以目前市场上使用较多的通达信系统为例，将设置参数值的步骤举例如下：

1. 利用峰顶点确定中心线参数值

（1）确定阶段性谷底点与阶段性峰顶点，注意，阶段性谷底点的位置在后，阶段性峰顶点的位置在先。见图 1—12。

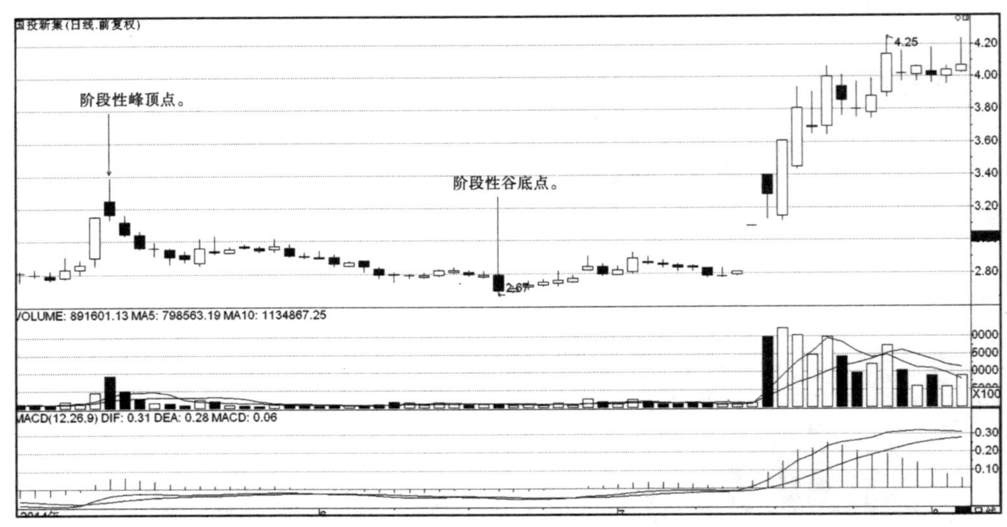

图 1—12

(2) 输入“MA”两个字母，调出交易终端系统默认的参数值，如MA5、MA10、MA20、MA60。见图1—13。

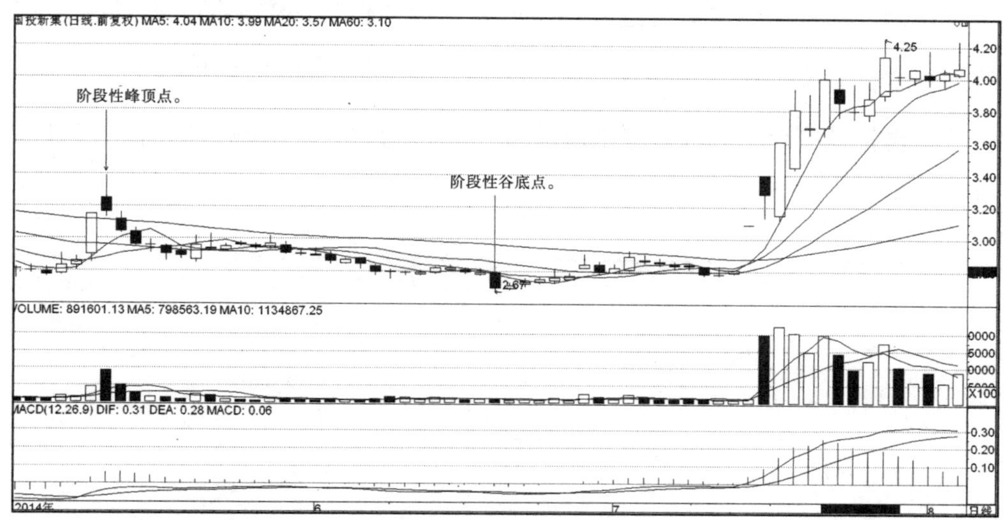

图1—13

(3) 选择任意一根均价线点击右键，选择“调整指标参数”一栏，点击，系统弹出调整参数的对话框。见图1—14。

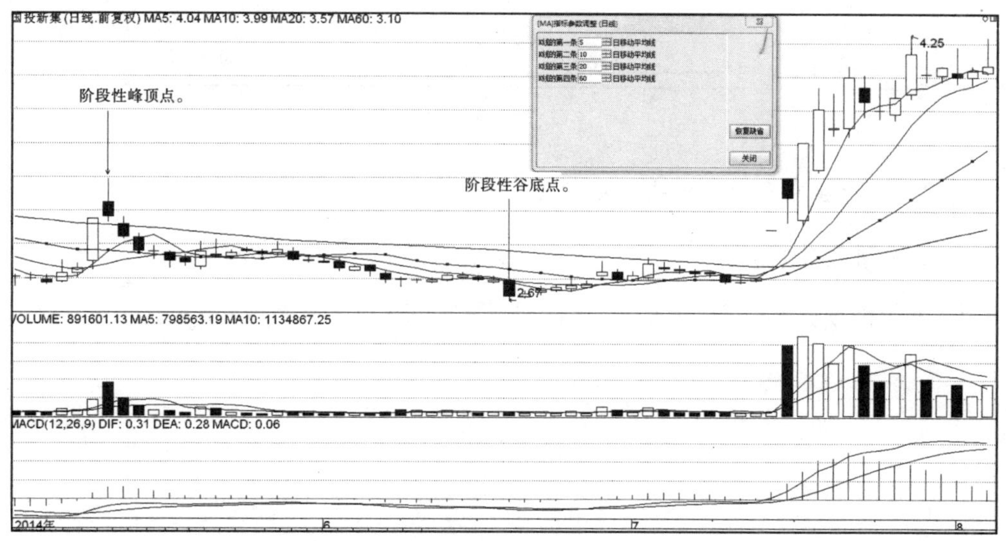

图1—14

(4) 翻动对话框中数字后面的上下箭头(箭头上翻数值变大，下翻数值变小)，就可改变参数值的大小设置。

在调整均价线参数值的过程中，可以选择调整对话框中第一条移动平均线的参数值，使其刚好经过阶段性峰顶点，并以此数值的均线作为中心线，接着，再把其剩余移动平均线的参数值都修改成经过峰顶点的相同参数值。见图1—15。

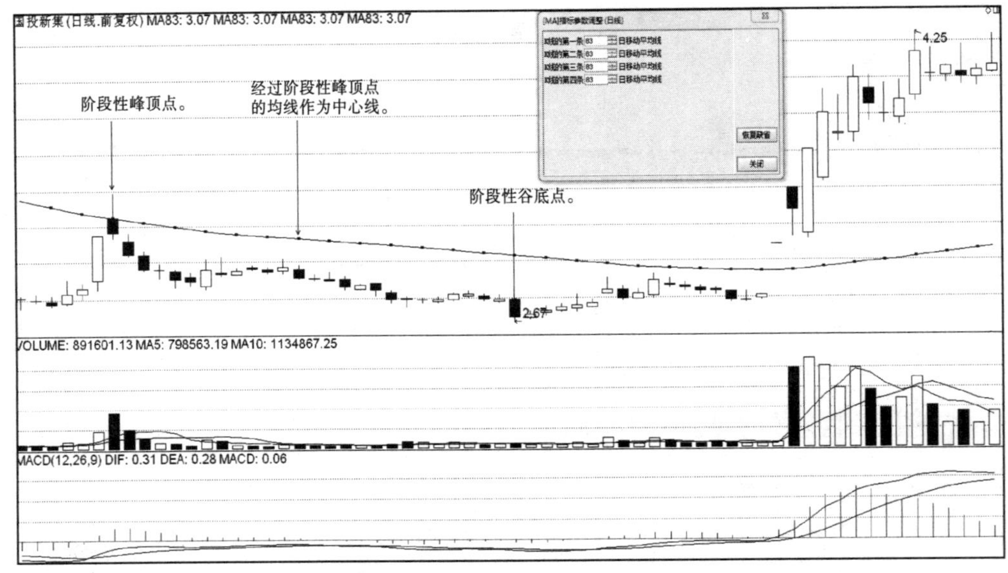

图1—15

2. 利用谷底点确定攻击线参数值

(1) 确定中心线

用前面所述的方法设置中心线。见图1—16。

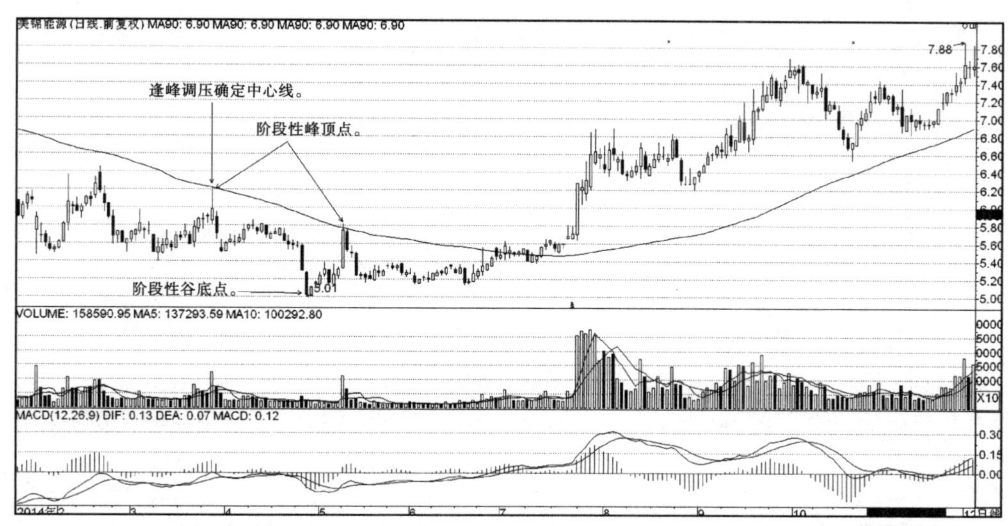

图 1—16

（2）在中心线附近寻找一个阶段性明显的谷底点。见图 1—17。

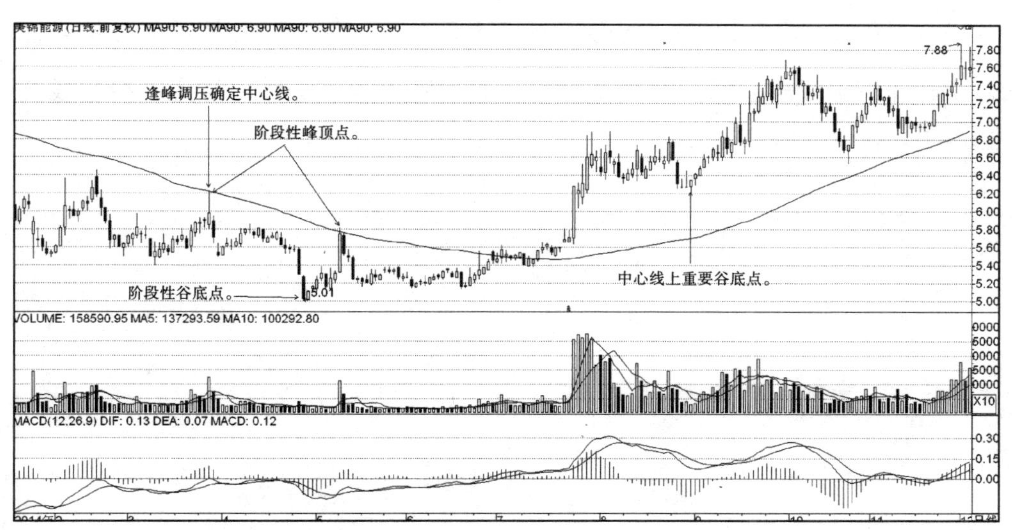

图 1—17

（3）选择均价线，点击右键，选择“调整指标参数”一栏，点击，系统弹出调整参数值的任务框。见图 1—18。

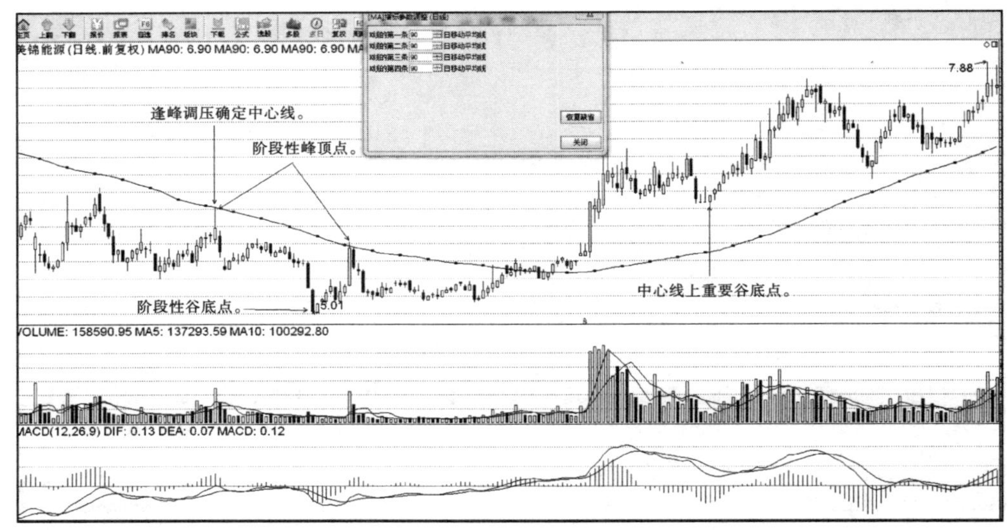

图 1—18

（4）翻动对话框中数字后面的上下箭头（箭头上翻数值变大，下翻数值变小），就可改变参数值的大小设置。调整对话框中第一条均线的参数值，使之刚好经过阶段性谷底点，并以此数值的均线作为攻击线。注意，中心线参数值不作修改。见图 1—19。

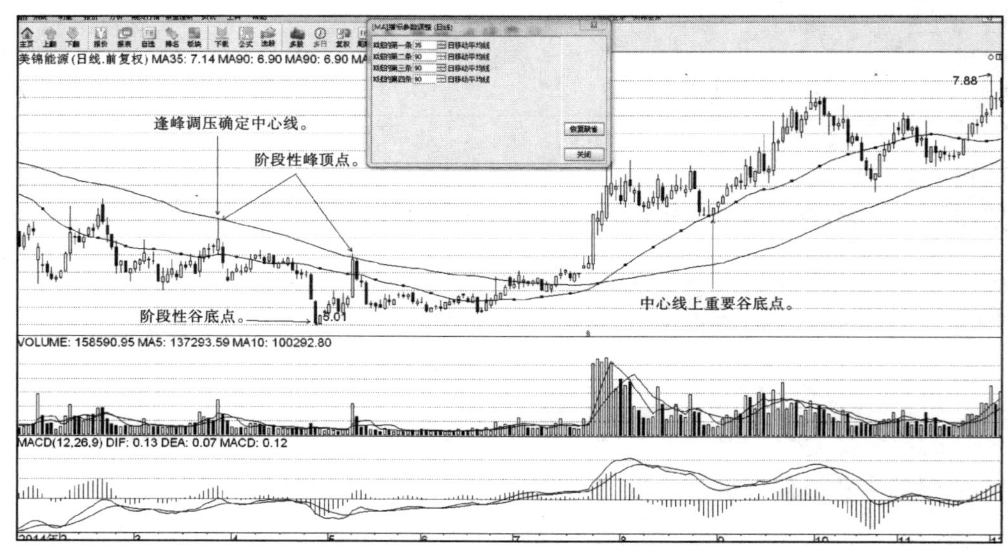

图 1—19

攻击线和防守线的设置步骤与中心线的设置步骤相同，但三者选择峰与谷的位置不同。

如果要用第二种方法，就要把人的理念用计算机写成公式，使之程序化、公式化、固定化。鉴于这种方法，笔者在前面已经作了大致介绍，而这种方法不是本书讲述的内容，故不再赘述。

第2章 中心线战法

唐代李筌《太白阴经·作战篇》云："夫未见利而战，虽众必败；见利而战，虽寡必胜。利者，彼之所短，我之所长也。"意指没有见到有利因素就开战，虽然人多也必定失败。看到有利条件后采取开战，虽然人少也必会胜利，有利就是对方的短处，我方的长处。证券市场的机会天天有，不同的投资者习惯不同的交易系统，喜欢做中线投资的人只要找准、用好了中心线战法，就具有最有利的条件，想不赢利都难。

第一节　中心线概述

《孙子·谋攻》云："知己知彼者，百战不殆。"意指透彻了解敌我双方的情况，就是战斗百次，军队也不会疲惫不堪，战斗力始终保持充沛。一支军队不怕失败，怕的是丧失战斗力，在长期作战中很难确保不失败一次，难的是能够从失败中站起来，继续战斗。如果一个将领认为自己完全掌握了敌情我情，就认为万事大吉，不再为失败考虑，那么失败可能就在眼前，而且可能是一败涂地，连挽救的余地都没有。所谓“骄兵必败”就是这个道理。同样，中线投资者操作股票的风格不能东施效颦，模仿其他风格的操盘，否则容易失败。

一、中心线的定义

中心线是根据一线操盘技术之中的逢峰调压或遇谷调撑得出的一条中线操盘线，它是股价中线行情涨跌的临界线、分水岭，既蕴含费氏神奇数字、共振级数、江恩理论、道氏理论之奥秘，又符合波浪理论之意境，更是抓住了市场规律，股价波动及庄家意图之根本。此线之下，为主力吸筹、洗盘、试盘，积累中线做多能量的过程。此线之上，为主力释放能量发动中级上涨行情过程。

从登山理论解释，是登山者在登山前完成大量的准备工作后，包括体力、登山设备等，在某个海拔点开始登山之旅。从截金道理论解释，是主力在战略上处于攻击状态，构建中期作战战线。

二、中心线的设置原则

在设置中心线时，应该遵循以下五大原则：

1. 谷底点最好是原始谷底点，即波段最低点。
2. 峰顶点或谷底点越陡峭越好。
3. 越多峰顶点或谷底点经过相同设置的均线越好。
4. 原始谷底时间点择近。
5. 中心线参数值适中，即取值不可太小。

第二节　战法要素

《六韬·文伐篇》云："上察天，下察地，征已见，乃伐之。"意指上察天时下察地利，等到各种有利的特征都已显露时，就可举兵征伐。在证券市场，天时指大盘，地利指个股，大盘在上涨趋势中操作股票更能取得赢利。

实战中，利用中心线捕捉主升浪，必须满足以下四个充分必要条件。

一、确定中心线

利用一线操盘的逢峰调压或遇谷调撑技术确定中心线。

1. 根据逢峰调压确定中心线

选取最邻近谷底点的峰顶点，用逢峰调压技术确定中心线。如北方导航(600435)，见图2—1。

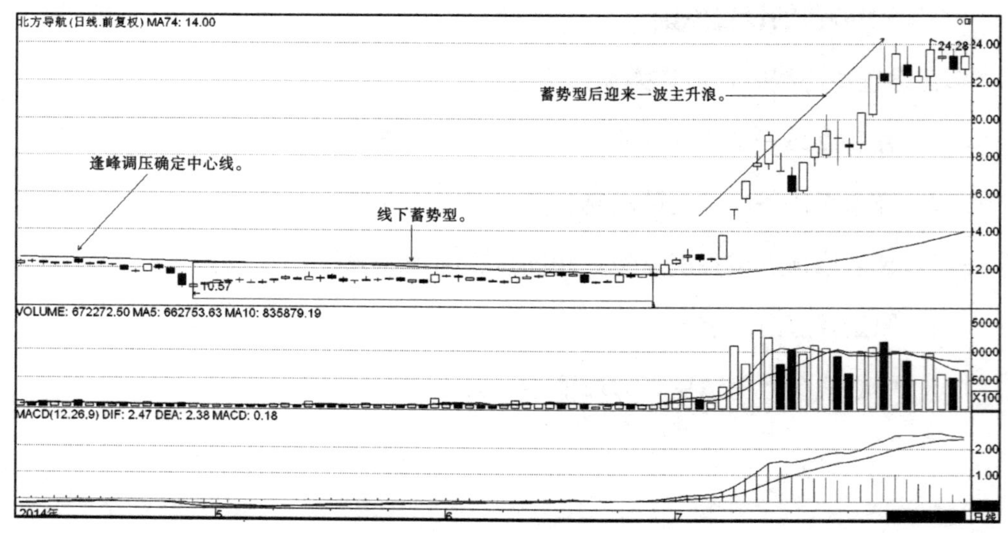

图2—1　根据逢峰调压确定中心线

2. 根据遇谷调撑确定中心线

选取谷底点，用遇谷调撑技术确定中心线。如新宁物流（300013），见图2—2。

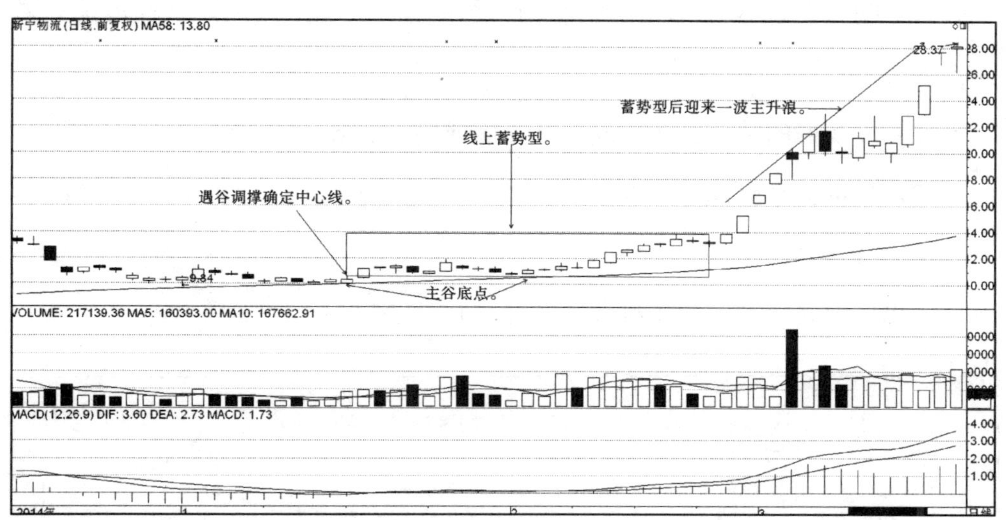

图2—2 根据遇谷调撑确定中心线

又如安居宝（300155），见图2—3。

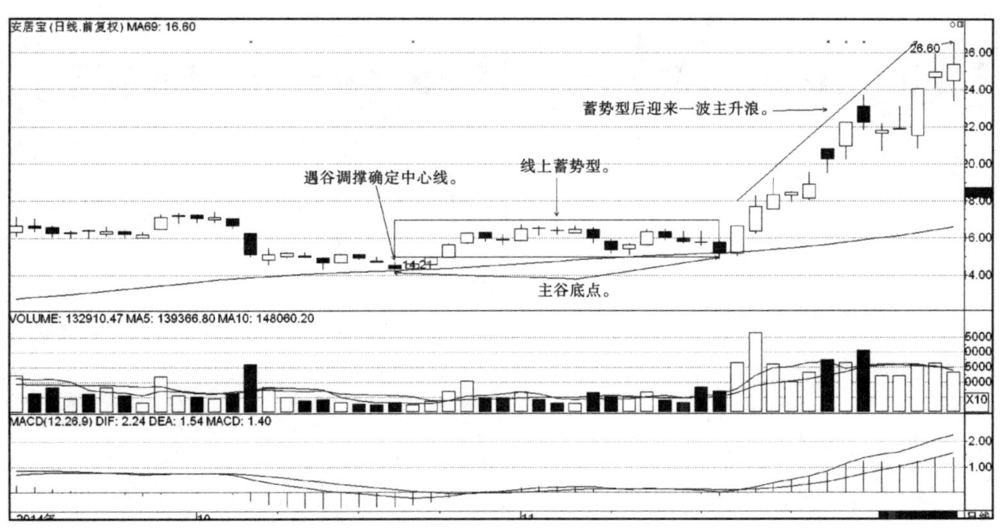

图2—3 根据遇谷调撑确定中心线

二、选择蓄势型

股价在中心线下方或者线的上方，运行的主要形态为蓄势型。蓄势型是指：

（1）绝大多数K线都是小阴小阳，涨跌幅度不超过5%，窄幅震荡，紧凑排列。

（2）K线群的结构为多重底、圆弧底或矩形底等。

（3）量价关系合理，涨放量跌缩量。

1. 双底形态

K线呈双底形态的网宿科技（300017），见图2—4。

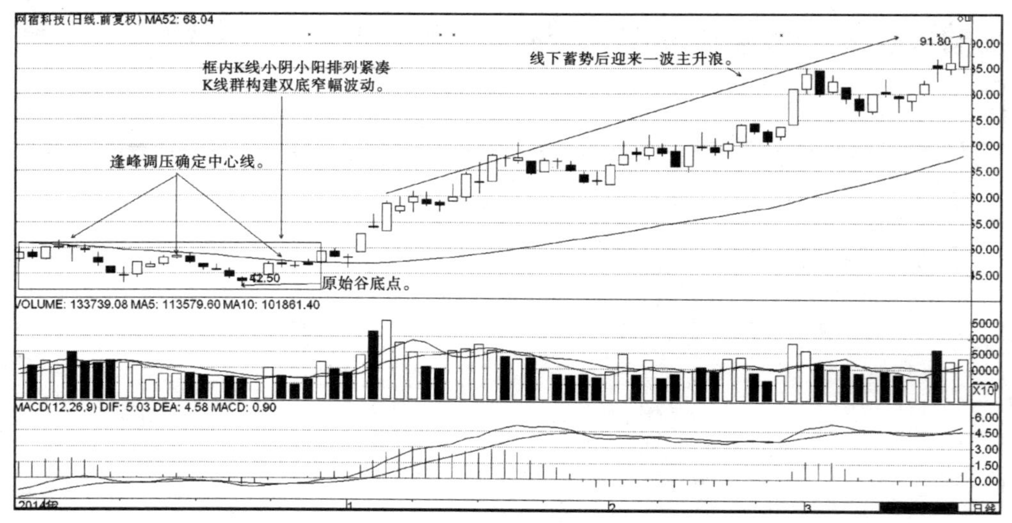

图2—4

2. 矩形底形态

K线呈矩形底的甘肃电投（000791），见图2—5。

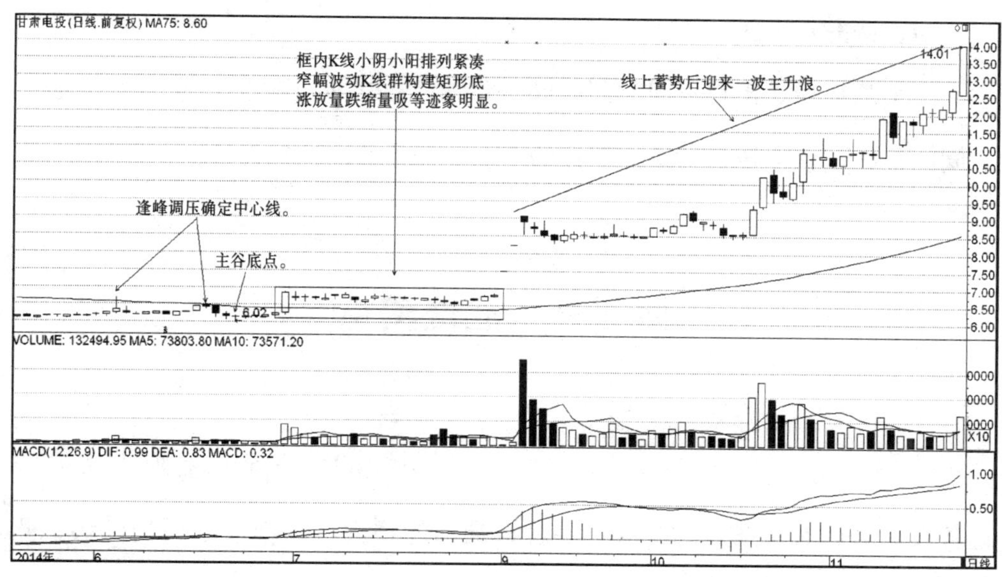

图 2—5

三、配合题材面

标的个股基本面不能出利空，而且需要符合市场当时的主流题材热点。套用当前网络上流行的说法就是，题材要在“风口”上。

如网宿科技（300017），见图 2—4，主力先在线下以蓄势型的形态收集筹码，构建了坚实的双底底部。在中心线 52 日均线被放量突破后，主力加大了拉抬股价的力度，技术特征表现涨放量跌缩量，价格屡创新高，昔日龙头风范再现，消息面上，该股集几种题材于一身如电信运营、电商、信息安全等等，给主力足够的信心与决心做多该股。

又如安居宝（300155），见图 2—3，价格在中心线上方小阴小阳窄幅横盘波动，主力控盘特征明显，不温不火地收集够筹码，边洗边拉，把一些不坚定的持股者震仓出局，在国安委成立的消息公布后，主力加快了拉抬股价的步伐，以一根倍量柱涨停板的形式启动主升浪，可谓众人拾柴火焰高，洗去浮筹后的股价就如脱缰的野马连续狂奔。

四、选准水平线

水平趋势线是指在不同时间、同一价格水平方向，峰的顶点或谷的底点之间的连线。该连线是用来捕捉标的个股主升浪有利的辅助工具。

第三节 战法买点

《三十六计·第十一计李代桃僵》云：“势必有损，损阴以益阳。”意指当局势发展必然有所损失的时候，要舍得局部的损失，以换取全局的优势。此话有辩证思维的意蕴，在利用一线操盘五大买点操作股票的时候，一旦判断失误，应该立即止损，把损失降低到最小的限度，丢车保卒再去寻找新的战机。

针对任何一个时间周期的操盘线，一线操盘技术都有五大买点，中心线亦如此。五大买点分别是抄底点、启涨点、突破点、回踩点、追涨点。一般情况下，在中心线下方通常分布着抄底点、启涨点、追涨点三个买点，在中心线上方通常分布着回踩点、启涨点、突破点、追涨点四个买点。

在实战中，价值较高的是突破点与回踩点，本章重点对这两个买点进行阐述，为突出本书的实用价值，文中所选案例主要以笔者部分曾实盘操作过的股票为主，现将五大买点标记在图 2－6 上，并分别阐述突破点和回踩点的实战案例。

一、五大买点

五大买点包括抄底点、启涨点、突破点、回踩点、追涨点，但很多时候，在实战中，其出现顺序并非固定不变，这一点请读者注意，见图 2－6。

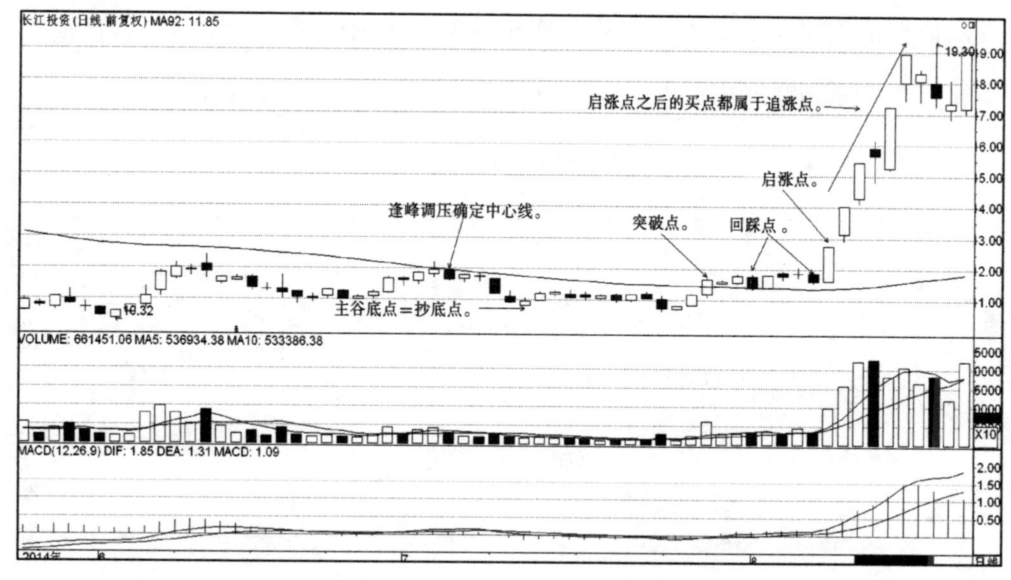

图 2－6

五大买点定义：

抄底点：股价阶段性的最低点，即原始谷底点。

回踩点：股价有效突破中心线后，在阶段性下跌过程中回踩此线时，形成谷底点的位置，它是突破点的一个补充买点。

启涨点：股价在阶段性下跌的末端形成原始谷底点后，阳克阴后开始上涨时的第一根阳 K 线。或股价回踩中心线后，阳克阴再次上涨时的第一根阳 K 线。

突破点：股价阶段性见底后，上涨过程中向上突破中心线时的第一根阳 K 线。

追涨点：股价向上突破中心线后，在上涨途中的任何一根 K 线。

二、战法案例

1. 突破点

突破点是股价向上突破中心线时的第一根 K 线，也是五大买点中成功率最高最有价值的一个买点，成功概率至少75%以上（震荡型除外），止损成本相对小，赢利幅度相对大，实战中，第一个买点首选突破点。

案例一：连云港（601008），见图2—7。

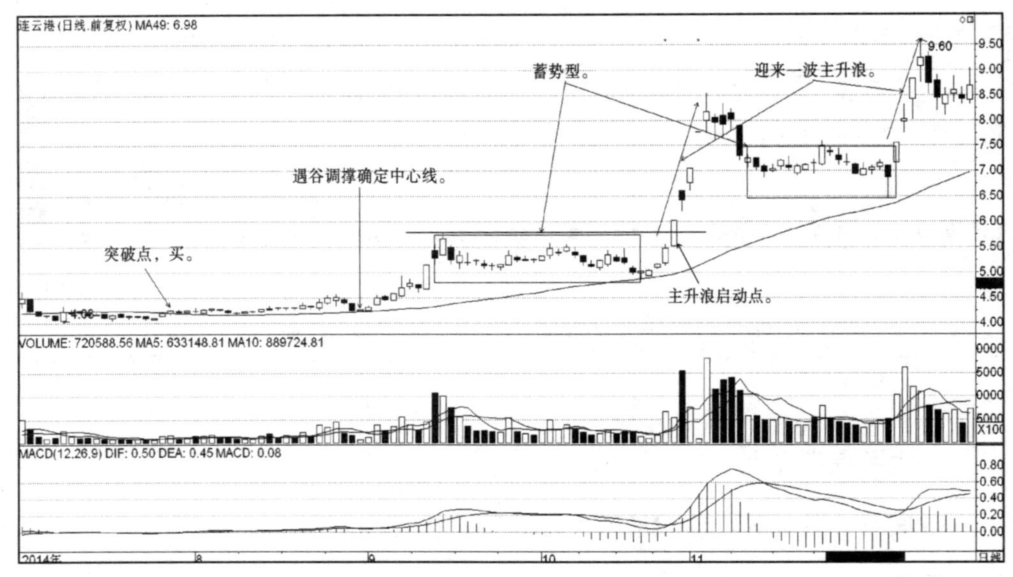

图2—7

战法步骤：

（1）利用一线操盘的遇谷调撑技术确定中心线，参数值49日均线。

（2）中心线上方股价运行的形态为蓄势型：K线小阴小阳，窄幅震荡，紧凑排列。先以一小波30角度的K线群拉升试盘，再横盘蓄势近两个月，涨放量跌缩量。

（3）基本面与题材面：国家出台有关一带一路政策，引起市场强烈共振，该股为海上丝绸之路的龙头，兼有东亚自贸区概念，自然引来主力的大资金关注，蓄势型期间主力边吸筹边试盘边洗盘，于2014年7月29日突破中心线，唯信号论，买。其后，在题材热点的共振下，2014年10月30日主力以一根倍量柱涨停板的形式突破箱体上线的水平趋势线后（主升浪启动点），该股进入主升浪，唯信号论，满仓介入。

案例二：中粮地产（000031），见图2—8。

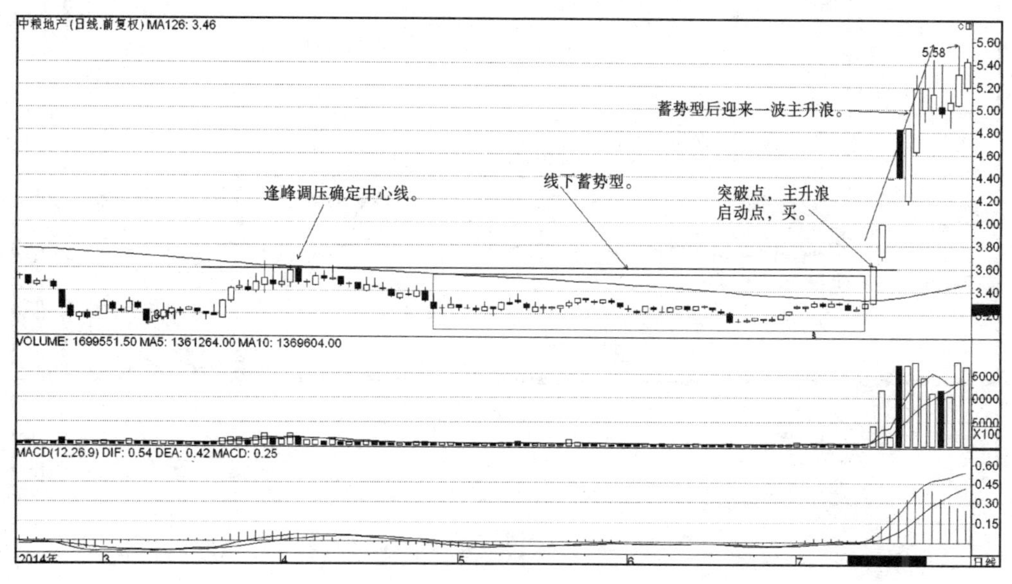

图2—8

战法步骤：

（1）利用一线操盘的逢峰调压技术确定中心线，参数值126日均线。

（2）中心线下方股价运行的形态为蓄势型：K线小阴小阳，涨跌幅度不超过5%，窄幅震荡，紧凑排列。K线群无明显峰顶点与谷底点，构建矩形底，蓄势明显，量价配合。

（3）基本面与题材面：国家出台有关国有企业改革方面政策，该股作为央企改革的龙头股，加上股价很低，自然吸引了大资金的参与。蓄势型期间，主力在中心线下方吸筹充分，洗盘彻底，在题材热点的共振下，2014年7月14日主力以一根倍量柱涨停板的形式突破中心线（主升浪启动点），其后在线上不再蓄势，直接连拉大阳线进入主升浪阶段，唯信号论，全仓买入。

案例三：紫江企业（600210），见图 2—9。

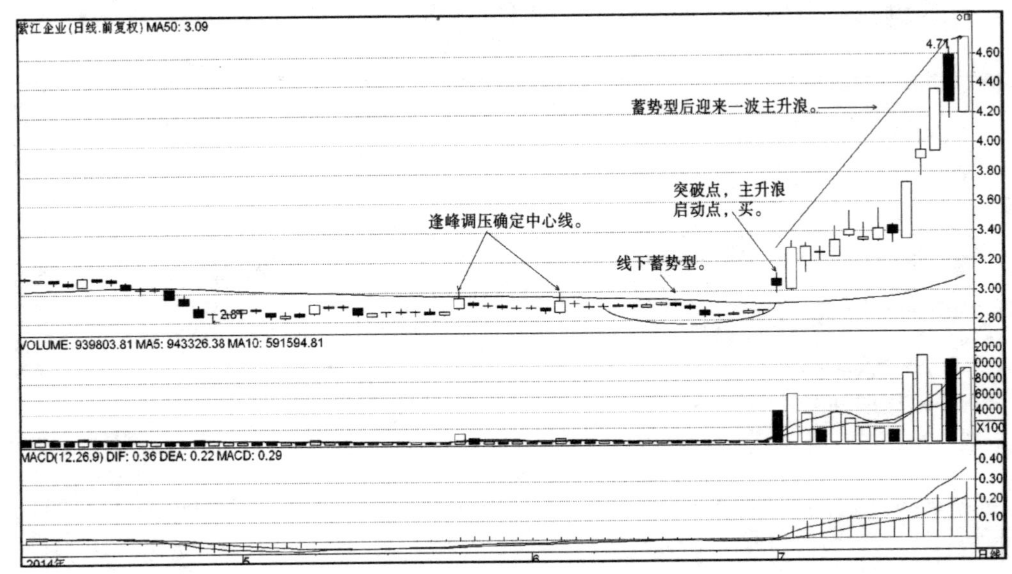

图 2—9

战法步骤：

（1）利用一线操盘的逢峰调压技术确定中心线，参数值 50 日均线。

（2）中心线下方股价运行的形态为蓄势型：K 线小阴小阳，涨跌幅度不超过 5%，窄幅震荡，紧凑排列。K 线群无明显峰顶点与谷底点，蓄势明显，量价配合。

（3）基本面与题材面：国家出台有关新三板的消息不绝于耳，该股兼有新能源概念，蓄势型期间主力吸筹充分，洗盘彻底，在题材热点的共振下，2014 年 7 月 3 日主力以一根高量柱假阴真阳的 K 线突破中心线后（主升浪启动点），该股进入主升浪，唯信号论，全仓买入。

2. 回踩点

回踩点是股价向上突破中心线后，股价调整回踩该线时的一根 K 线，也是突破点的一个补充买点，成功概率至少 75%以上，止损成本相对小，赢利幅度相对大，实战中，第二个买点首选回踩点。

案例一：兔宝宝（002043），见图2－10。

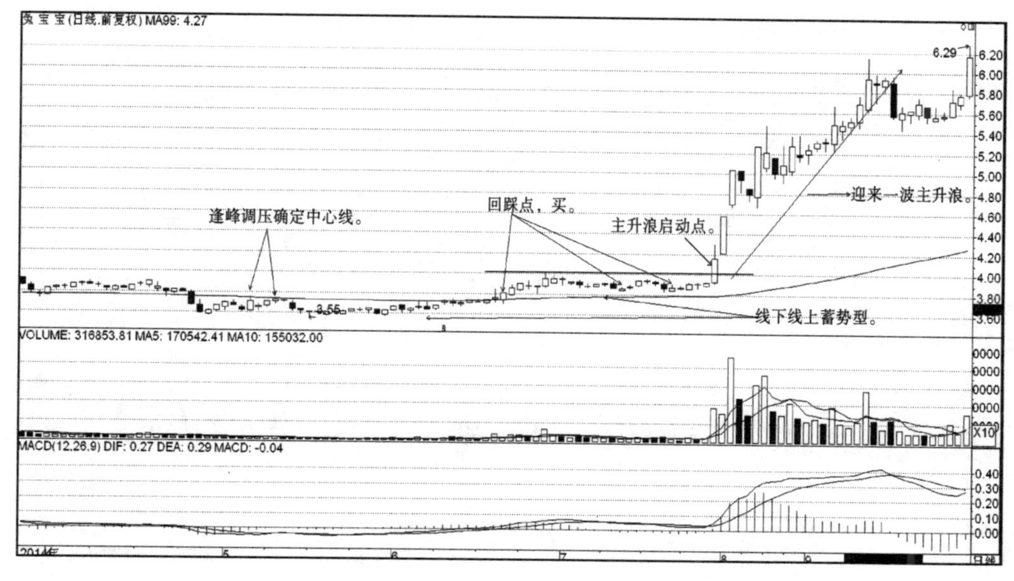

图2－10

战法步骤：

（1）利用一线操盘逢峰调压技术确定中心线，参数值99日均线。

（2）中心线下方与中心线上方股价运行的形态为蓄势型：线下的K线小阴小阳，涨跌幅度不超过5%，窄幅震荡，紧凑排列，线上方的K线形态同样如此是因为主力没有拿够筹码。K线群无明显峰顶点与谷底点，蓄势明显，量价配合。

（3）基本面与题材面：国家出台有关降息方面的政策，利好与房地产相关的产业，蓄势型期间主力在线上与线下吸筹充分，洗盘彻底，在耐心等待启动节点发动行情。在题材热点的共振下，主力在突破中心线后，再一次横盘蓄势洗盘，于2014年7月10日与17日两次回踩中心线，2014年7月25日主力以一根倍量柱涨停板的形式突破前高后（主升浪启动点），该股进入主升浪，唯信号论，全仓买入。

案例二：南钢股份（600282），见图 2—11。

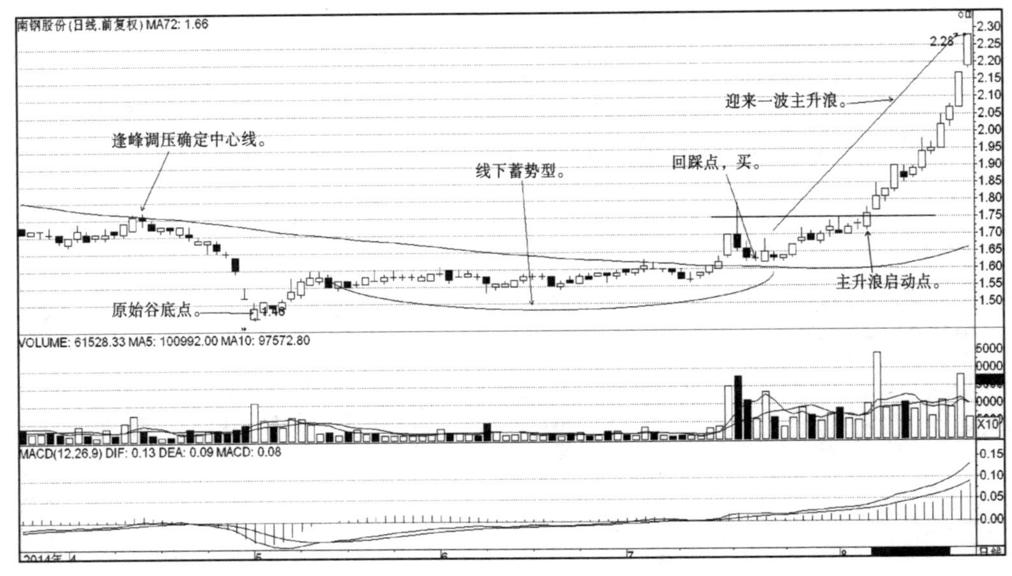

图 2—11

战法步骤：

（1）利用一线操盘的逢峰调压技术确定中心线，参数值 72 日均线。

（2）中心线下方与中心线上方股价运行的形态为蓄势型：K 线小阴小阳，涨跌幅度不超过 5%，窄幅震荡，紧凑排列。K 线群无明显峰顶点与谷底点，蓄势明显，量价配合，线上 K 线群小角度蓄势缓攻。

（3）基本面与题材面：公司重点围绕海洋经济和新能源领域发展相应的海工和能源用钢，成功实现产品结构转型，主打的海工钢材和能源钢材使得公司产品毛利率显著提升。同时，公司融合了国营和民营的灵活机制，推行员工增持股份计划，符合国家制造航空母舰的题材炒作，牛市低价优质股更是得到主力的青睐。蓄势型期间主力拿筹充分，洗盘彻底，在题材热点的共振下，突破中心线后，股价于 2014 年 7 月 18 日回踩中心线，同年 8 月 7 日主力以一根高量柱大阳突破箱体上线的水平趋势线后（主升浪启动点），该股进入主升浪，唯信号论，全仓买入。

案例三：连云港（601008），见图2—12。

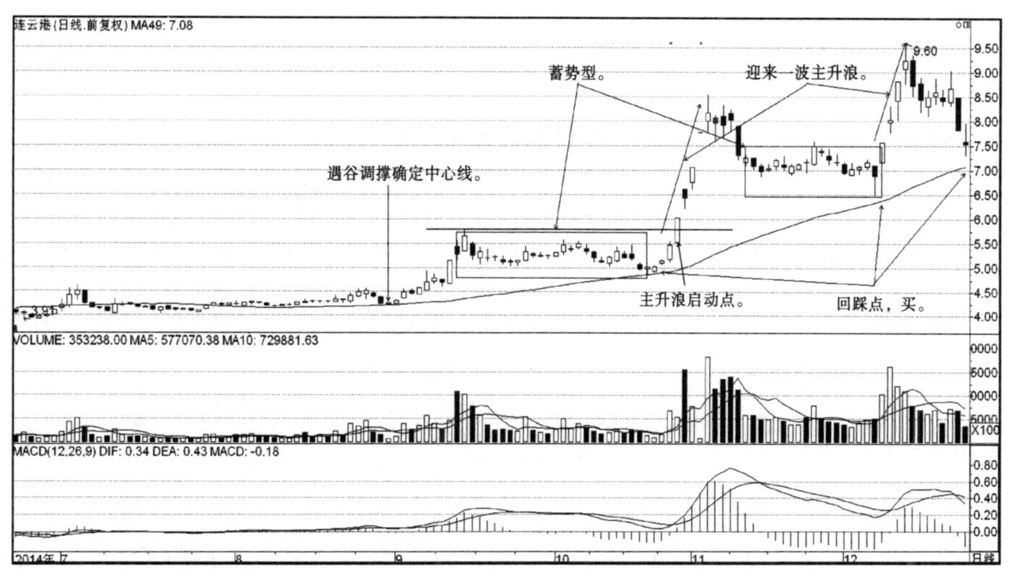

图2—12

战法步骤：

（1）利用一线操盘遇谷调撑技术确定中心线，参数值49日均线。

（2）中心线上方股价运行的形态有两波均为蓄势型：K线小阴小阳，涨跌幅度不超过5%，窄幅震荡，紧凑排列。K线群无明显峰顶点与谷底点，蓄势明显，量价配合。

（3）基本面与题材面：2014年国家有关一带一路政策，引起市场强烈关注，该股为海上丝绸之路的龙头，兼有东亚自贸区概念，蓄势型期间主力拿筹充分，洗盘彻底，在符合国家意志的大题材配合下，2014年10月24日回踩中心线，唯信号论，买。几天后，10月30日主力以一根倍量柱涨停板的形式突破线上水平趋势线（主升浪启动点），该股进入主升浪。

第四节　战法卖点

唐·李筌《太白阴经·人无勇怯》云："地势所生，人气所受，勇怯然也。且勇怯在谋，强弱在势。谋能势成，则怯者勇；谋夺势失，则勇者怯。"意指如果计谋成功，形势有利，即使怯懦的人也会变得勇敢；如果计谋失败，形势危急，即使勇猛的人也会变得怯懦。这就是说人的行为往往随局势的发展而变化。严格执行操盘纪律就能形成有利的势，如果心存幻想，对卖出信号置若罔闻，则会失去有利的势，亏钱也是迟早的事。

针对任何一个时间周期的操盘线，一线操盘技术都有五大卖点，中心线亦如此，五大卖点分别是反抽点、启跌点、杀跌点、逃顶点、突破点。一般情况下，卖点可以主要分为两类，一是洗盘性质的三个卖点：股价向上有效突破中心线之后，在中心线之上数次形成峰顶点之后的下跌过程中，出现的反抽点、启跌点、杀跌点；二是出货性质的三个卖点：股价在中心线上方的头部确立后，在向下跌破中心线过程中出现的逃顶点、突破点、杀跌点。为突出本书的实用价值，文中所选案例主要以笔者部分曾实盘操作过的股票为主，现将五大卖点标记在图 2—13 上。

实战中，由于反抽点、启跌点、逃顶点三大卖点较难把握，而杀跌点更是不可取，唯有突破点实战价值最大，信号最强烈，可以有效提高赢利幅度，所以，投资者可根据价线关系以及风险偏好，选择股价在跌破 5 日均线或 10 日均线或攻击线时卖出筹码，如果完全秉承从哪条线买就从哪条线卖的原则，利润会回撤许多。

一、五大卖点

五大卖点包括逃顶点、启跌点、反抽点、杀跌点、突破点，在实战中，其出现顺序并不固定，这一点请读者注意，见图 2—13。

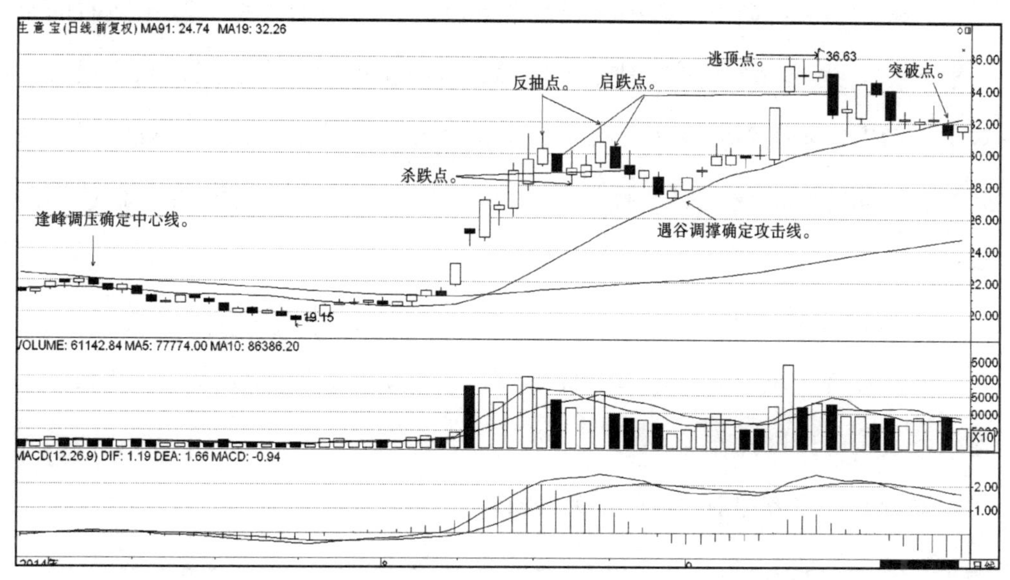

图 2—13

五大卖点定义：

逃顶点：股价在上涨攻击波段的末端，峰顶点的位置。此卖点操作难度甚大，要等到股价跌下来才能确认。

反抽点：股价有效突破中心线后，在上涨过程中遇阻回落时形成的阶段性高点，也是阶段性阻力点。

启跌点：股价在上涨过程中反抽某条山峰线或高点形成反抽点后，阴克阳后形成的第一根阴线，股价必须跌破反抽点的最低价，它是股价阶段性下跌的确认点。

突破点：股价见顶后，下跌过程中向下跌破中心线时的第一根阴 K 线。它是股价中级行情结束与否的分水岭、临界线。

杀跌点：股价向下跌破中心线后，阶段性下跌途中的任何一根K线，或启跌点后的任何一根K线。

二、战法案例

突破点是股价向下突破中心线或者5日均线、10日均线、攻击线时的第一根K线，也是五个卖点中成功率较高、较有价值的一个卖点，利润损失相对小，卖出信号强烈明确。实战中，第一个卖点首选是突破点。投资者可根据各自不同的风险偏好，选择5日均线、10日均线或攻击线的突破点作为卖点。

1. 跌破5日均线

如果投资者风险偏好选用5日均线，那么就应该严格按照股价跌破5日均线就卖出的原则操作。

案例一：北方导航（600435），见图2—14。

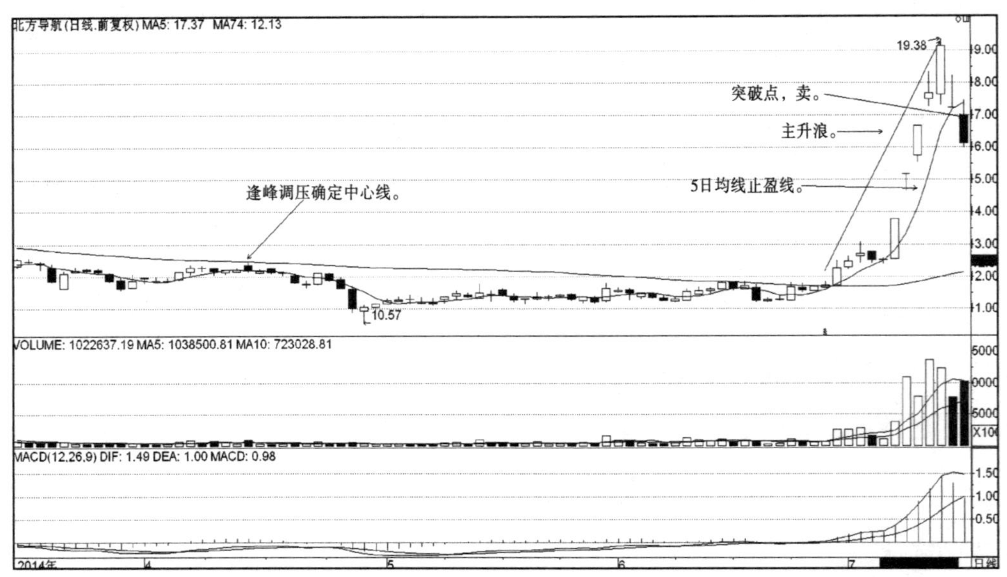

图2—14

战法步骤：

（1）该股在展开主升浪的过程中，2014 年 7 月 18 日，股价跌破 5 日均线，说明 5 日内买入该股的投资者平均成本已经产生亏损，股价短线支撑不复存在，会继续调整寻求支撑位置。

（2）本着长周期线买，短周期线卖的操盘原则，一旦股价跌破短周期线，即股价跌破当值最接近的均价线后（本例选用 5 日均线），就应该卖出筹码，保证赢利最大化。

案例二：国投新集（601918），见图 2—15。

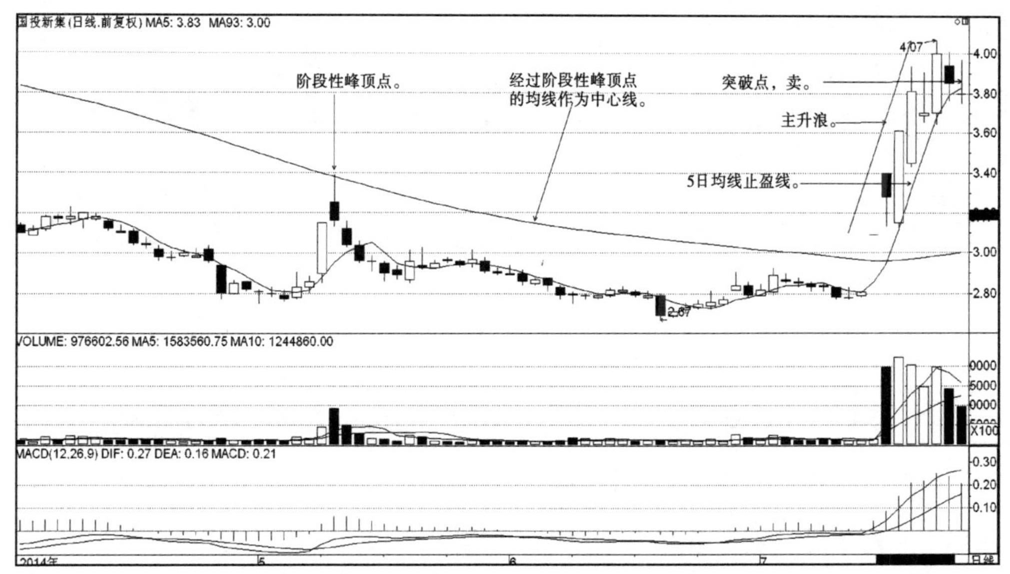

图 2—15

战法步骤：

（1）该股在展开主升浪的过程中，2014 年 7 月 25 日，股价收盘在 5 日均线之下，说明 5 日内买入该股的投资者平均成本已经发生亏损，股价的主升浪面临严峻考验，至少需要进行调整。

（2）本着长周期线买，短周期线卖的操盘原则，为确保赢利的最大化，一旦股价跌破短周期线即价格高的均线，或者说股价跌破当值最接近的均价线后（本例选用 5 日均线），就应该卖出筹码。

案例三：国睿科技（600562），见图 2—16。

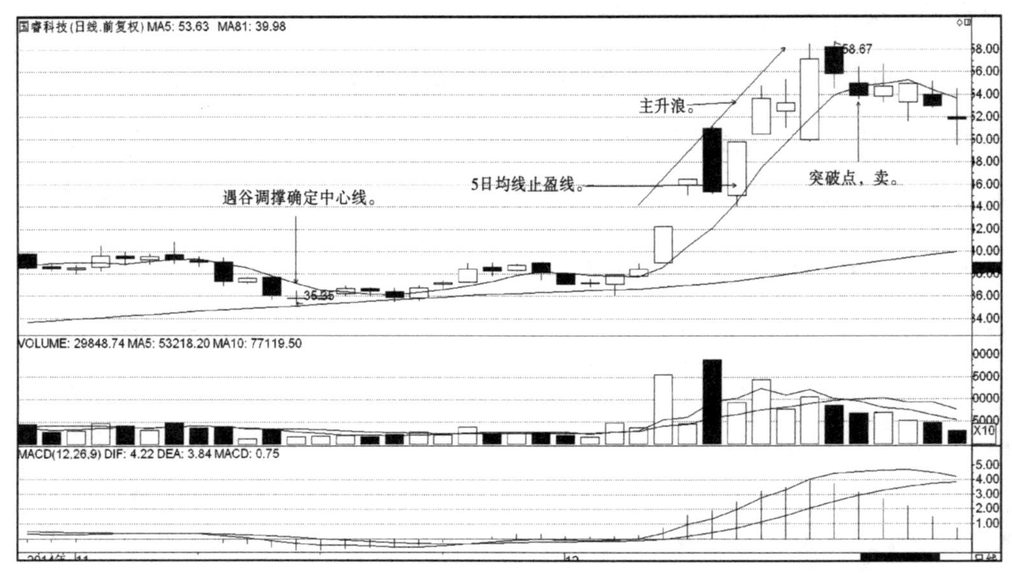

图 2—16

战法步骤：

（1）该股在展开主升浪的过程中，2014 年 12 月 17 日，股价跌破 5 日均线，说明 5 日内买入该股的投资者的平均成本产生亏损，股价短线支撑不复存在，大概率是继续调整寻求支撑位置。

（2）本着低价格买，高价格卖的操盘原则，一旦股价跌破短周期线即价格高的均线，或者说股价跌破当值最接近的均价线后（本例选用 5 日均线），就应该卖出筹码，保证赢利最大化。

2. 跌破 10 日均线

如果投资者风险偏好选用 10 日均线，那么就应该严格按照股价跌破 10 日均线就卖出的原则操作。

案例一：长江投资（600119），见图 2—17。

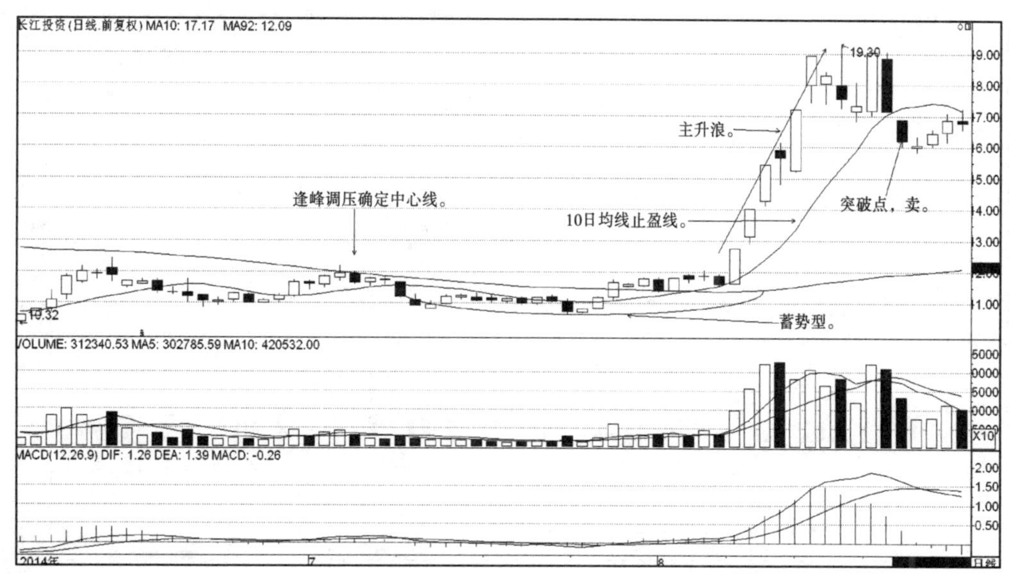

图 2—17

战法步骤：

（1）该股在展开主升浪的过程中，2014 年 8 月 28 日，股价跌破 10 日均线，说明 10 日内买入该股投资者的平均价格已经产生亏损，短线支撑不复存在，会继续调整另寻支撑位置。

（2）本着长周期线买，短周期线卖的操盘原则，一旦股价跌破高价格的均线，即股价跌破当值最接近的均价线后（本例选用 10 日均线），就应该卖出筹码，确保赢利最大化。

案例二：新宁物流（300013），见图 2—18。

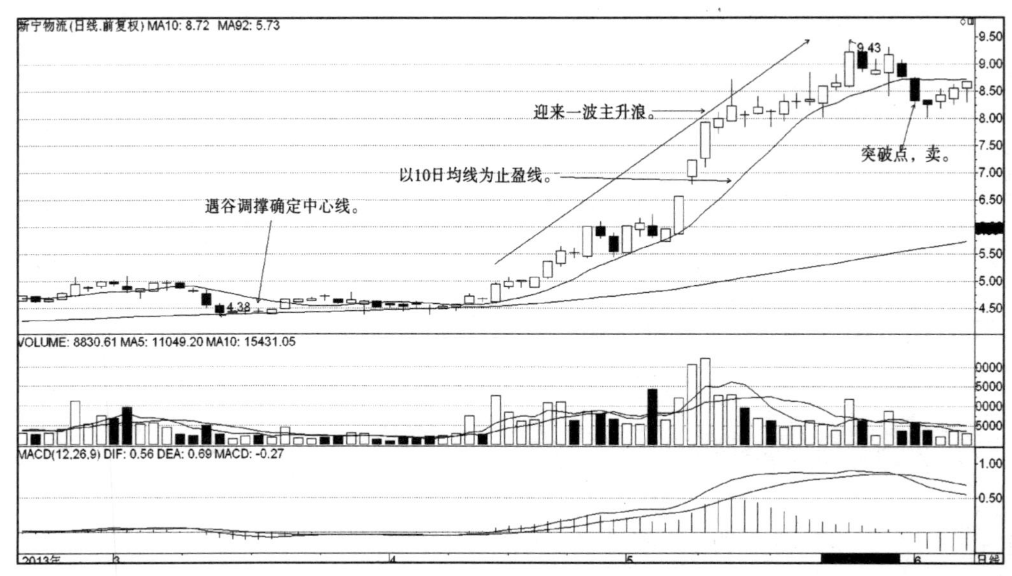

图 2—18

战法步骤：

（1）该股在展开主升浪的过程中，2013 年 6 月 3 日，股价跌破 10 日均线，说明投资者 10 日内持股的平均价格已经发生亏损，短线支撑不复存在，会继续调整另求支撑位置。

（2）本着长周期线买，短周期线卖的操盘原则，一旦股价跌破价格高的均线，即股价跌破当值最接近的均价线后（本例选用 10 日均线），就应该卖出筹码，确保赢利最大化。

3. 跌破攻击线

如果投资者风险偏好选用攻击线，那么就应该严格按照股价跌破攻击线就卖出的原则操作。

案例一：小商品城（600415），见图 2—19。

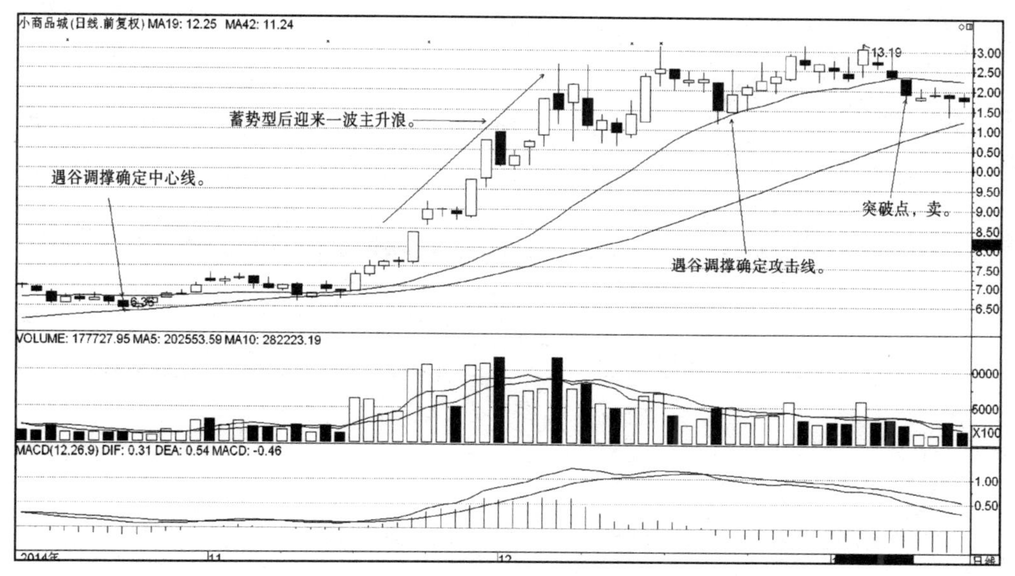

图 2—19

战法步骤：

（1）该股在展开主升浪的过程中，根据一线操盘技术遇谷调撑确定攻击线为 19 日均线。2015 年 1 月 12 日，股价跌破攻击线，标志着 19 日内买入该股的投资者的平均成本已被跌破，大多数投资者面临亏损，股价短线支撑遭到破坏，继续调整寻求支撑位置是大概率事件。

（2）本着低价格买，高价格卖出的操盘原则，一旦股价跌破短周期线即价格高的均线，或者说股价跌破当值最接近的均价线后（本例选用 19 日均线），就应该卖出筹码，保证赢利最大化。

案例二：生意宝（002095），见图 2—20。

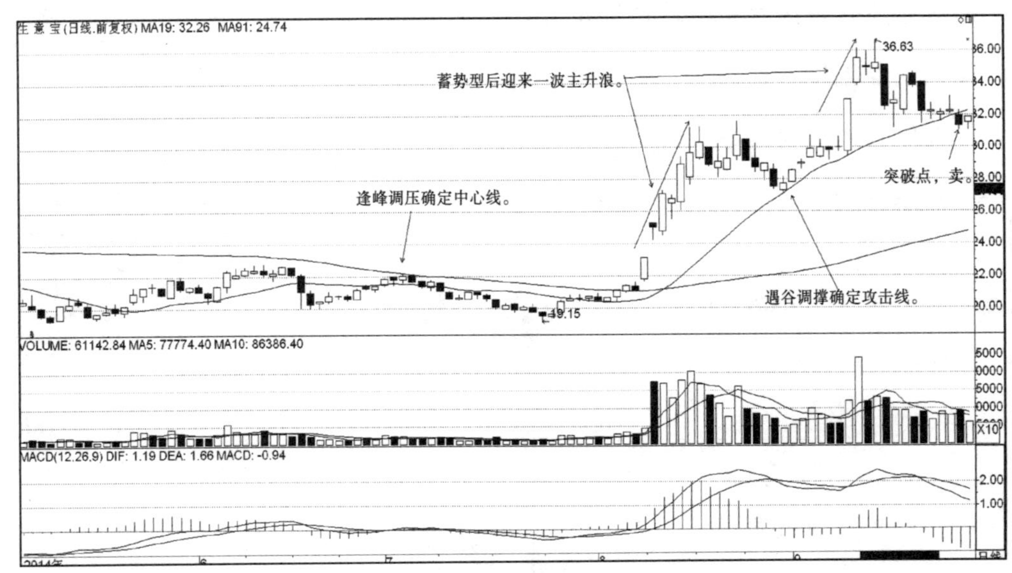

图 2—20

战法步骤：

（1）根据遇谷调撑的一线操盘技术，在该股展开主升浪的过程中，确定攻击线为 19 日均线，2014 年 9 月 26 日，股价跌破攻击线，19 日内买入该股的投资者的平均成本已被跌破，19 日内买入该股的大多数投资者已亏损，股价短线支撑遭到破坏，很可能继续调整寻求支撑位置。

（2）本着低价格买，高价格卖的操盘原则，一旦股价跌破短周期线即价格高的均线，或者说股价跌破当值最接近的均价线后（本例选用 19 日均线），就应该卖出筹码，保证赢利最大化。

案例三：首创股份（600008），见图 2—21。

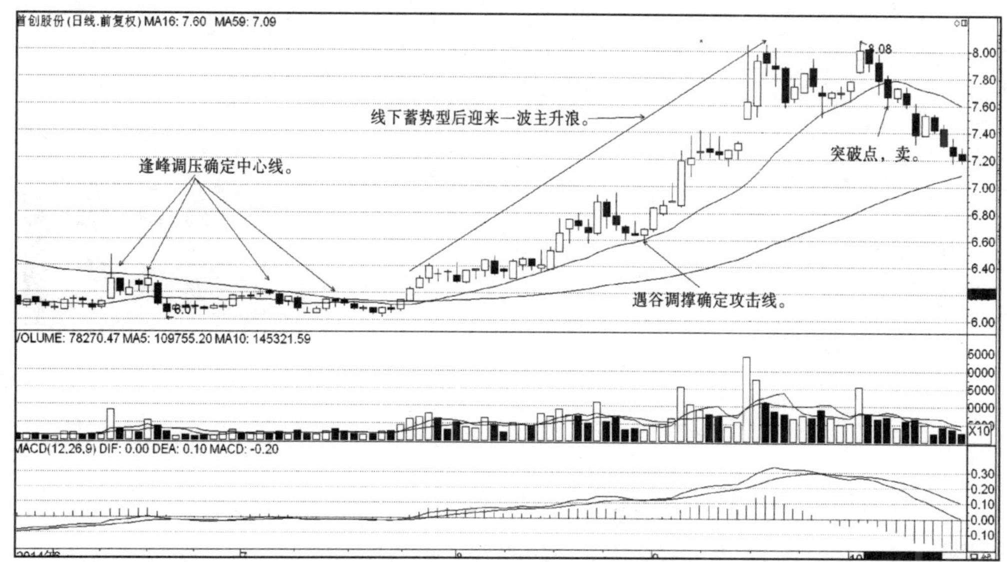

图 2—21

战法步骤：

（1）该股在展开主升浪的过程中，根据一线操盘技术遇谷调撑确定攻击线为 16 日均线，在 2014 年 10 月 14 日，股价跌破攻击线，表示 16 日内买入该股的投资者的平均成本已被跌破，这个时间周期内买入该股的大多数投资者已亏损，股价短线支撑遭到破坏，大概率会继续调整寻求支撑位置。

（2）本着长周期线买，短周期线卖的操盘原则，一旦股价跌破价格高的均线，即股价跌破当值最接近的均价线后（本例选用 16 日均线），为确保赢利的最大化，坚决卖出筹码。

在一般情况下，当股价进入上升波段后，中心线往往处于较低的位置，如果完全秉承从哪条线买，就从哪条线卖的原则，利润会失去许多，故不再以中心线列举案例。

第3章 防守线战法

曹操《孙子注》云："兵无常势，水无常形，临敌变化，不可先传也。故料敌在心，察机在目。"意指临敌时的变化，是不可能先传的，估量敌人只在心里，观察机会只在眼前。以防守线为操盘线买入的股票，应密切关注股价在线上的变化，一旦发现股价没有按照预期方向上涨，跌破防守线后应主动撤离，而不是消极守仓。一旦股价如期上涨，我们可耐心持仓，不破攻击线就坚定持有股票。对股价未来的走势可以设想无数路径，但不能苛求市场与主力按着我们主观预判的线路走。相反，我们必须以市场为风向标，闻风起舞，线跟价移，心随线动。

第一节　防守线概述

《孙子兵法·计篇》云："势者，因利而制权也。"所谓"势"，就是根据情况趋利避害，机动灵活形成有利形势。"胜兵先胜而后求战，败兵先战而后求胜。"打胜仗的军队，都是先具备了胜利的条件再去交战，打败仗的军队，才是先和敌人交战后再去寻求胜利。在操盘中，我们只有先做好防守再谋定而后动，才能锁定利润。

一、防守线的定义

防守线是股价有效突破中心线之后，以线上第一次形成的峰顶点后，根据一线操盘技术逢峰调压得出的一条山峰线，即第一山峰线。它是股价有效突破中心线之后，在众多山峰线中很重要的一条，是主力探测股价上方阻力的体现，代表一段时间被套筹码的市场成本。股价若能够有效突破此线，则此山峰线将可能转化为山谷线，阶段性上涨的障碍被突破，股价会再上一个新的台阶，可以较长时间、较大幅度地支撑股价的上涨。

从登山理论解释，是登山者在登山过程中消耗能量攀登到一定的海拔高度后，为攀登更高的山峰，短暂的停歇。从截金道理论解释，是主力在战略上处于防御状态，构建长期战线。

二、防守线的设置原则

在设置防守线时，应遵循以下五大原则：

1. 防守线的峰顶点最好是第一峰顶点，即波段最高点。
2. 峰顶点越陡峭越好。
3. 越多峰顶点经过相同设置的均线越好。
4. 峰顶点时间择近。
5. 参数取值偏大，参数值范围一般在250～500之间。

第二节　战法要素

《孙子兵法·势篇》云：“策之而知得失之计，作之而知动静之理，形之而知死生之地，角之而知有余不足之处。”意指通过认真分析，以判断敌人作战计划的优劣，通过挑动敌人，了解敌人的活动规律，通过假象欺骗敌人，了解克敌制胜的关键所在。同样通过分析标的个股主升浪的特征，就能找出股价大涨之前的基本规律。

例证：公元208年（东汉建安十三年），曹操挥军南下，势不可当。诸葛亮赴柴桑劝说孙权与刘备结盟，联合抗曹。但孙权对抗曹的前景有疑虑。诸葛亮深入分析双方的形势，指出：虽然刘备刚刚在长坂坡之战中失利，但还有关羽、刘琦两部水陆精锐部队2万多人。曹军远道而来，人困马乏，已成强弩之末。而且北方士兵不习惯水战，荆州的军民也并没有真心归服曹操。在这样的情况下，如果孙权能够与刘备同心协力，一定可以大破曹军。最后孙权采纳了诸葛亮的建议，孙、刘结盟以后，在10月的赤壁之战中大败曹军。

实战中，利用防守线捕捉主升浪，必须满足以下四个充分必要条件。

一、确定防守线

利用一线操盘的逢峰调压技术确定防守线。

如莱茵生物（002166），见图3－1。

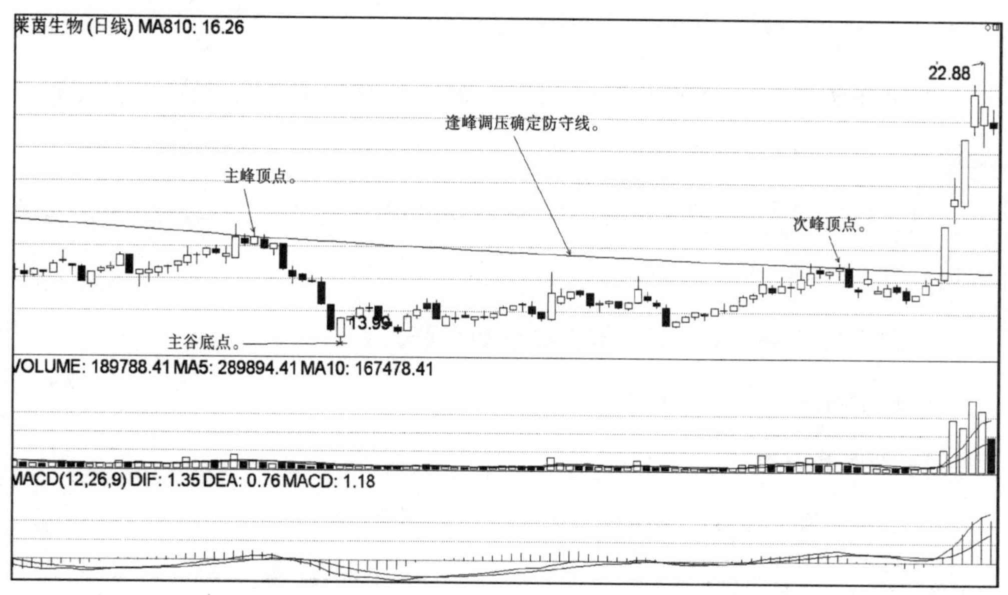

图 3—1

又如哈空调（600202），见图 3—2。

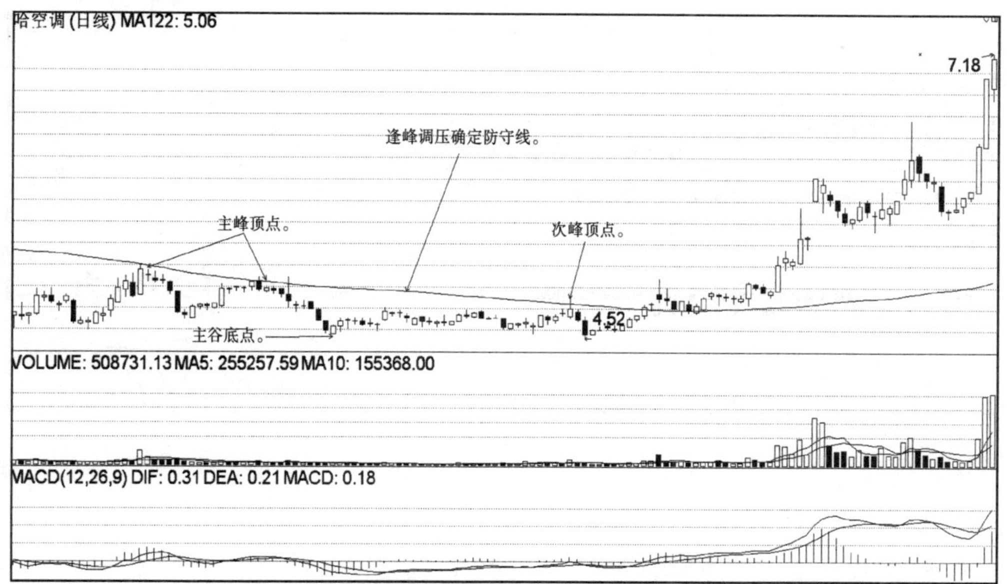

图 3—2

二、选择蓄势型

股价在防守线下方或者线的上方，运行的主要形态为蓄势型。蓄势型是指：

（1）绝大多数 K 线小阴小阳，涨跌幅度不超过 5%，窄幅震荡，紧凑排列。

（2）K 线结构为多重底、圆弧底或矩形底。

（3）量价关系为涨放量跌缩量。

1. 矩形底形态

K 线群呈矩形底的中金岭南（000060），见图 3—3。

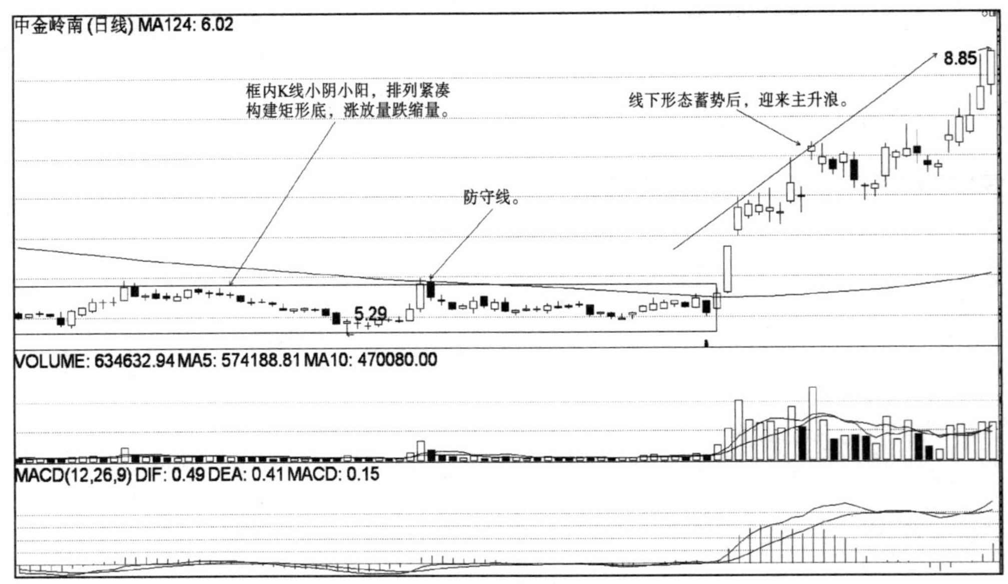

图 3—3

2. 多重底形态

K 线群呈多重底的上证指数（999999），见图 3—4。

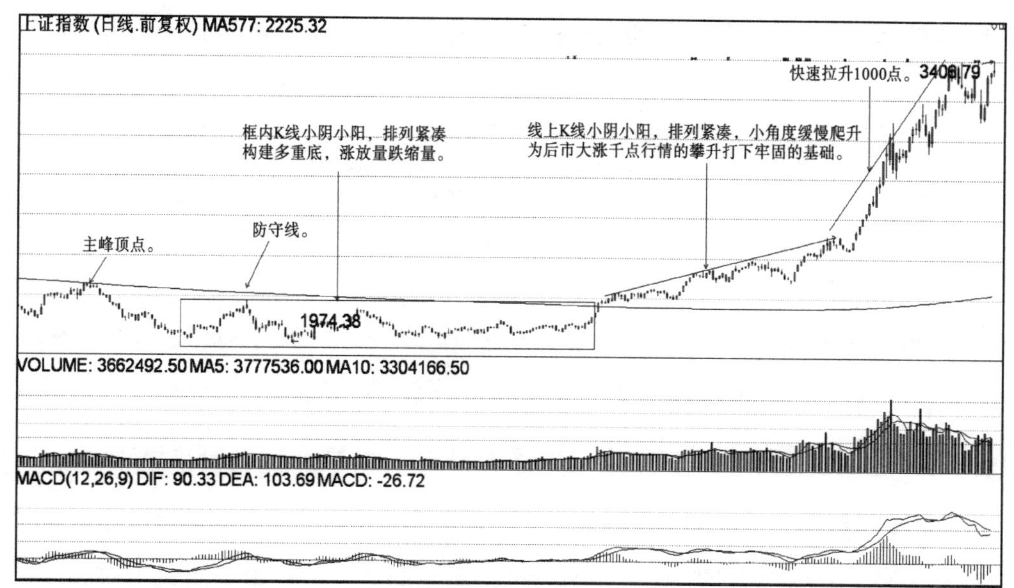

图 3—4

三、配合题材面

标的个股的基本面不能出利空，并且要符合当时市场主流题材热点。

如莱茵生物（002166），见图 3—1，当时股价在线下充分蓄势后，恰逢西非埃博拉病毒爆发，相关医药股顿时成为香饽饽，该股主力顺势放量大幅拉升股价，迅速脱离建仓成本区间，昔日牛股本性在市场重大事件的刺激下，王者归来的风采展现得淋漓尽致。

又如中金岭南（000060），见图 3—3，股价在线下横盘数月，形成坚实的矩形底，筹码成本互换充分，适逢国家出台改革资源税的政策，利好有色金属，主力借此机会以高量柱形式突破强压力，股价则如决堤之水不可遏制，真乃不动稳如山，一动上九天。综合来看，要想精确抓取主升浪必须做到 11 重滤网术其中的基本面、政策面与技术面的完美结合。

四、选准水平线

水平趋势线是指在不同时间、同一价格水平方向，峰的顶点或谷的底点之间的连线。该连线是用来捕捉标的个股主升浪有利的辅助工具。

第三节 战法买点

《司马法·天子之义篇》云:“逐奔不远,纵绥不及,不远则难诱,不及则难陷。”意指追击败逃的敌人不过远,追踪主动败逃的敌人不迫近。不过远就不容易被敌人诱骗,不迫近就不容易陷入敌人的圈套。在股市之中要始终保持冷静,切不可冲动,尤其在大盘下跌趋势之中,一旦冲动就很容易掉入陷阱。对于可能出现的买点要仔细分析,多方印证,才能抓住真正的买点。

针对任何一条时间周期的操盘线,一线操盘技术都有五大买点,防守线亦如此。五大买点分别是抄底点、启涨点、突破点、回踩点、追涨点。一般情况下,在防守线下方通常分布着抄底点、启涨点、追涨点三个买点;在防守线上方通常分布着回踩点、启涨点、突破点、追涨点四个买点。

在实战中,实战价值较高的是突破点与回踩点,所以,本章重点对这两个买点进行阐述。为突出本书的实用价值,文中所选案例主要以笔者部分曾实盘操作过的股票为主,现将五大买点标记在图3—5上,并分别阐述突破点和回踩点的实战案例。

一、五大买点

五大买点包括抄底点、启涨点、突破点、回踩点、追涨点,但很多时候,在实战中,其出现顺序并非固定不变,这一点请读者注意,见图3—5。

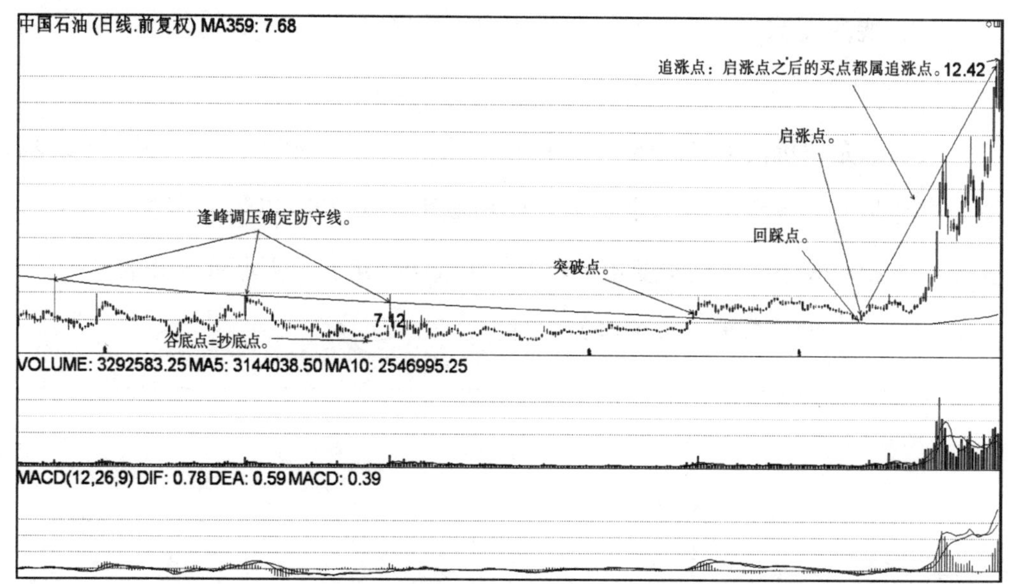

图 3—5

五大买点定义：

抄底点：股价在防守线下方形成的最低谷底点。此买点通常是股价涨上去后才能确认，是理论上存在的买点，在实战中很难捕捉。

回踩点：股价有效突破防守线后，在上涨过程中遇阻下跌，回踩防守线时的那根 K 线。

启涨点：股价在防守线下方形成最低的谷底点后，阳克阴开始上涨时的第一根阳 K 线，或股价突破防守线后，在上涨过程中遇阻下跌，回踩防守线完毕，阳克阴再次上涨时的第一根阳 K 线，此买点起到确认股价上涨的作用。

突破点：股价在上涨过程中向上突破防守线时的第一根阳 K 线。

追涨点：股价在向上突破防守线，或股价回踩防守线完毕，启涨点之后的任何一根 K 线都是追涨点，此买点位于启涨点或突破点之后的位置，但在实战中不提倡使用，除非在特别强势的市场或标的股票有重大利好消息支持。

二、战法案例

1. 突破点

突破点是股价向上突破防守线时的第一根K线。突破点是五大买点中成功率较高也是较为有价值的一个买点，成功概率至少75%以上（震荡型除外），止损成本相对较小，赢利幅度相对较大，实战中，第一个买点首选突破点。

案例一：世纪星源（000005），见图3－6。

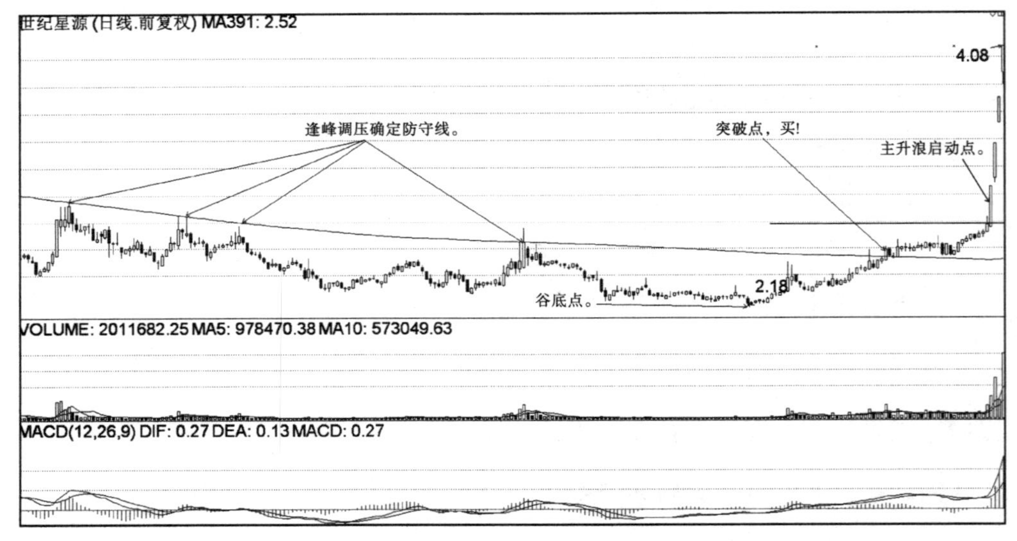

图3－6

战法步骤：

（1）利用一线操盘的逢峰调压技术确定防守线，参数值391日均线。

（2）防守线上方股价运行的形态为蓄势型：K线小阴小阳，窄幅震荡，紧凑排列，涨放量跌缩量。

（3）基本面与题材面：该股除了从事房地产外，还兼有环保题材，特别是拟利用现有的BOT交通基础设施相关业务开展以太阳能发电为电动车充电（以太阳能发电为主，市电补充为辅）作为新投资方向，并计划引进相关的新增投资组合建立新能源集中共享式充电的商业服务网点，形成具备多个主流品牌电动充电设施，即称为“超级能源广场”的共享式商业运营模式，从而吸引了主力机构的入驻，在历经线上与线下的充分蓄势后，主力机构在2014年9月12日以放量涨停的形式突破水平趋势线（主升浪启动点），宣告主升浪的到来。

案例二：国海证券（000750），见图3—7。

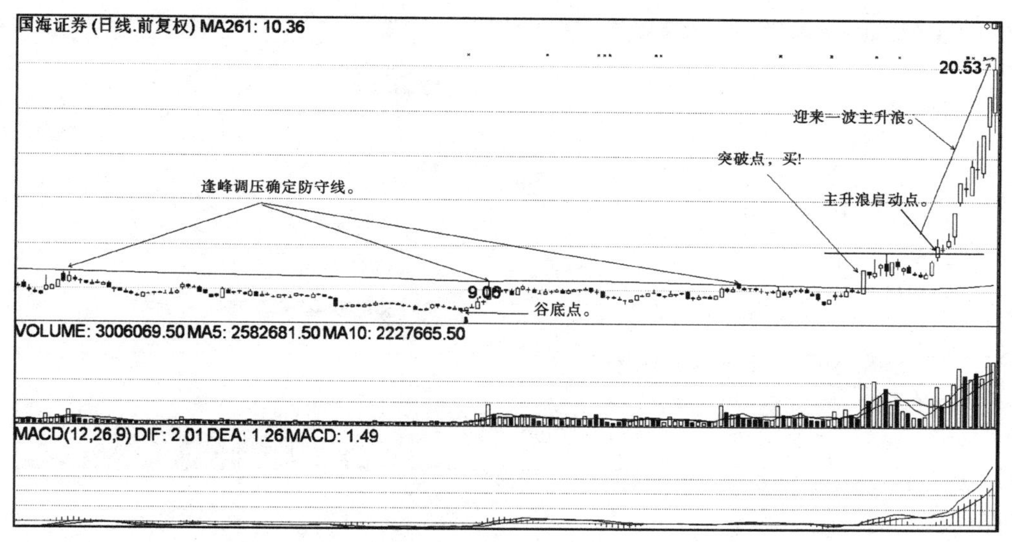

图3—7

战法步骤：

（1）利用一线操盘的逢峰调压技术确定防守线，参数值261日均线。

（2）防守线上方与下方的股价运行形态为蓄势型：K线小阴小阳，窄幅震荡，紧凑排列，涨放量跌缩量。

（3）基本面与题材面：券商股在牛市会备受各方资金的关注，经过在线下漫长的多重底筑底后，主力机构先以放量涨停突破防守线试盘，再经过10个交易日的横盘蓄势完成最后一次洗盘，摆脱跟风盘后，主力机构于2014年11月24日又以放量中阳的形式突破水平趋势线（主升浪启动点），宣告主升浪的到来。

2. 回踩点

回踩点是股价向上突破防守线后，股价调整回踩该线时的一根K线。回踩点是突破点的一个补充买点，成功概率至少75%以上，止损成本相对较小，赢利幅度相对较大，实战中，第二个买点首选回踩点。

案例一：东北电气（000585），见图3—8。

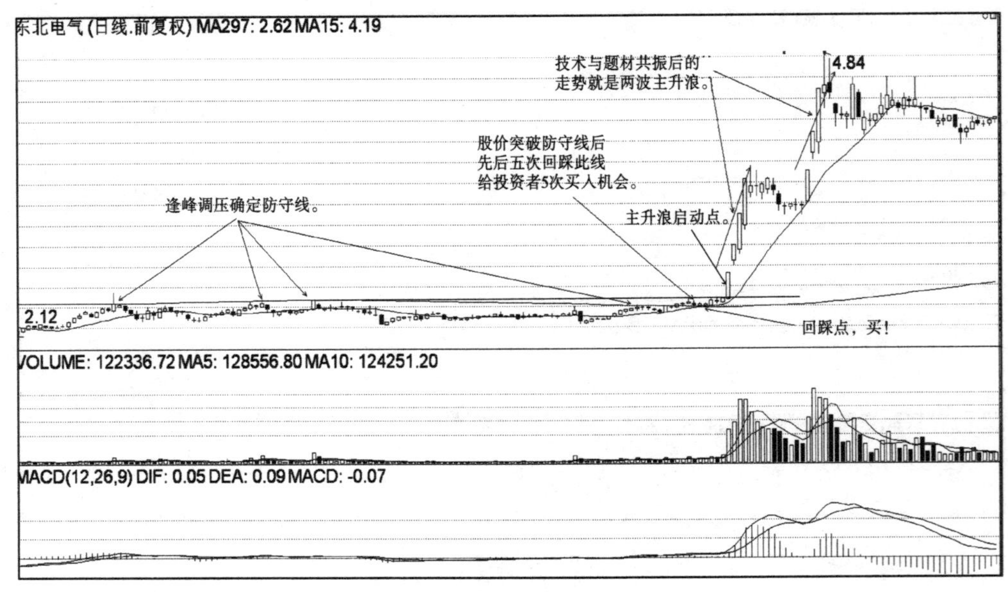

图3—8

战法步骤：

（1）利用一线操盘的逢峰调压技术确定防守线，参数值297日均线。

（2）防守线上方与下方的股价运行形态为蓄势型：K线小阴小阳，窄幅震荡，紧凑排列，涨放量跌缩量。

（3）基本面与题材面：该公司是老牌国有企业，拥有国企改革与核电核能题材，受到市场主力关注。其公司内部管理层高度重视市场拓展力度，拓宽了销售模式，加强了技改项目管理力度，加大了新产品研发的投入力度。主力机构在2014年7月17日以缩量小阴线回踩防守线，宣告洗盘结束，在7

月 25 日以放量涨停的形式突破水平趋势线（主升浪启动点），迎来主升浪，唯信号论，全仓买入。

案例二：长城动漫（000835），见图 3－9。

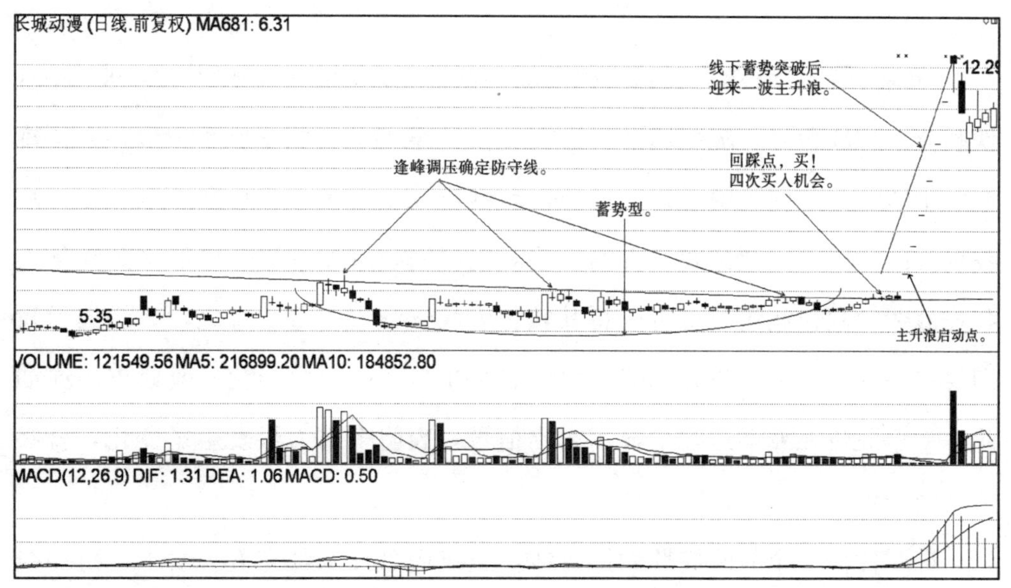

图 3－9

战法步骤：

（1）利用一线操盘的逢峰调压技术确定防守线，参数值 681 日均线。

（2）防守线下方的股价运行形态为蓄势型：K 线小阴小阳，窄幅震荡，紧凑排列，涨放量跌缩量。

（3）基本面与题材面：该股以近 10 亿元的现金对价、数倍的收购溢价，以巨资收购动漫资产，公司公开表明未来蓝图是打造东方“迪斯尼”，市场也对其未来充满了想象，公司股价从更名起，就备受资本市场热炒。主力机构在 2014 年 7 月 3 日以缩量小阴线回踩防守线，完成了最后的洗盘动作，经过四个多月的停牌，股价于 11 月 28 日以连续涨停的极端形式突破水平趋势线（主升浪启动点），宣告主升浪的到来。

第四节　战法卖点

《孙膑兵法》下篇有云："积胜疏，盈胜虚，径胜行，疾胜徐，众胜寡，佚胜劳。积故积之，疏故疏之，盈故盈之。"意指兵力集中胜于分散，力量雄厚胜于薄弱，走捷径胜于走大道，行动迅速胜于缓慢。客观准确地去分析敌我双方的形势，把握敌我双方的力量对比，例如敌强我弱时也可将其转化为我强敌弱，敌快我慢时也可以将其转化为我快敌慢等等，总之，兵法提示我们要掌握战争的主动权，促使战争向有利于自己的一方转化。股票市场亦如此，一旦股价在波动过程中显示卖出信号，表明多空力量发生了变化，就必须唯信号论，掌握操盘的主动权。

针对任何一个时间周期的操盘线，一线操盘技术都有五大卖点，防守线亦是如此，五大卖点分别是反抽点、启跌点、杀跌点、逃顶点、突破点。一般情况下，卖点可以主要分为两类：一是洗盘性质的三个卖点，即股价向上有效突破防守线后，在防守线上方数次形成峰顶点后遇阻下跌过程中出现的反抽点、启跌点、杀跌点；二是出货性质的三个卖点，即股价在防守线上方确立头部后，向下跌破防守线过程中出现逃顶点、突破点、杀跌点。为突出本书的实用价值，文中所选案例主要以笔者部分曾实盘操作过的股票为主，现将五大卖点标记在图 3—10 上。

实战中，反抽点、启跌点、逃顶点三大卖点很难把握，杀跌点更是不可取，唯有突破点实战价值最大、信号最强烈，为提高赢利幅度，投资者可利用价线关系或者风险偏好采取周期买卖法，即股价在跌破 5 日、10 日均线或攻击线时就卖出筹码，因为如秉承从哪条线买就从哪条线卖的原则，利润会大幅回撤。

一、五大卖点

五大卖点包括逃顶点、启跌点、反抽点、杀跌点、突破点。在实战中，其出现顺序并不固定，这一点请读者注意，见图3—10。

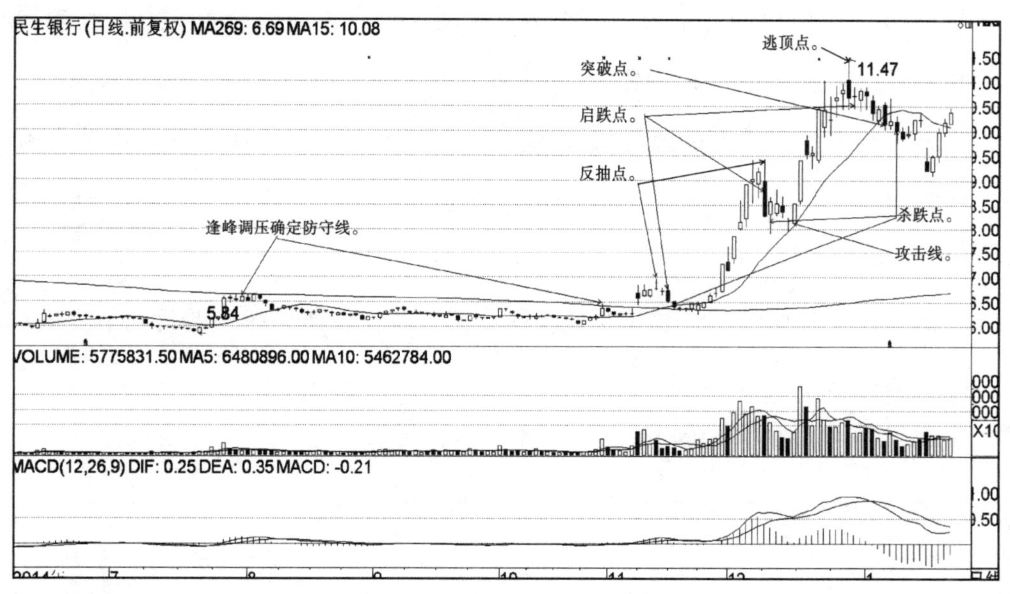

图3—10

五大卖点定义：

逃顶点：股价在防守线上的上涨行情的末端，即峰顶点的位置。

反抽点：股价有效突破操盘线后，在防守线上的上涨过程中遇阻回落时形成的阶段性高点，也是阶段性阻力位，此卖点不易把握，必须等启跌点形成后才能确认。

启跌点：股价在防守线上的上涨过程中形成峰顶，K线阴克阳后形成的第一根阴线，同时，股价必须跌破反抽点的最低价，它是股价阶段性下跌的确认点。

突破点：股价见顶后，下跌过程中向下跌破防守线时的第一根阴K线。

杀跌点：股价在防守线上方形成反抽点，在回踩防守线途中，或股价见顶后向下跌破防守线后的任何一根 K 线。

二、战法案例

突破点是股价向下突破防守线或者 5 日均线、10 日均线、攻击线时的第一根 K 线。突破点是五个卖点中成功率较高，较有价值的一个卖点，利润损失相对较小，卖出信号较为强烈、明确。实战中，第一个卖点首选突破点。投资者可根据各自不同的风险偏好选择 5 日均线、10 日均线、攻击线的突破点作为卖点。

1. 跌破 5 日均线

如果投资者风险偏好选用 5 日均线，那么就应该严格按照股价向下突破 5 日均线卖出的原则操作。

案例一：赤天化（600227），见图 3－11。

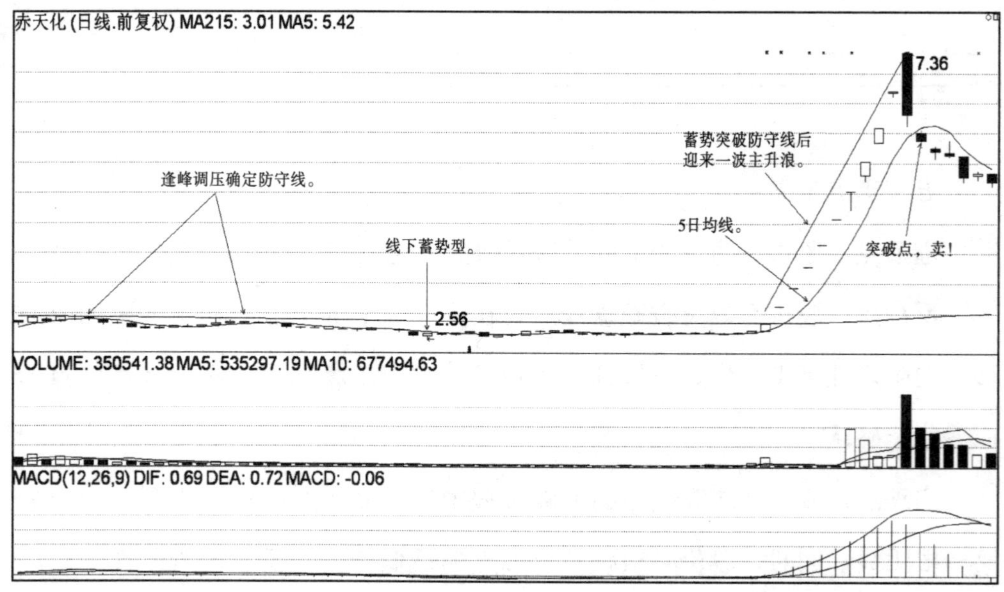

图 3－11

战法步骤：

（1）该股在展开主升浪的过程中，股价于 2015 年 1 月 7 日跌破 5 日均线，说明 5 日内买入该股的投资者平均成本已经产生亏损，股价短线支撑不复存在，会继续调整寻求支撑位置。

（2）本着长周期线买，短周期线卖的操盘原则，一旦股价跌破短周期线，即股价跌破当值最接近的均价线后（本例选用 5 日均线），就应该卖出筹码，保证赢利最大化。

案例二：民生银行（600016），见图 3－12。

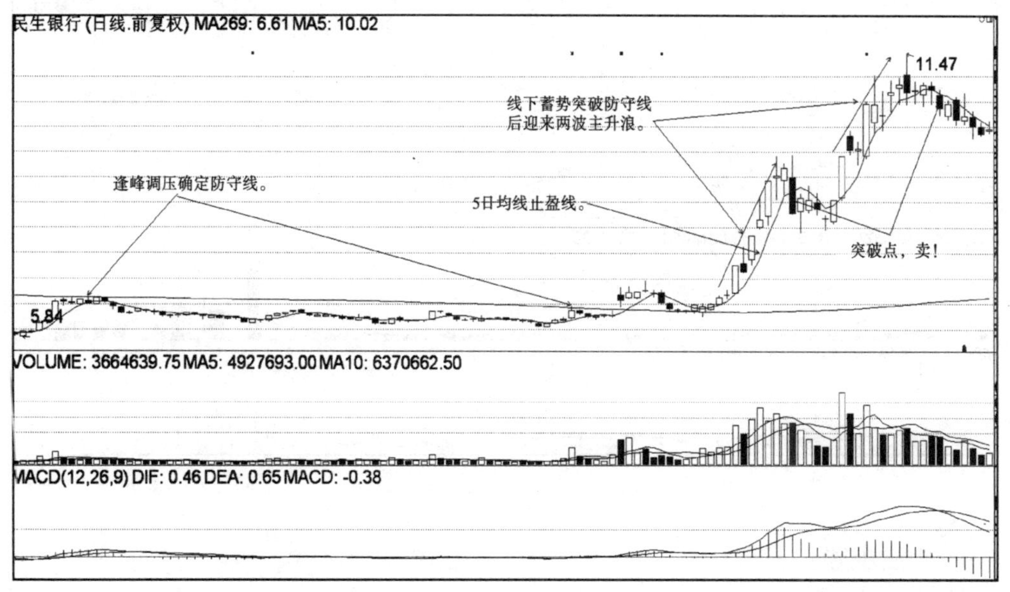

图 3－12

战法步骤：

（1）该股在展开主升浪的过程中，股价分别于 2014 年 12 月 9 日与 2015 年 1 月 6 日两次跌破 5 日均线，说明 5 日内买入该股的投资者平均成本已经产生亏损，股价短线支撑不复存在，继续调整寻求支撑位置是大概率。

（2）本着长周期线买，短周期线卖的操盘原则，一旦股价跌破短周期线，即股价跌破当值最接近的均价线后（本例选用 5 日均线），就应该卖出筹码，保证赢利最大化。

2. 跌破 10 日均线

如果投资者风险偏好选用 10 日均线，那么就应该严格按照股价向下突破 10 日均线卖出的原则操作。

案例一：中工国际（002051），见图 3－13。

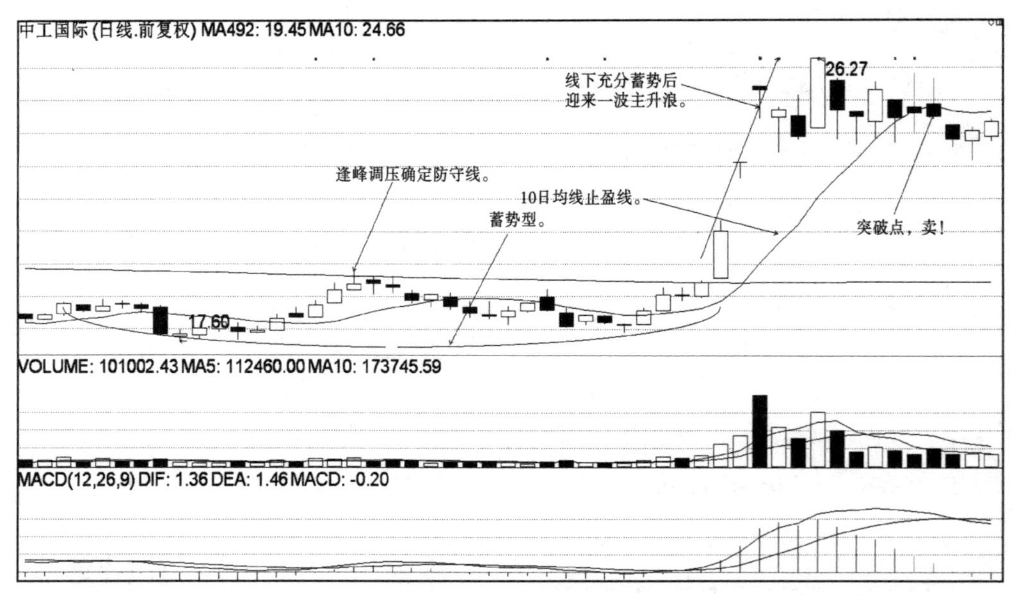

图 3－13

战法步骤：

（1）该股在展开主升浪的过程中，股价分别于 2014 年 11 月 18 日跌破 10 日均线，说明 10 日内买入该股的投资者平均成本已经产生亏损，股价短线支撑不复存在，会继续调整寻求支撑位置。

（2）本着长周期线买，短周期线卖的操盘原则，一旦股价跌破短周期线，即股价跌破当值最接近的均价线后（本例选用 10 日均线），就应该卖出筹码，保证赢利最大化。

3. 跌破攻击线

如果投资者风险偏好选用攻击线，那么就应该严格执行股价向下突破攻击线就要卖出的原则。

案例一：保利地产（600048），见图3—14。

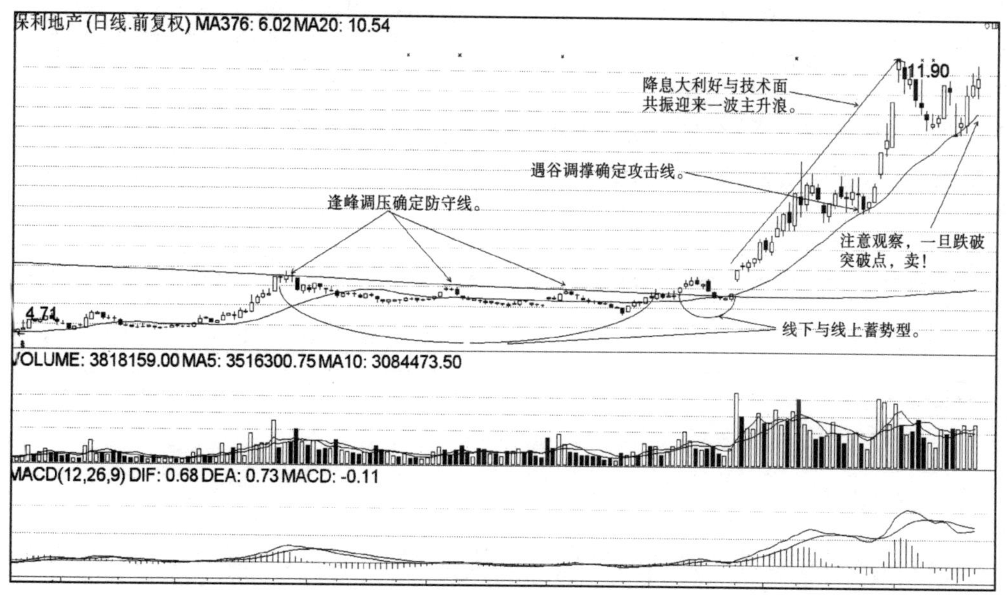

图3—14

战法步骤：

（1）该股在展开主升浪的过程中，股价仍然稳健地在攻击线上方运行，投资者大可不必在意股价日内的波动，一切唯信号论，摒弃幻想，争取利润最大化。

（2）本着长周期线买，短周期线卖的操盘原则，一旦股价跌破当值最接近的均价线即攻击线后（本例选用20日均线），就应该卖出筹码，笔者写作时，由于标的个股跌破攻击线的情况还未发生，如果股价跌破此线，唯信号论，卖！

案例二：东北电气（000585），见图 3－15。

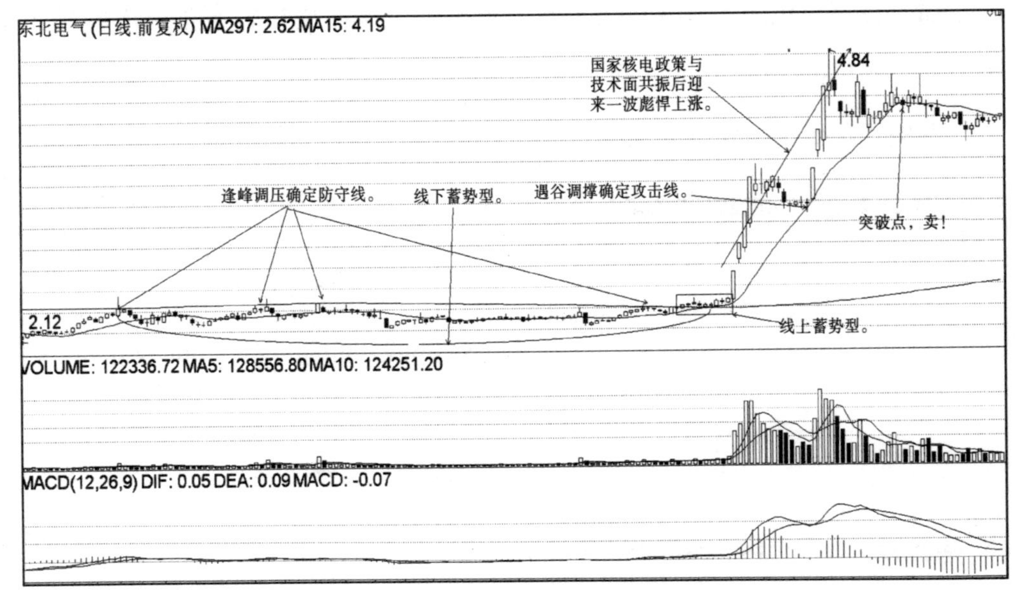

图 3－15

战法步骤：

（1）该股在展开主升浪的过程中，股价分别于 2014 年 9 月 5 日跌破攻击线（参数值 15 日均线），说明 15 日内买入该股的投资者平均成本已经产生亏损，股价短线支撑不复存在，会继续向下调整寻求支撑。

（2）本着长周期线买，短周期线卖的操盘原则，一旦股价跌破短周期线，即股价跌破当值最接近的攻击线后，就应该卖出筹码，保证赢利最大化。

在一般情况下，当股价进入上升波段后，防守线往往处于较低的位置，如果完全秉承从哪条线买，就从哪条线卖的原则，利润会失去许多，故不再以防守线列举案例。

唐·李筌《太白阴经·人无勇怯》云："地势所生，人气所受，勇怯然也。且勇怯在谋，强弱在势。谋能势成，则怯者勇；谋夺势失，则勇者怯。"意指勇猛和怯弱在于将帅的谋划使用，刚强与懦弱在于所处的态势，如果将帅的谋略很高明，有利的势就能形成，如果将帅的谋略笨拙，失去有利的势，那么即使勇猛的人也会怯弱。聪明的投资者在标的个股处于牛市中，往往趁势而行，选择获利速度最快的攻击线来操盘，就能获取跑赢大盘指数的收益。

第一节　攻击线概述

《尉缭子·制谈》云："便吾器用，养吾武勇，发之如鸟击，如赴千仞之谿。"意指要改善我们的武器装备，培养我们的战斗作风，军队一旦出动，就应像鸷鸟捕食般凶猛，像倾泻到深谷的激流那样势不可当，投资者平时应熟练掌握和运用自己的交易系统，着重培养自己的条件反射能力和快速应变能力，一旦发现目标，就要快速果断出击。攻击线一旦在操盘中被确定，买点

信号一出来，必须第一时间开仓买入。

一、攻击线的定义

攻击线是股价有效突破中心线之后，根据股价回落，第一次形成谷底点所调绘的山谷线，即第一山谷线。这是股价有效突破中心线之后，在众多山谷线中很重要的一条均价线。它代表一段时间获利筹码的市场成本，体现着主力在某阶段打压测试股价下跌空间的意图。此线支撑股价在短周期内的上涨攻击波段，比中心线与防守线更贴近股价运行规律。主力在股价上涨过程中，会有既不改变股价短线运行方向，又可以达到清洗浮筹的震仓洗盘动作，就短线而言，股价跌到此处一般都会戛然而止。如果有效跌破攻击线，标志着短线行情结束，股价就会继续向下，在中心线、防守线或者其他重要操盘线的位置寻找支撑。

用登山理论分析，是登山者登山后，短暂下山补充能量，继续登山之旅的位置。从截金道理论解释，是主力在战略上处于攻击状态，构建短期作战战线的点位。

二、攻击线的设置原则

在设置攻击线时，应遵循以下五大原则：

1. 谷底点最好是原始谷底点，即波段最低点。
2. 峰顶点或谷底点越陡峭越好。
3. 越多峰顶点或谷底点经过相同设置均线越好。
4. 原始谷底时间点择近。
5. 参数值适中，即取值不可太小，一般在3～34之间。

第二节　战法要素

《孙子兵法·军争篇》云："故用兵之法，高陵勿向，背丘勿逆，佯北勿从，锐卒勿攻，饵兵勿食，归师勿遏，围师必阙，穷寇勿迫，此用兵之法也。"意指敌人占领高地，不要去仰攻；敌人背靠高地，不要从正面攻击；敌人假装败退，不要去追击；强大的敌人，不要去进攻；敌人以利诱我，不要贪食其饵；包围敌人，要留有缺口；对陷入绝境的敌人，不要去逼迫它。这些都是用兵打仗中应当掌握的战术。采取攻击线捕捉主升浪同样要综合考虑诸多因素，才能有更大的概率取得成功。

实战中，利用攻击线捕捉主升浪，必须满足以下四个充要条件。

一、确定攻击线

利用一线操盘的遇谷调撑技术确定攻击线。

如贵人鸟（603555），见图4—1。

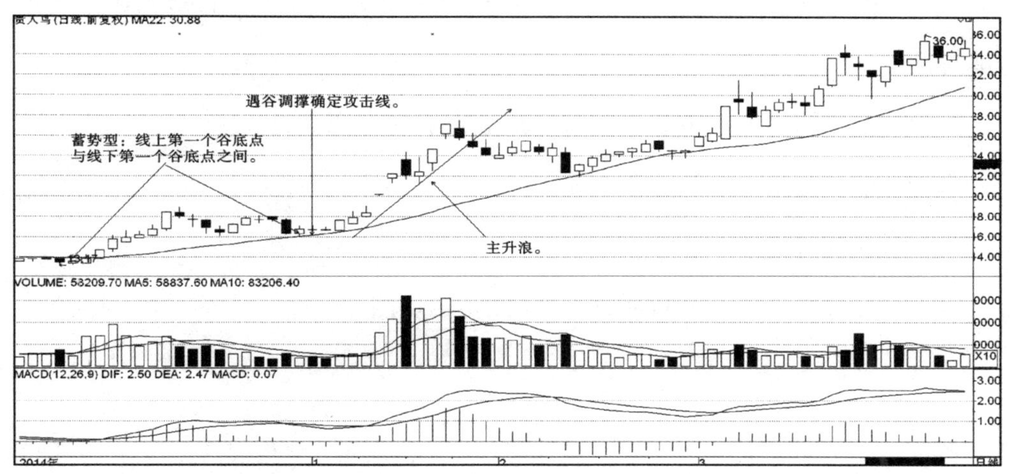

图4—1

又如国脉科技（002093），见图 4—2。

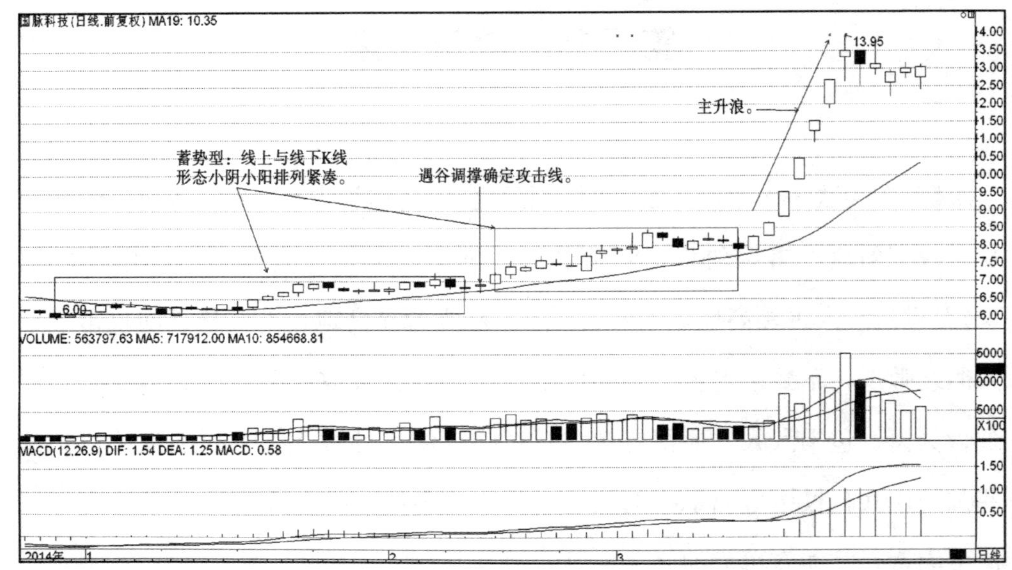

图 4—2

二、选择蓄势型

股价在攻击线下方或者线的上方，运行的主要形态为蓄势型。蓄势型是指：

（1）绝大多数 K 线小阴小阳，涨跌幅度不超过 5%，窄幅震荡，紧凑排列。

（2）K 线结构为多重底、圆弧底或矩形底等形态。

（3）量价关系为涨放量跌缩量。

1. 矩形底形态

K 线群呈矩形底的方直科技（300235），见图 4—3。

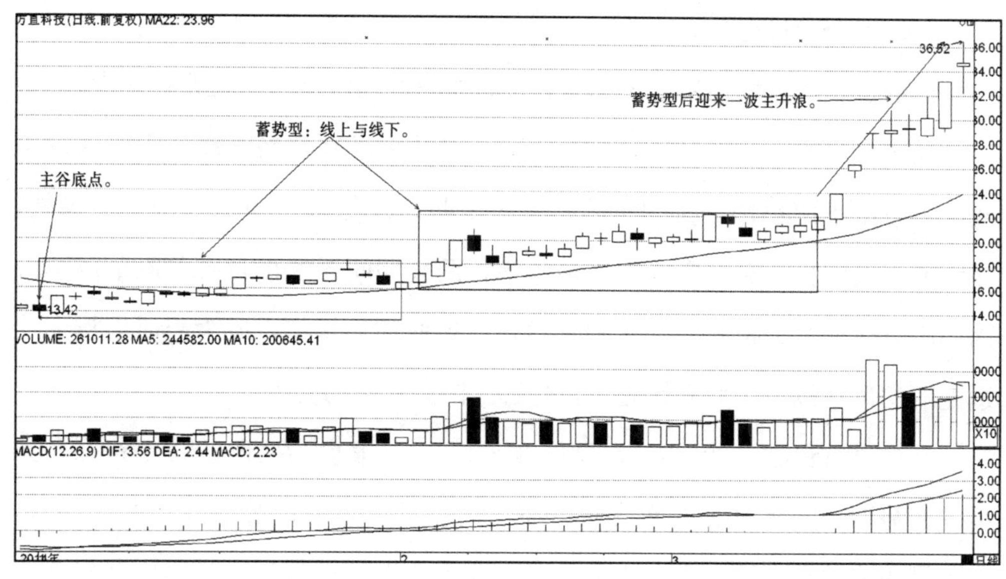

图 4—3

K 线群呈矩形底的光环新网（300383），见图 4—4。

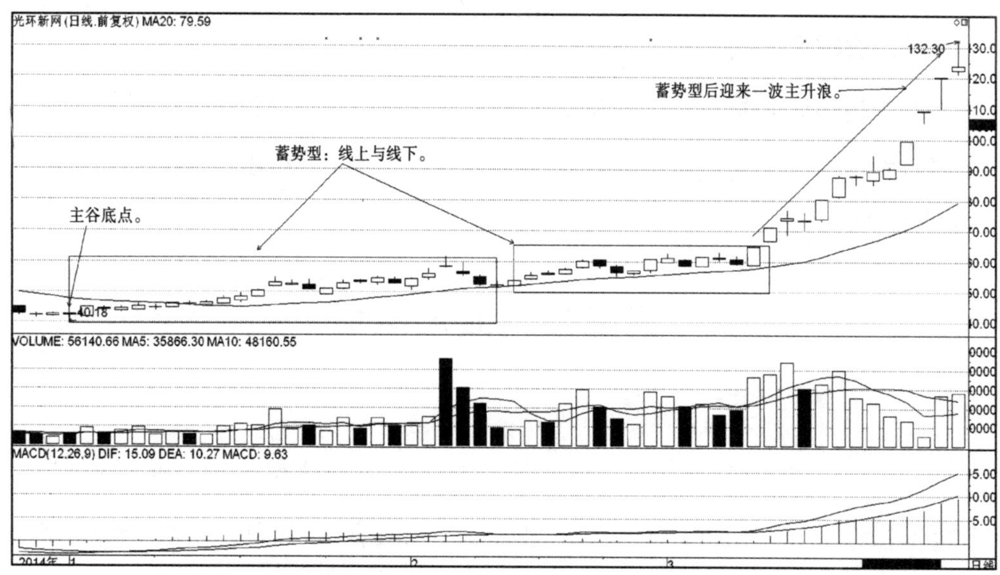

图 4—4

三、配合题材面

标的个股的基本面不能出利空，并且要符合当时市场主流题材热点。

如国脉科技（002093），见图 4－2，主升浪没有开展之前，K 线在攻击线上下收出小阴小阳，排列紧凑，涨放量跌缩量并且出现了几次石墨烯柱，技术面上很明显是有大资金在悄悄吸筹，两会期间国家出台有关电信改革方面的政策后，主力把身兼职业教育题材的该股顺势暴拉，成为当时市场上一道亮丽的风景线。主力先知先觉，是解读国家政策的高手。

又如方直科技（300235），见图 4－3，主升浪启动之前的技术特征是典型的蓄势型，同样是有先知先觉的主力潜伏其中。股价卧薪尝胆两个多月，直到国务院总理在两会上大力倡导“互联网＋”的政策后，迅速引起资本市场的共鸣，随着软件板块全线上扬的势头，迎来主升浪。在中国资本市场做股票，只有紧紧跟着管理层的政策走，才能获取远超大盘的收益。

四、选准水平线

水平趋势线是指在不同时间、同一价格水平方向，峰的顶点或谷的底点之间的连线。该连线是用来捕捉标的个股主升浪有利的辅助工具。

第三节　战法买点

《唐李问对》下卷有云：“攻是守之机，守是攻之策，同归乎胜而已矣。若攻不知守，守不知攻，不唯二其事，抑又二其官”，大意指进攻是防御的转机，防御是进攻的手段，两者都是为了争取胜利。在作战中，如果进攻时不知防守，防守时不知进攻，这样，不仅会把攻守看成是相互分割的两个方面，而且也会把它们看成具有两种不同的目的。在攻击线上寻找买点时，以守为先，待机再攻，信号一出，坚决买入。

针对任何一条时间周期的操盘线，一线操盘技术都有五大买点，攻击线亦如此。五大买点分别是抄底点、启涨点、突破点、回踩点、追涨点。一般情况下，在攻击线下方通常分布着抄底点、启涨点、追涨点三个买点，在攻击线上方通常分布着回踩点、启涨点、突破点、追涨点四个买点。

在实战中，价值较高的是突破点与回踩点，所以，本章重点对这两个买点进行阐述，为突出本书的实用价值，文中所选案例主要以笔者部分曾实盘操作过的股票为主，现将五大买点标记在图 4—5 上，并分别阐述突破点和回踩点的实战案例。

一、五大买点

五大买点包括抄底点、启涨点、突破点、回踩点、追涨点，但很多时候，在实战中，其出现顺序并非固定不变，这一点请读者注意，见图 4—5。

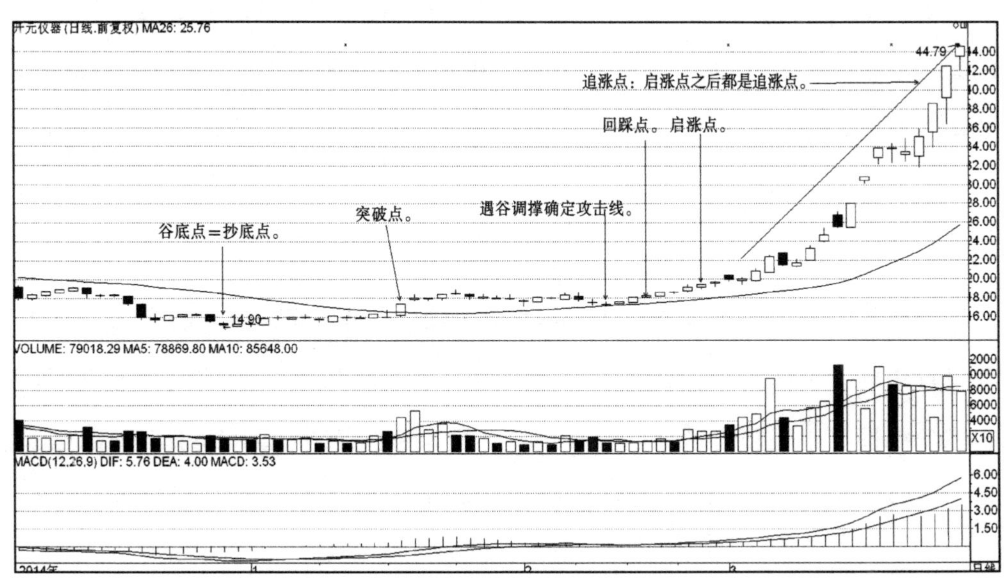

图 4—5

五大买点定义：

抄底点：股价在攻击线下方形成的阶段性谷底点。此买点通常是股价涨上去后才确认是抄底点，理论上存在，实战中很难捕捉。

回踩点：股价有效突破攻击线后，在上涨过程中遇阻回调，回踩攻击线时的那个位置。很多投机者也对此买点有恐惧感，其实此买点是所有买点中机会成本最低的。

启涨点：股价在攻击线下方形成谷底点后，阳克阴开始上涨时的第一根阳K线，或股价回踩攻击线完毕，阳克阴再次上涨时的第一根阳K线。此买点在实战中起到确认股价上涨的作用。

突破点：股价阶段性见底后，上涨过程中向上突破攻击线时的第一根阳K线，或股价在攻击线上方，在上涨过程中向上突破防守线或者第二、第三……山峰线时的第一根阳K线。

追涨点：股价在攻击线下方或向上突破中心线、防守线、第二山峰线等山峰线后，或回踩攻击线完毕后，在上涨途中的任何一根K线都是追涨点，此买点常常位于启涨点之后的位置。

二、战法案例

1. 突破点

突破点是股价向上突破攻击线时的第一根K线，或在攻击线上方，在上涨过程中向上突破防守线或重要操盘线时的第一根K线。突破点是五大买点中成功率最高也是最有价值的一个买点，成功概率至少75％以上（震荡型除外），止损成本相对较小，赢利幅度相对较大，实战中，第一个买点首选突破点。

案例一：天成控股（600112），见图 4—6。

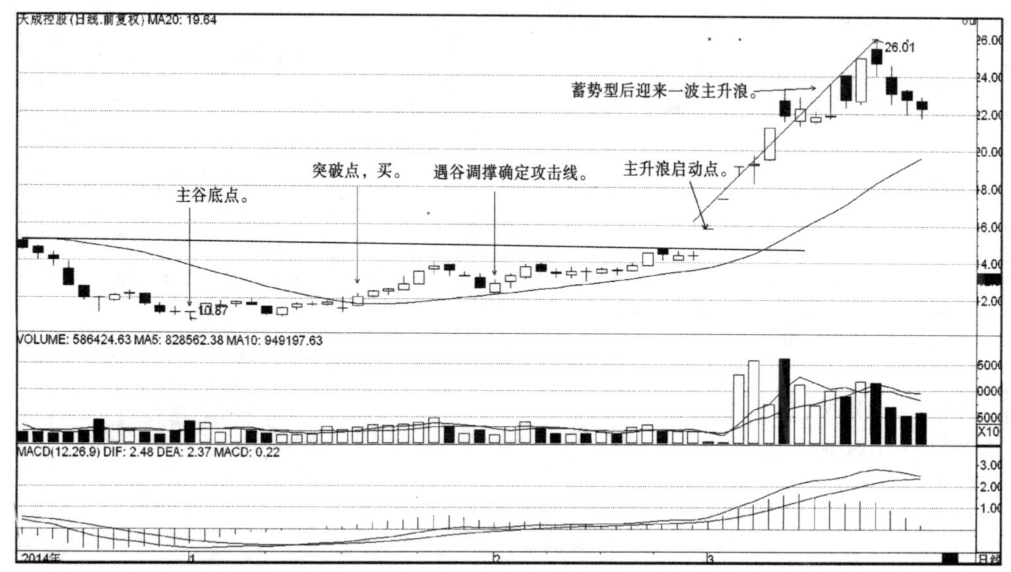

图 4—6

战法步骤：

（1）利用一线操盘的遇谷调撑技术确定攻击线，参数值 20 日均线。

（2）攻击线上方股价运行的形态为蓄势型：K 线小阴小阳，窄幅震荡，紧凑排列，涨放量跌缩量。

（3）基本面与题材面：该公司是主要从事风力发电设备的设计、高低压电器元件、成套电器设备等产品制造与销售的企业，目前已发展成为主营电器、风电、矿业三大产业的企业集团，公司产品广泛用于我国电力、石化、冶金、铁路、轻工及房地产等行业，正在全力打造高端装备制造、金融和资源能源开发三大产业。众多题材集于一身，吸引了主力机构的入驻，在历经线下与线上的充分蓄势后，主力机构在 2015 年 3 月 10 日以一字涨停的形式突破水平趋势线（主升浪启动点），宣告主升浪的到来。

案例二：东北电气（000585），见图 4—7。

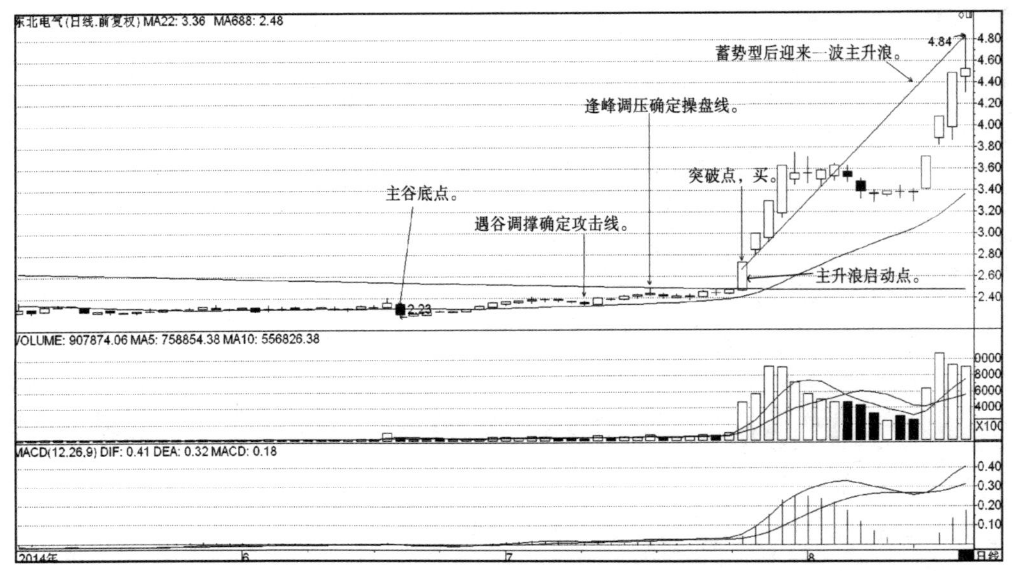

图 4—7

战法步骤：

(1) 利用一线操盘的遇谷调撑技术确定攻击线，参数值 22 日均线。

(2) 攻击线下方股价运行的形态为蓄势型：K 线小阴小阳，窄幅震荡，紧凑排列，涨放量跌缩量。

(3) 基本面与题材面：2013 年，宏观经济复苏缓慢，虽然电力投资总量呈现小幅增长态势，但电力设备需求量波动性较大，面临不断加剧的生产经营风险和挑战，该公司狠抓生产管理，降本压费，挖潜增效，积极稳步推进技改项目，不断加强内部制度建设，提高治理水平，关键是公司位于东北老工业基地，有国企改革的预期兼有核电核能概念，在牛市只要上市公司稍微有点炒作题材就能吸引主力吸引市场，在历经线下的充分蓄势后，主力机构在 2014 年 7 月 25 日以涨停的形式突破水平趋势线（主升浪启动点），主升浪如期而至。

2. 回踩点

回踩点是股价向上突破攻击线后再次回踩该线时的一根K线。回踩点是突破点的一个补充买点，成功概率至少75%以上，止损成本相对较小，赢利幅度相对较大，在实战中，第二个买点首选回踩点。

案例一：华鹏飞（300350），见图4—8。

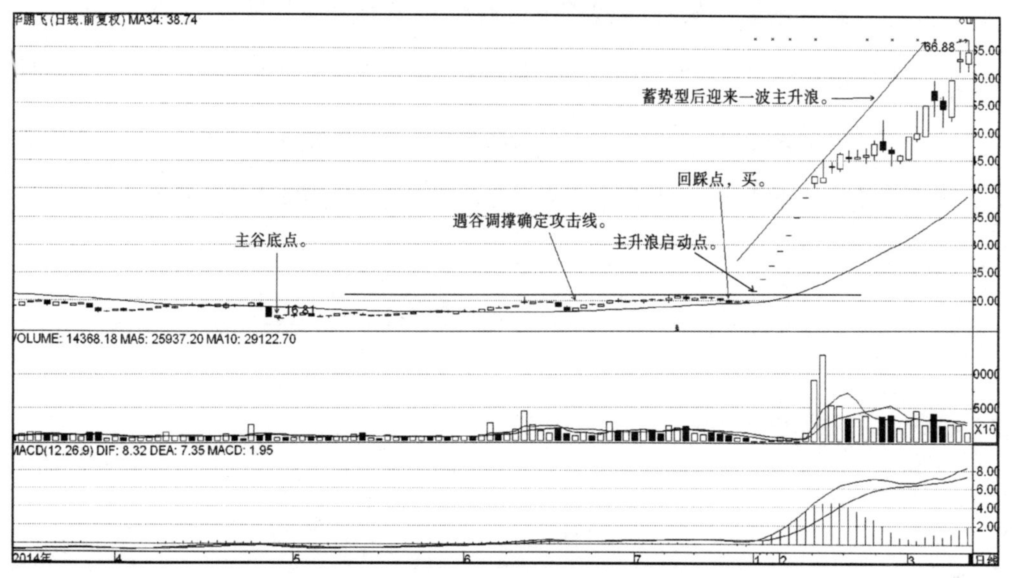

图4—8

战法步骤：

（1）利用一线操盘的遇谷调撑技术确定攻击线，参数值34日均线。

（2）攻击线上方与下方的股价运行形态为蓄势型：K线小阴小阳，窄幅震荡，紧凑排列，涨放量跌缩量。

（3）基本面与题材面：该公司具备一定的行业地位和优势，主要体现在以下三个方面：一是业务模式优势，公司通过嵌入客户生产、采购、分销及逆向等内部业务流程，提供“一体化、一站式、个性化”的综合物流整体解决方案；二是业务网络优势，公司在全国建立了40多个业务网点，在重点城市建立了物流分拨配送中心，在珠三角、长三角等电子信息产业发达的地区设立物流运营中心，已形成一张覆盖国内主要城市的物流业务网络，具备为国内电子信息产业客户提供较大规模物流服务的能力；三是专业服务优势，已形成具有自身特色的专业服务优势，主要体现在物流整体方案策划能力、物流执行能力和物流增值服务能力。围绕公司战略发展布局，积极开展并购重组。公司通过增资、转让股权等手段收购德马科及百姓医药物流，“打造大物流一体化供应链生态圈”。由于基本面相对不错，主力机构在 2014 年 7 月 16 日以缩量小阴线回踩攻击线后结束洗盘，于 2015 年 1 月 28 日以一字涨停的形式突破水平趋势线（主升浪启动点），宣告主升浪的开启，全仓买入。

案例二：南天信息（000948），见图 4—9。

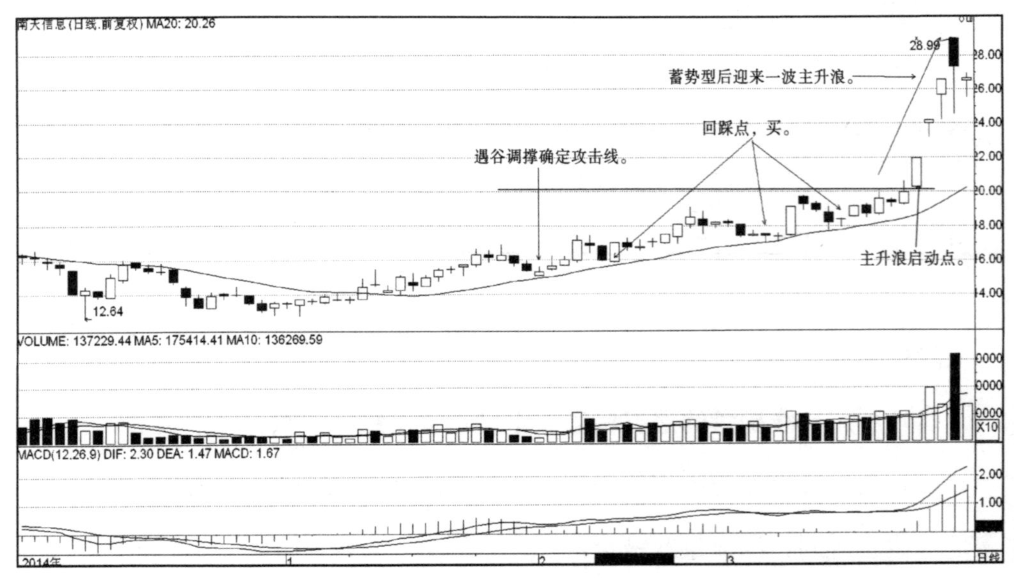

图 4—9

战法步骤：

（1）利用一线操盘的遇谷调撑技术确定防守线，参数值 20 日均线。

（2）攻击线上方与下方的股价运行形态为蓄势型：K 线小阴小阳，窄幅震荡，紧凑排列，涨放量跌缩量。

（3）基本面与题材面：该公司在银行核心系统的开发方面一直具有重要地位。通过与邮储银行的合作，开发出融合云计算技术的新型核心系统，该系统为我国金融核心计算机系统的国产化打下了坚实的基础，更为我国金融信息安全初步蹚出了一条发展之路。此外，随着我国银行跨区域经营、新业务拓展以及外部监管要求不断变化，我国中小银行发展迅速，由此推动了银行核心系统的建设。另外，该公司具备市场炙手可热的电子支付题材。因此，各路资金蜂拥而入，主力机构在2015年3月6日及3月12日以缩量小阴线回踩攻击线后结束洗盘，于2015年3月23日以涨停的形式突破水平趋势线（主升浪启动点），宣告主升浪的到来，全仓买入。

第四节　战法卖点

《孙子兵法·虚实篇》云："故形兵之极，至于无形；无形，则深间不能窥，智者不能谋。"意指从战略布局的角度来看，为了将兵马粮草的作用发挥到极致，就必须正确地进行全面管理统筹和策划。统筹和策划在后方进行，不易被敌方所洞悉。再高明的战术也无法抵抗最高明的战略。卖点信号出来后，就必须坚定执行，否则再高明的操盘技术也不能挽回亏损的败局。

针对任何一个时间周期的操盘线，一线操盘技术都有五大卖点，攻击线亦如此，这五大卖点分别是反抽点、启跌点、杀跌点、逃顶点、突破点。一般情况下，卖点主要分为两类，一类是洗盘性质的三个卖点：股价向上有效突破攻击线后，在攻击线上方数次形成峰顶点后遇阻下跌过程中出现的反抽点、启跌点、杀跌点；二是出货性质的三个卖点：股价在攻击线上方确立头

部后，向下跌破攻击线过程中出现的逃顶点、突破点、杀跌点。为突出本书的实用价值，文中所选案例主要以笔者部分曾实盘操作过的股票为主，现将五大卖点标记在图 4—10 上。

实战中，由于反抽点、启跌点、逃顶点三大卖点较难把握，而杀跌点更是不可取，唯有突破点实战价值最大，信号最强烈，可帮助提高赢利幅度，所以，投资者可依据价线关系以及风险偏好，选择股价在跌破 5 日均线或 10 日均线或攻击线时卖出筹码，如果完全秉承从哪条线买就从哪条线卖的原则，利润会回撤许多。

一、五大卖点

五大卖点包括逃顶点、启跌点、反抽点、杀跌点、突破点。在实战中，其出现顺序并不固定，这一点请读者注意，见图 4—10。

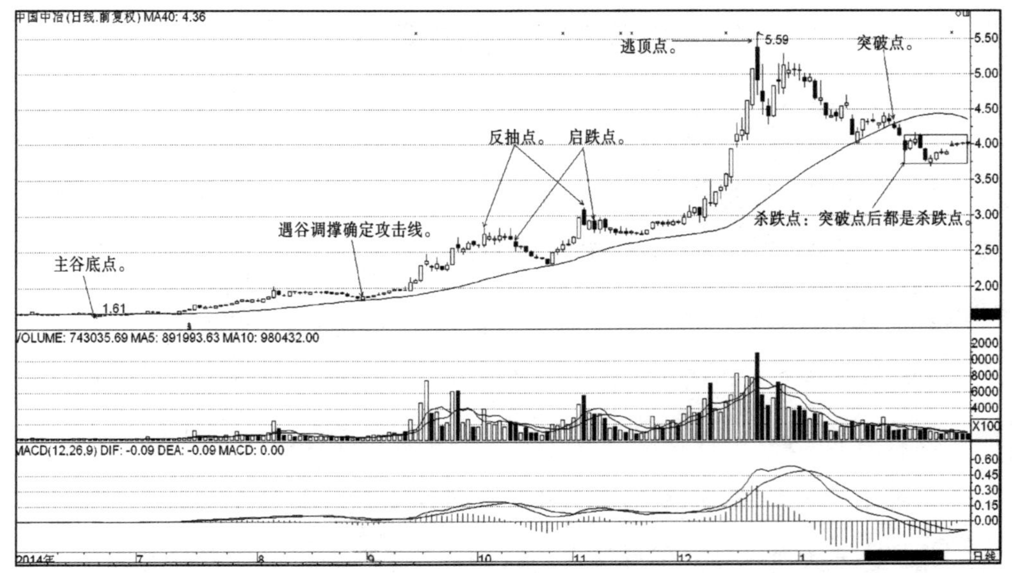

4—10

五大卖点定义：

逃顶点：股价在上涨攻击波段的末端，峰顶点的位置。此卖点操作难度甚大，要等到股价跌下来才能确认。

反抽点：股价有效突破操盘线后，在攻击线上的上涨过程中遇阻回落时形成的阶段性高点，也是阶段性阻力点，此卖点难以把握，必须等启跌点形成后才能确认是反抽点。

启跌点：股价突破攻击线后，在上涨过程中形成峰顶点，K 线阴克阳后形成的第一根阴线。股价必须跌破反抽点的最低价，这是股价阶段性下跌的确认点。

突破点：股价在攻击线上方阶段性短线见顶，向下跌破攻击线时的第一根阴 K 线。

杀跌点：股价在攻击线上方形成阶段性的峰顶点后，在回踩攻击线途中或向下跌破攻击线后的任何一根 K 线。

二、战法案例

突破点是股价向下突破攻击线或者 5 日均线、10 日均线时的第一根 K 线。突破点是五个卖点中成功率最高也是最有价值的一个卖点，利润损失相对较小，卖出信号较强烈较明确。实战中，第一个卖点首先是突破点。投资者可根据各自的风险偏好，选择 5 日均线、10 日均线、攻击线的突破点作为卖点。

1. 跌破 5 日均线

如果投资者风险偏好选用 5 日均线，那么就应该严格按照股价向下突破 5 日均线卖出的原则操作。

案例一：雅戈尔（600177），见图 4－11。

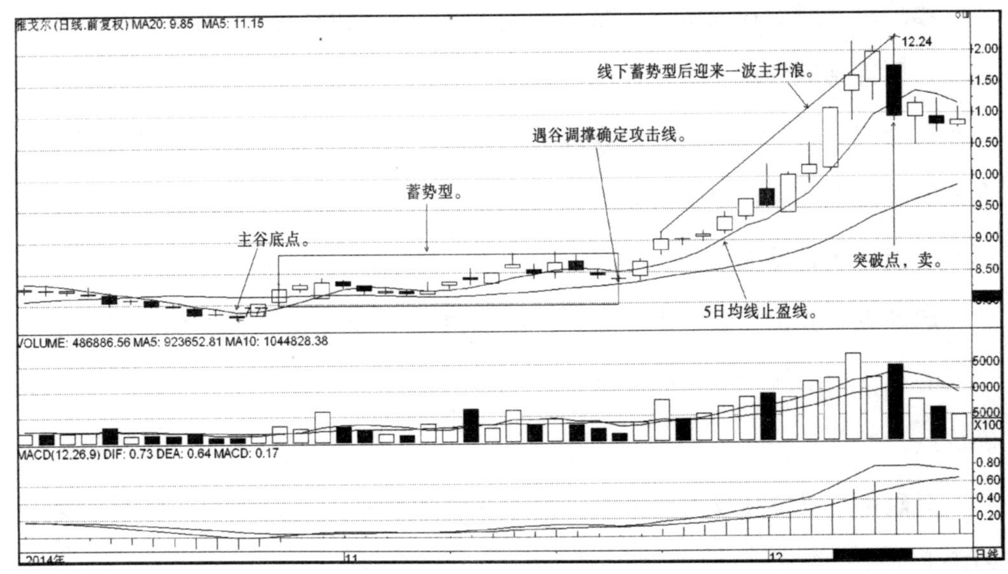

图 4－11

战法步骤：

（1）该股在展开主升浪的过程中，2014 年 12 月 9 日，股价跌破 5 日均线，说明 5 日内买入该股的投资者平均成本已经产生亏损，股价短线支撑不复存在，会继续调整寻求支撑位置。

（2）本着长周期线买，短周期线卖的操盘原则，一旦股价跌破短周期线，即股价跌破当值最接近的均价线后（本例选用 5 日均线），就应该卖出筹码，保证盈利最大化。

案例二：西部证券（002673），见图 4—12。

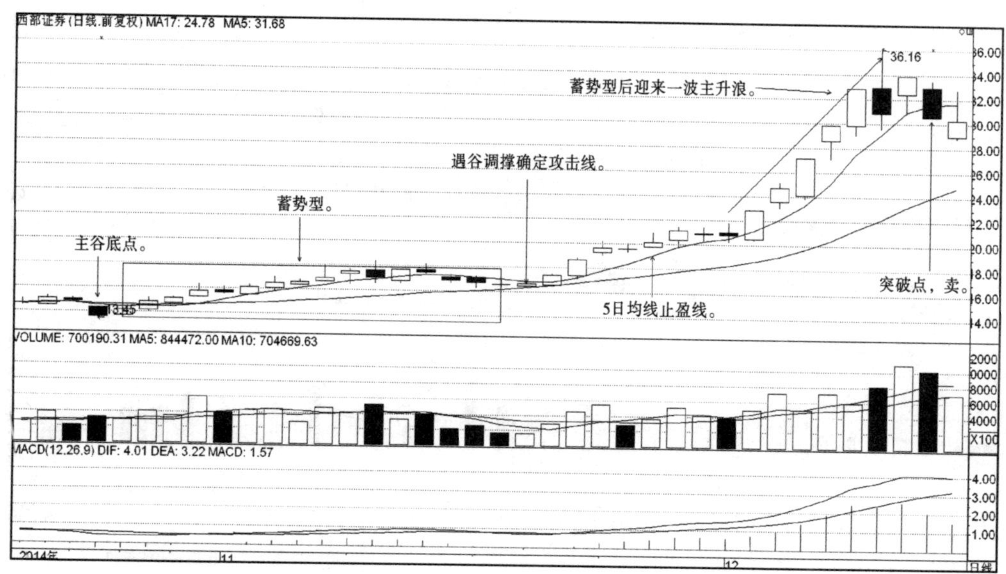

图 4—12

战法步骤：

（1）该股在展开主升浪的过程中，股价于 2014 年 12 月 11 日跌破 5 日均线，说明 5 日内买入该股的投资者平均成本已经产生亏损，股价短线支撑不复存在，会继续调整寻求支撑位置。

（2）本着长周期线买，短周期线卖的操盘原则，一旦股价跌破短周期线，即股价跌破当值最接近的均价线后（本例选用 5 日均线），就应该卖出筹码，保证盈利最大化。

2. 跌破 10 日均线

如果投资者风险偏好选用 10 日均线，那么就应该严格按照股价向下突破 10 日均线卖出的原则操作。

案例一：中国铝业（601600），见图 4—13。

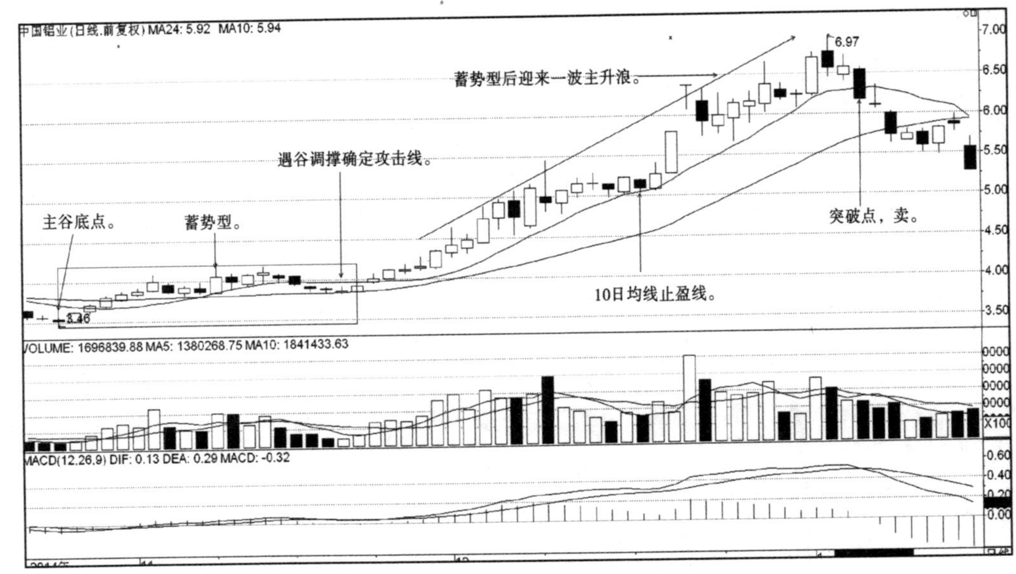

图 4—13

战法步骤：

（1）该股在展开主升浪的过程中，股价于 2015 年 1 月 8 日跌破 10 日均线，说明 10 日内买入该股的投资者平均成本已经产生亏损，股价短线支撑不复存在，会继续调整寻求支撑位置。

（2）本着长周期线买，短周期线卖的操盘原则，一旦股价跌破短周期线，即股价跌破当值最接近的均价线后（本例选用 10 日均线），就应该卖出筹码，保证盈利最大化。

案例二：四川长虹（600839），见图4—14。

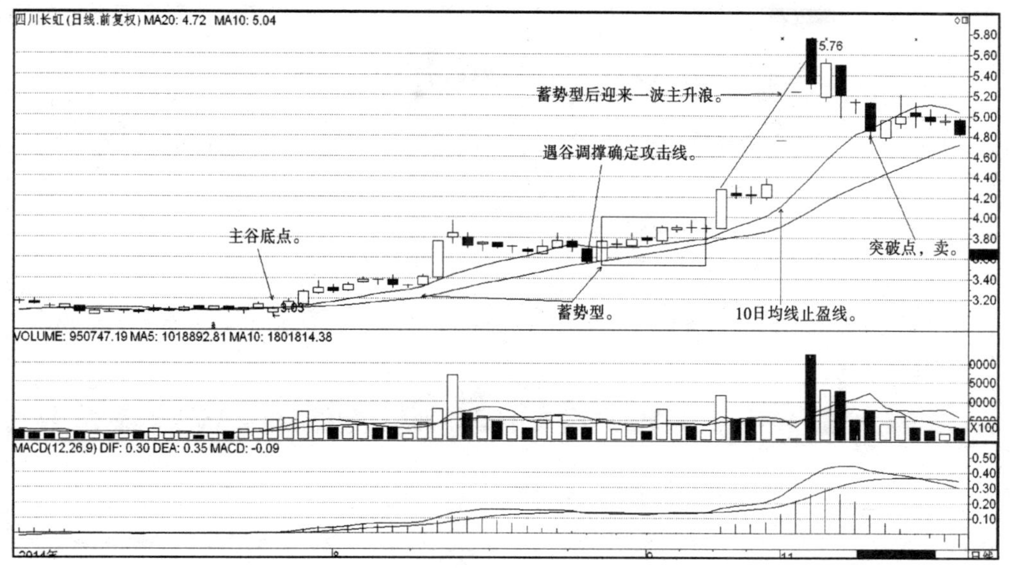

图4—14

战法步骤：

（1）该股在展开主升浪的过程中，股价于2014年11月11日跌破10日均线，说明10日内买入该股的投资者平均成本已经产生亏损，股价短线支撑不复存在，会继续调整寻求支撑位置。

（2）本着长周期线买，短周期线卖的操盘原则，一旦股价跌破短周期线，即股价跌破当值最接近的均价线后（本例选用10日均线），就应该卖出筹码，保证盈利最大化。

3. 跌破攻击线

如果投资者风险偏好选用攻击线，那么就应该严格执行股价向下突破攻击线就要卖出的原则。

案例一：徐工机械（000425），见图 4—15。

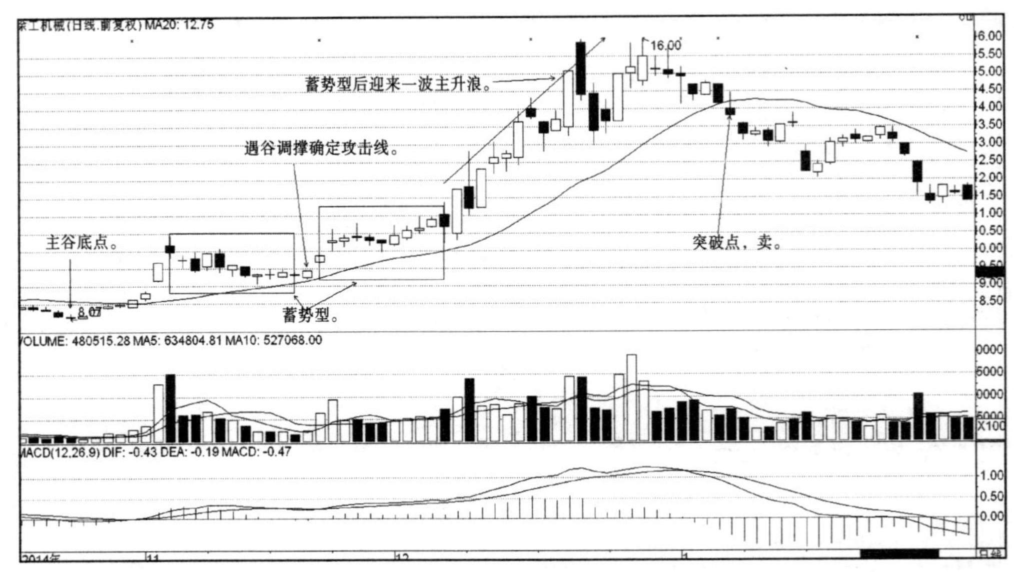

图 4—15

战法步骤：

（1）该股在展开主升浪的过程中，股价稳健地在攻击线上方运行，投资者大可不必在意股价日内的波动，一切唯信号论，摒弃幻想，争取利润最大化。

（2）本着长周期线买，短周期线卖的操盘原则，一旦股价跌破短周期线即价格高的攻击线，或者说股价跌破当值最接近的均价线（本例选用 20 日均线）后，就应该卖出筹码，保证盈利最大化。

一、五大买点

五大买点包括抄底点、启涨点、突破点、回踩点、追涨点，但很多时候，在实战中，其出现顺序并非固定不变，这一点请读者注意，见图5—5。

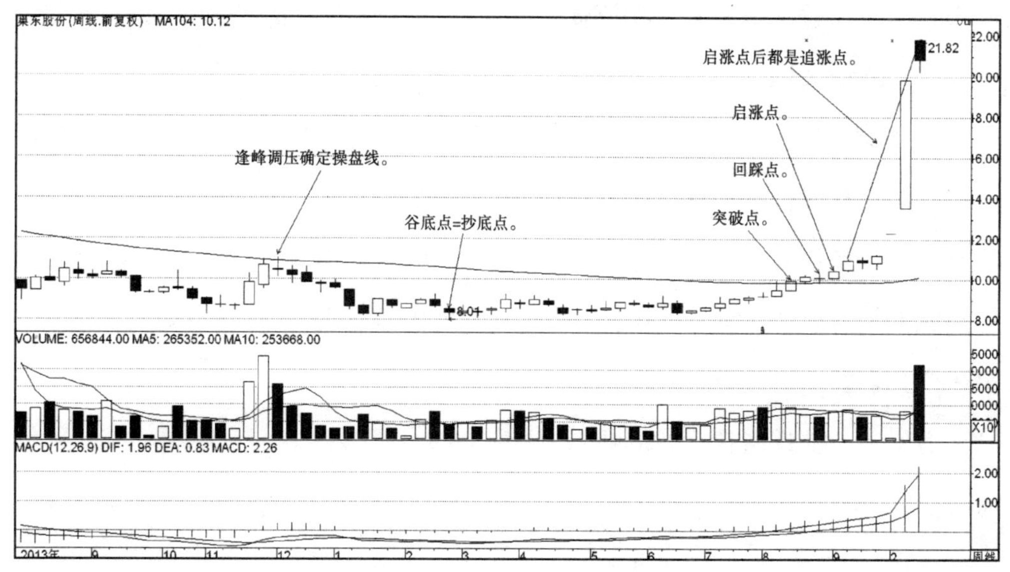

图5—5

五大买点定义：

抄底点：股价在操盘线下方形成的阶段性谷低点。此买点通常是股价涨上去后才确认是抄底点，理论上存在，在实战中很难捕捉。

回踩点：股价有效突破周操盘线后，在上涨过程中遇阻下跌，回踩操盘线时的那根K线。

启涨点：股价在操盘线下方形成阶段性谷底点后，阳克阴开始上涨时的第一根阳K线，或股价突破操盘线后，在上涨过程中遇阻下跌回踩该操盘线完毕，阳克阴再次上涨时的第一根阳K线。此买点在实战中起到确认股价上涨的作用。

突破点：股价在阶段性见底后，上涨过程中向上突破山峰线时的第一根阳 K 线。

追涨点：股价在向上突破操盘线后，回踩该线，启涨点之后的上涨途中任何一根 K 线都是追涨点，此买点位于启涨点或突破点之后。实战中不提倡使用，除非在特别强势的市场或标的股票有重大利好消息支持时，方可跟进。

二、战法案例

1. 突破点

突破点是股价向上突破操盘线时的第一根 K 线。突破点是五大买点中成功率最高也是最有价值的一个买点，成功概率至少 75%以上（震荡型除外），止损成本相对较小，赢利幅度相对较大，买入信号相对较为明确，实战中，第一个买点首选突破点。

案例一：上证指数（999999），见图 5—6。

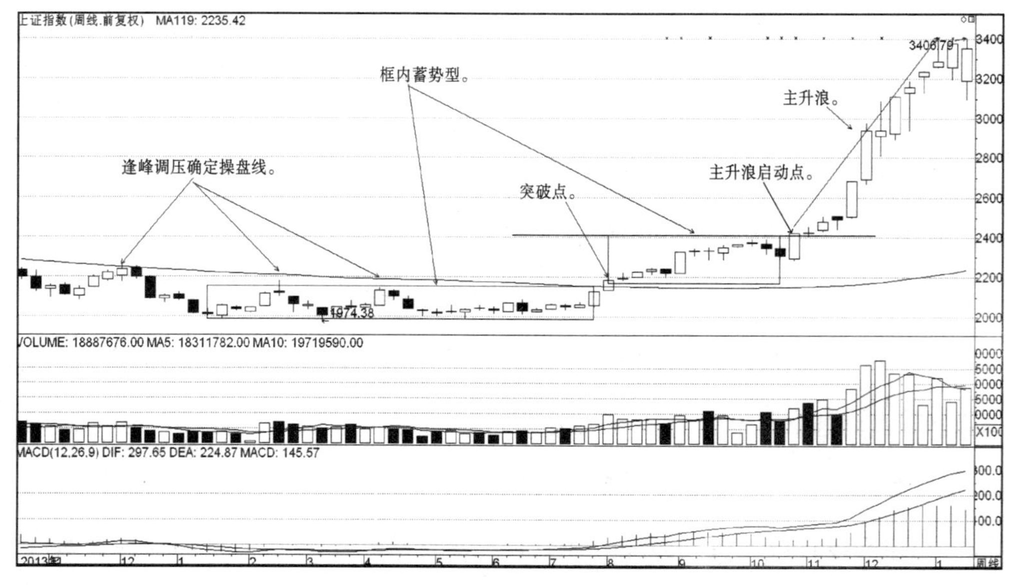

图 5—6

战法步骤：

（1）利用一线操盘的逢峰调压技术确定操盘线，参数值 119 周均线。

（2）操盘线下方或上方股价运行的形态为蓄势型：K线小阴小阳，窄幅震荡，紧凑排列，涨放量跌缩量。

（3）基本面与题材面：中国股市2008年一路熊下来，途中只有一些结构性进场机会，在见到1849点谷底点后，国家逐步出台利于股市走牛的政策，先知先觉的资金自然不会错过这次牛市盛宴。在历经线下近两年的充分蓄势后，主力机构于2014年8月1日那周放量突破周操盘线，并于2014年11月28日那周放量收大阳突破水平趋势线（主升浪启动点），宣告主升浪的到来。

案例二：招商地产（000024），见图5—7。

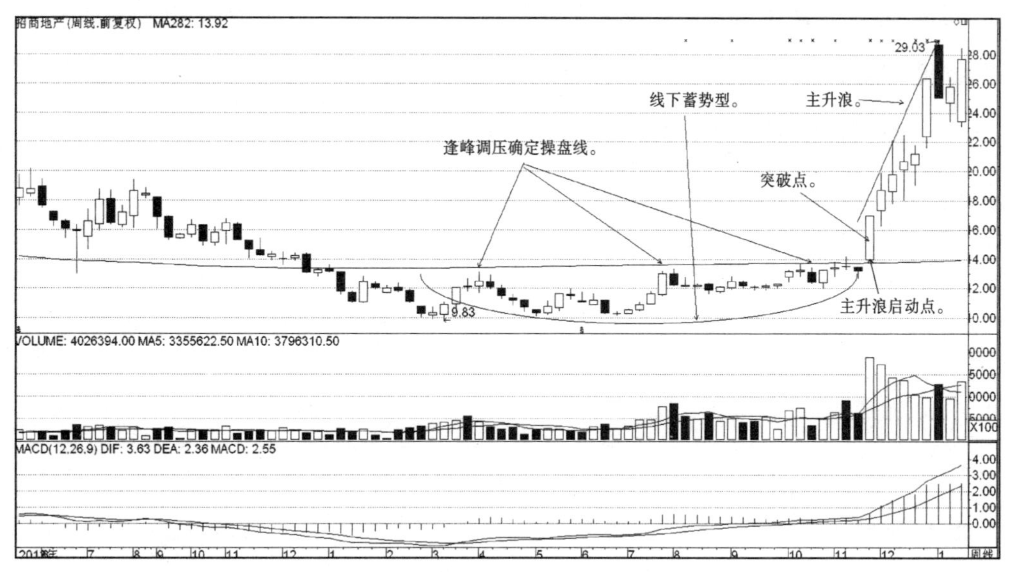

图5—7

战法步骤：

（1）利用一线操盘的逢峰调压技术确定操盘线，参数值282周均线。

（2）操盘线下方股价运行的形态为蓄势型：K线小阴小阳，窄幅震荡，紧凑排列，涨放量跌缩量。

（3）基本面与题材面：招商地产作为招商局集团唯一的房地产上市公司，

在整个集团发展过程中扮演了重要的角色。未来公司的发展将会建立在整个集团平台基础之上，背靠丰富的项目资源以及金融实业多业务领域的跨界合作，通过资本和产业的有效互动，盘活存量资产和在手资源，进入成长的快车道。在历经线下数月的充分蓄势后，借助管理层降息的春风，主力机构于2014年11月28日那周放量收大阳突破水平趋势线（主升浪启动点）与周操盘线，宣告主升浪的到来。

2. 回踩点

回踩点是股价向上突破操盘线后再次回踩该线时的一根K线。回踩点是对突破点的一个补充买点，成功概率至少75%以上，止损成本相对较小，赢利幅度相对较大，实战中，第二个买点是回踩点。

案例一：招商证券（600999），见图5—8。

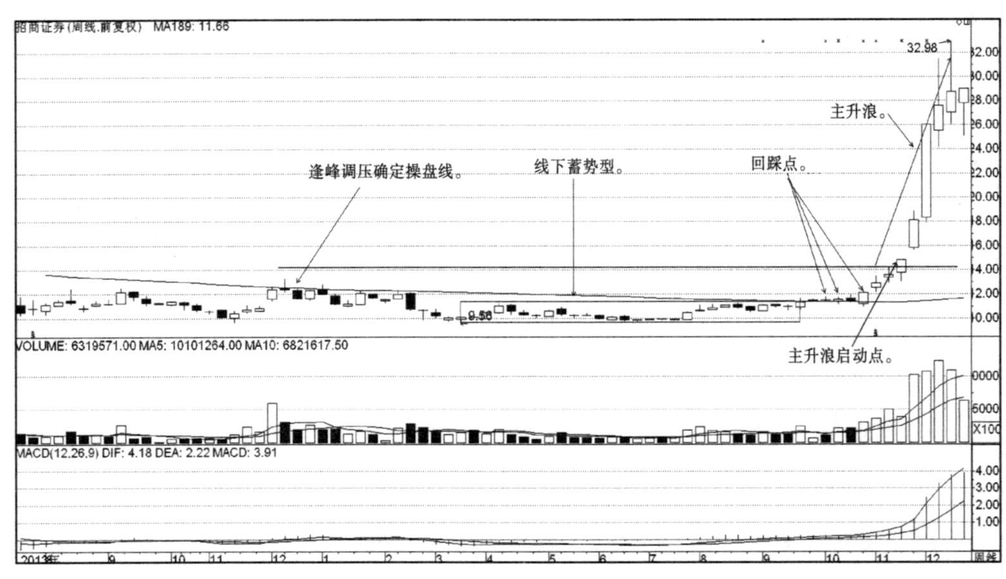

图5—8

战法步骤：

（1）利用一线操盘的逢峰调压技术确定操盘线，参数值189周均线。

（2）操盘线下方股价运行的形态为蓄势型：K线小阴小阳，窄幅震荡，紧凑排列，涨放量跌缩量。

（3）基本面与题材面：该公司的经纪、自营、投行、两融等业务在牛市中大大受益，而该时段出台降息这一重磅利好消息成为券商股大涨的最大原动力。在历经线下数月的充分蓄势后，借助管理层降息的春风，主力机构突破操盘线后于2014年9月30日连续四周回踩操盘线，并于2014年11月14日那周放量收大阳突破水平趋势线（主升浪启动点）与周操盘线，宣告主升浪启动。

案例二：金运激光（300220），见图5—9。

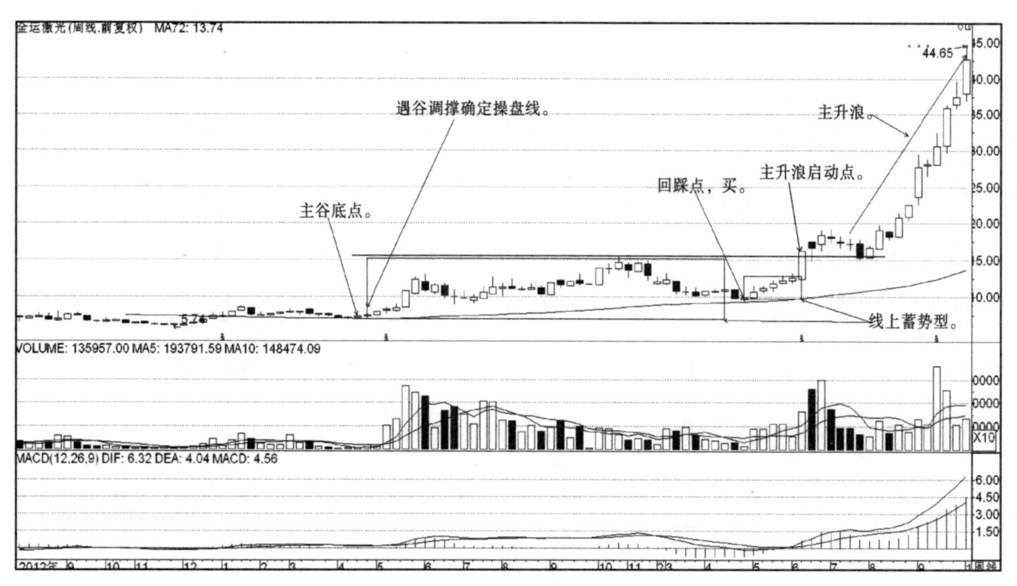

图5—9

战法步骤：

（1）利用一线操盘的遇谷调撑技术确定操盘线，参数值72周均线。

（2）操盘线下方股价运行的形态为蓄势型：K线小阴小阳，窄幅震荡，紧凑排列，涨放量跌缩量。

（3）基本面与题材面：该公司是国内3D打印应用服务龙头企业之一。已成功推出集设计师、品牌商、消费者和3D打印为一体的服务平台网站（意造网）。同时线下的3D打印体验馆商务模式也逐渐成熟，将消费者互动式体验与自主设计科技创新融合，带动了3D打印相关产品的销售。这个与时俱进的题材自然受到了市场的青睐，股价突破操盘线后于2014年4月30日那周回踩操盘线，并于2014年6月13日那周放量收大阳突破水平趋势线（主升浪启动点），宣告主升浪的到来。

第四节　战法卖点

孙武《孙子·虚实》有云："势盛必衰，形露必败。故能因形变化，取胜若神。"意指态势太盛必会转衰，形态暴露一定会失败。所以如果能够及时根据敌情变化制订作战计划，取胜就如同神一样了。主力拉升股价的目的就是为了在高位卖出股票，虽然我们不知道主力会在哪个高位置开始卖出筹码，但是根据一线操盘的五大卖点，我们能在盘面上捕捉到蛛丝马迹，只要符合卖点，就要及时把筹码卖出去。

针对任何一个时间周期的操盘线，一线操盘术都有五大卖点，周均线亦如此，这五大卖点分别是反抽点、启跌点、杀跌点、逃顶点、突破点。一般情况下，卖点可分为两类，一是洗盘性质的三个卖点：股价向上有效突破操盘线后，在操盘线上方数次形成峰顶点遇阻下跌过程中出现的反抽点、启跌点、杀跌点；二是出货性质的三个卖点：股价在操盘线上方确立头部后，向下跌破操盘线过程中出现的逃顶点、突破点、杀跌点。为突出本书的实用价值，文中所选案例主要以笔者部分曾实盘操作过的股票为主，现将五大卖点标记在图 5—10 上。

实战中，由于反抽点、启跌点、逃顶点三大卖点很难把握，杀跌点更是不可取。唯有突破点实战价值最大，信号最强烈，所以为提高盈利幅度，投资者可利用价线关系以及风险偏好，选择股价在跌破 5 周均线、10 周均线、攻击线或者其他操盘线时卖出筹码，如果完全秉承从哪条线买就从哪条线卖的原则，利润会回撤许多。

一、五大卖点

五大卖点包括逃顶点、启跌点、反抽点、杀跌点、突破点。逃顶点必须要等股价跌破操盘线后才能确认，笔者写作时大盘涨势良好，标的个股主升浪结束后跌破操盘线的案例还没有找到，故示意图没有标记逃顶点。见图 5—10。

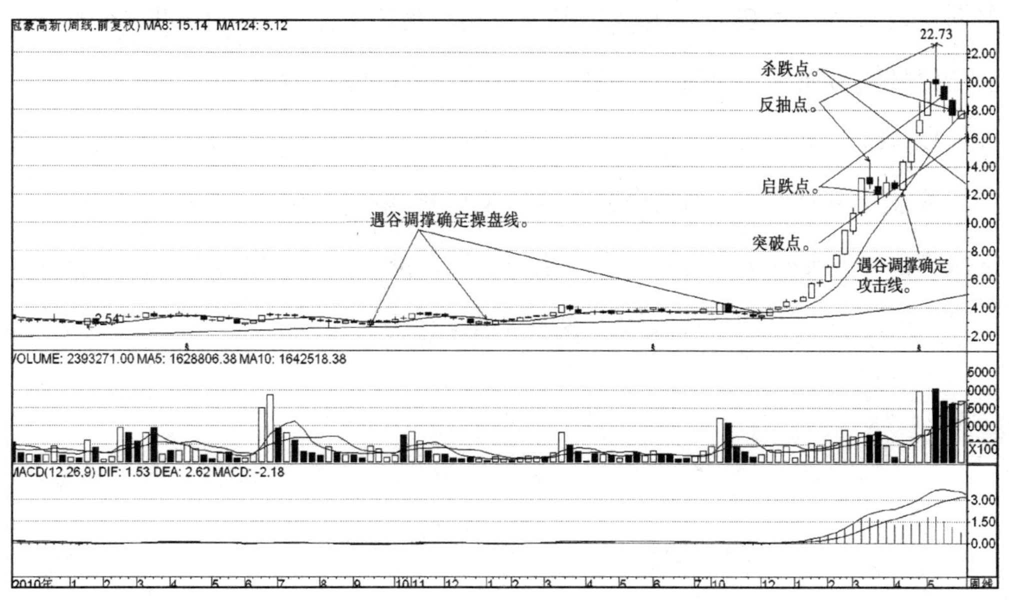

图 5—10

五大卖点定义：

逃顶点：股价在操盘线上的上涨行情末端，即峰顶点的位置。

反抽点：股价有效突破操盘线后，在上涨过程中遇阻回落形成的阶段性高点，也是阶段性阻力点，此卖点难以把握，必须等启跌点形成后才能确认是反抽点。

启跌点：股价在操盘线上的上涨过程中形成反抽点，K 线阴克阳后，形成的第一根阴线，股价必须跌破反抽点的最低价，它是股价阶段性下跌的确认与启动点。

突破点：股价见顶后，下跌过程中向下跌破操盘线时的第一根阴 K 线。

杀跌点：股价在操盘线上方形成反抽点，在回踩操盘线途中，或股价见顶后在向下跌破操盘线后的任何一根 K 线。

二、战法实例

突破点是股价向下突破 5 周均线、10 周均线、攻击线或者其他操盘线时的第一根 K 线。突破点是五个卖点中成功率最高也是最有价值的一个卖点，卖出信号较为强烈、明确。实战中，第一个卖点首先是突破点。

1. 跌破 5 周均线

跌破 5 周均线卖。如果投资者风险偏好选用 5 周均线，那么就应该严格按照股价向下突破 5 周均线卖出的原则操作。投资者可根据各自的风险偏好，选择 5 周均线、10 周均线或攻击线的突破点作为卖点。

案例一：中国南车（002593），见图5—11。

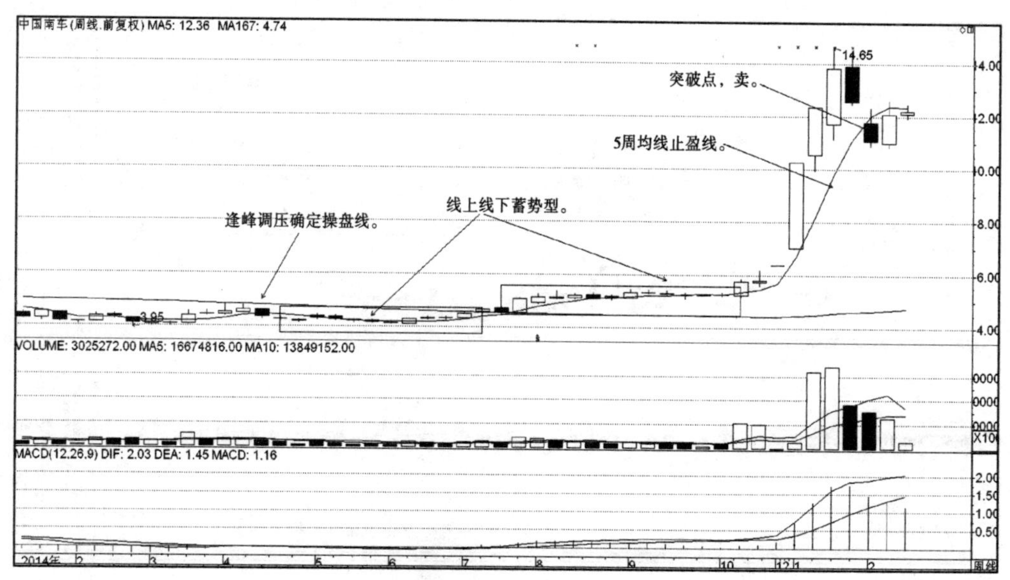

图5—11

战法步骤：

（1）该股在展开主升浪的过程中，股价于2015年2月6日那周跌破5周均线，说明5周内买入该股的投资者平均成本已经产生亏损，股价短线支撑不复存在，会继续调整寻求支撑位置。

（2）本着长周期线买，短周期线卖的操盘原则，一旦股价跌破短周期线，即股价跌破当值最接近的均价线后（本例选用5周均线），就应该卖出筹码，保证赢利最大化。

案例二：宝钢股份（600010），见图 5—12。

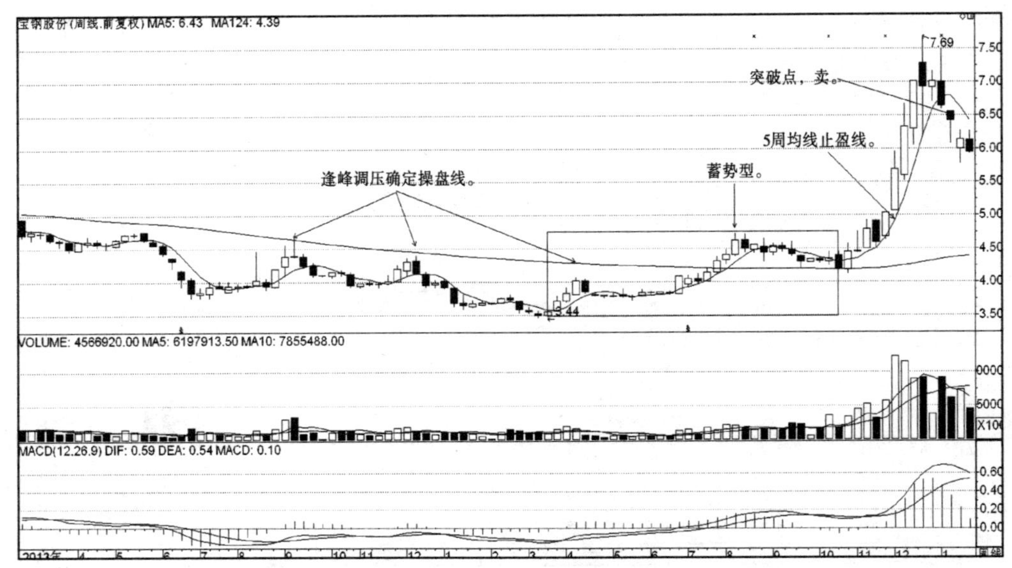

图 5—12

战法步骤：

（1）该股在展开主升浪的过程中，股价于 2015 年 1 月 9 日那周跌破 5 周均线，说明 5 周内买入该股的投资者平均成本已经产生亏损，股价短线支撑不复存在，会继续调整寻求支撑位置。

（2）本着长周期线买，短周期线卖的操盘原则，一旦股价跌破短周期线，即股价跌破当值最接近的均价线后（本例选用 5 周均线），就应该卖出筹码，保证赢利最大化。

2. 跌破 10 周均线

如果投资者风险偏好选用 10 周均线，那么就应该严格按照股价向下突破 10 周均线卖出的原则操作。

案例一：中铁二局（600528），见图5—13。

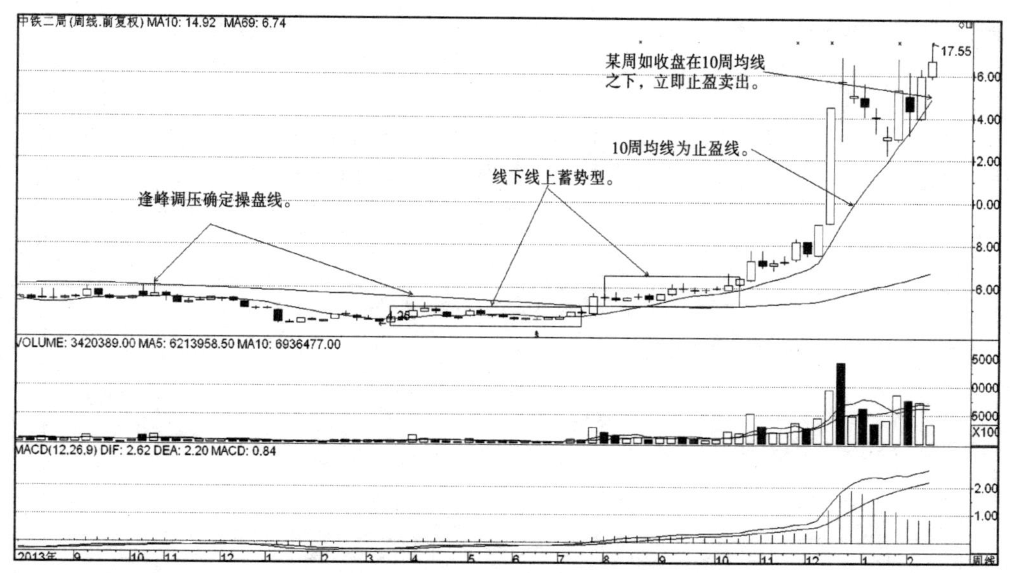

图5—13

战法步骤：

（1）该股在展开主升浪的过程中，一旦某周的股价跌破10周均线，说明10周内买入该股的投资者平均成本已经产生亏损，股价短线支撑不复存在，会继续调整寻求支撑位置。

（2）本着长周期线买，短周期线卖的操盘原则，一旦股价跌破短周期线，即股价跌破当值最接近的均价线后（本例选用10周均线），就应该卖出筹码，保证赢利最大化。

案例二：中国银行（601988），见图5—14。

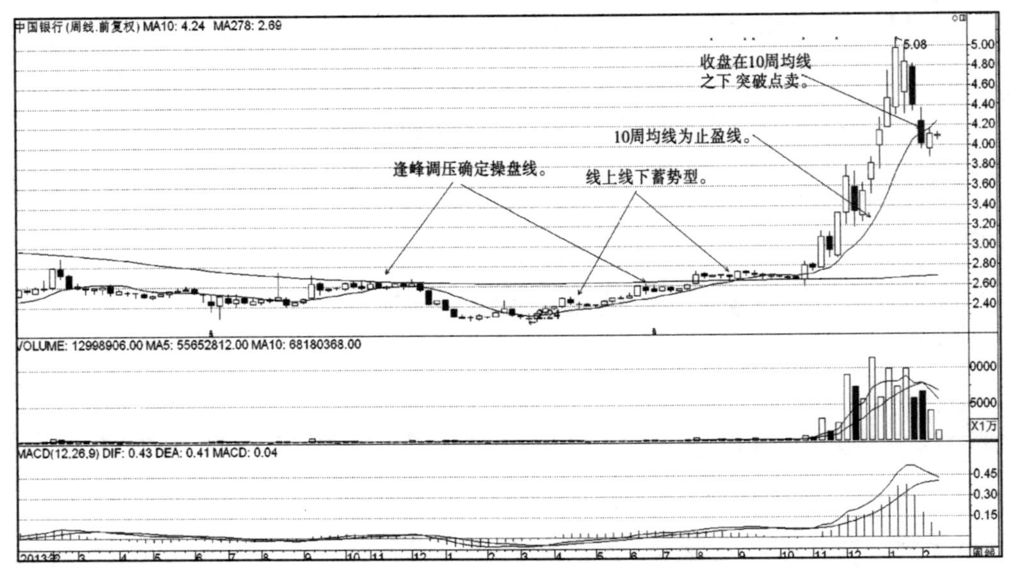

图5—14

战法步骤：

（1）该股在展开主升浪的过程中，股价于2015年2月6日那周跌破10周均线，说明10周内买入该股的投资者平均成本已经产生亏损，股价短线支撑不复存在，会继续调整寻求支撑位置。

（2）本着长周期线买，短周期线卖的操盘原则，一旦股价跌破短周期线，即股价跌破当值最接近的均价线后（本例选用10周均线），就应该卖出筹码，保证赢利最大化。

3. 跌破攻击线

如果投资者风险偏好选用攻击线，那么就应该严格执行股价向下突破攻击线就要卖出的原则。

案例一：中山公用（000685），见图 5－15。

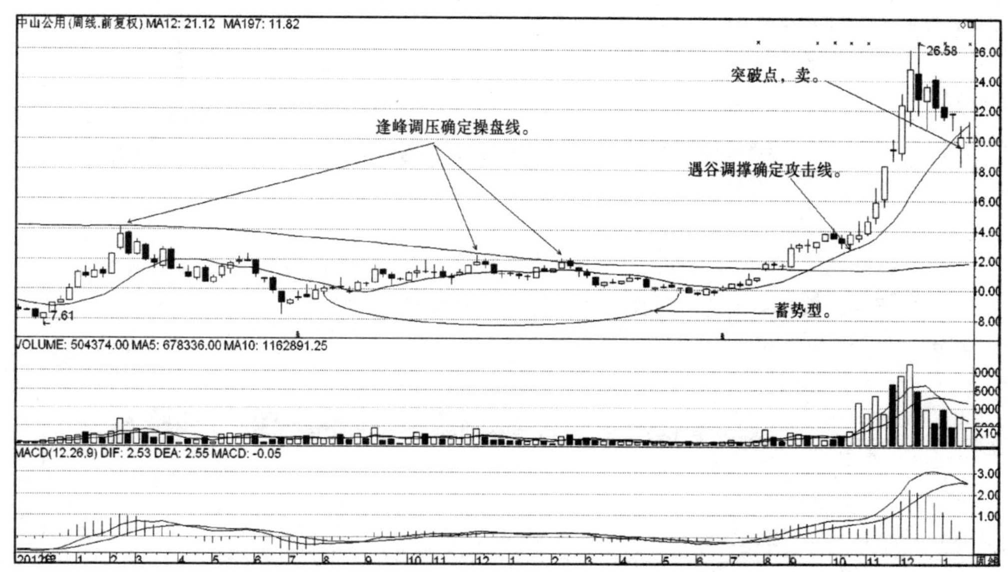

图 5－15

战法步骤：

（1）该股在展开主升浪的过程中，股价于 2015 年 1 月 23 日那周跌破攻击线（本例选用 12 周均线），说明 12 周内买入该股的投资者平均成本已经产生亏损，股价短线支撑不复存在，会继续调整寻求支撑位置。

（2）本着长周期线买，短周期线卖的操盘原则，一旦股价跌破当值最接近的攻击线后，就应该卖出筹码，保证赢利最大化。

案例二：北京城建（600266），见图 5—16。

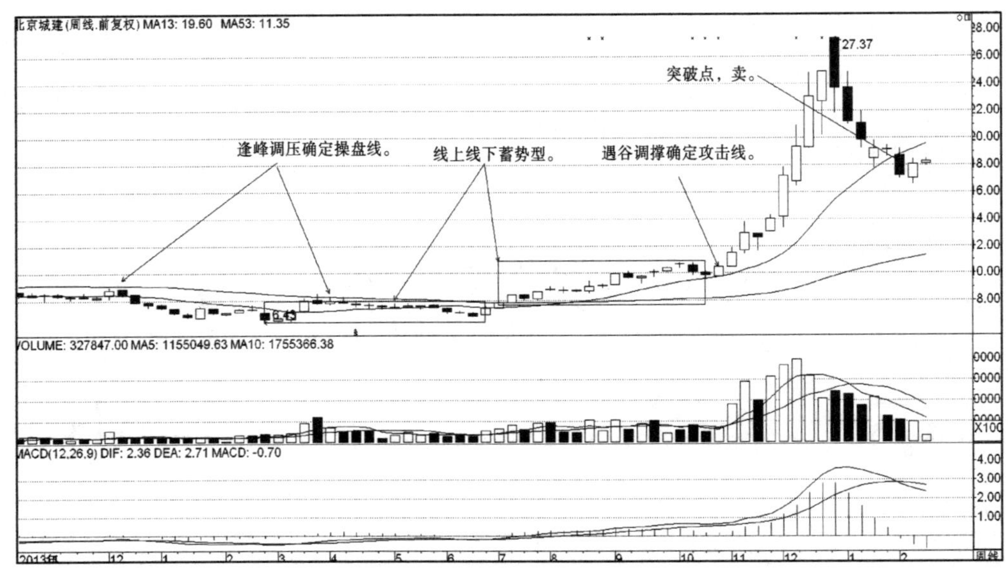

图 5—16

战法步骤：

（1）该股在展开主升浪的过程中，股价于 2015 年 2 月 6 日那周跌破攻击线（本例选用 13 周均线），说明 13 周内买入该股的投资者平均成本已经产生亏损，股价短线支撑不复存在，会继续调整寻求支撑位置。

（2）本着长周期线买，短周期线卖的操盘原则，一旦股价跌破当值最接近的攻击线后，就应该卖出筹码，保证赢利最大化。

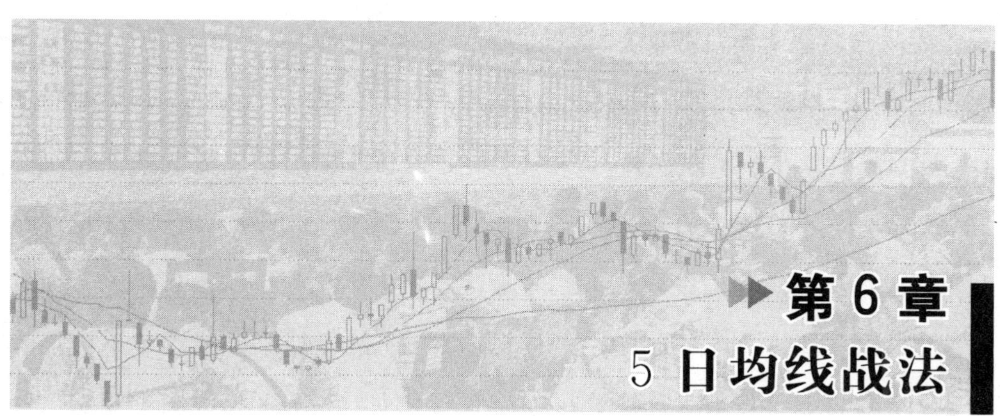

第6章 5日均线战法

《武韬·发启篇》云："全胜不斗，大兵无创，与鬼神通。"意指战争取得全胜不必经过激战，全军没有伤亡，可谓用兵如神。熟悉主力运作标的股票的手法与风格，运用一线交易系统密切关注股价的波动，科学地调遣资金，跟上股价波动的节奏，这样才能在布满陷阱的证券市场达到不斗而全胜的操盘境界。而5日均线战法就是紧跟主力步伐，紧贴市场节奏快速变化的短线战法。

第一节 5日均线概述

《孙子兵法·形篇》云："是故胜兵先胜而后求战，败兵先战而后求胜。"意指打胜仗的军队，都是先具备了胜利的条件再去交战，打败仗的军队则是先和敌人交战再去寻求胜利。在股市中5日均线战法是用5日均线操盘的一种方法，所以又将5日均线称为5日均价操盘线。5日均线是市场短线交易的直观记录，主力的一切意图尤其是主升浪都要在5日线上体现，看不懂这一点很容易在股票市场打败仗。

一、5日均价操盘线的定义

5日均价操盘线是指在日K线图上，股价在波动过程中形成峰顶点或谷底点后，利用一线操盘逢峰调压或遇谷调撑技术而得出的山峰线或山谷线，只不过这些山峰线与山谷线的参数值是行情软件默认固定的5日均线。在日K线图上，5日均线时间周期太短，峰顶点与谷底点在日K线图中不会很明显，但是把5日均线放大，换算在分钟K线图如15分钟K线图上观察，我们就会很容易发现股价在波动过程中形成的峰顶点与谷底点。5日均线是股价波动的短期体现，代表5个交易日时间被套筹码或获利筹码的市场平均成本。

在实战中，从时间周期上进行划分，我们把5日均线作为短线操盘线使用。从截金道理论进行解释，是主力在战略上处于进攻状态，构建短期作战战线。

二、5日均价操盘线的设置原则

在运用5日均线操盘时，应遵循以下五大原则：

1. 线上方或线下方至少有三根以上小阴小阳的K线蓄势。
2. 峰顶点与谷底点越陡峭越好。
3. 越多峰顶点与谷底点经过相同设置的均线越好。
4. 峰顶点与谷底点时间择近。
5. 参数值固定。

第二节 战法要素

《吴子·治兵》云："用兵之害，犹豫最大，三军之灾，生于狐疑。"意指用兵最大的危害，就是拿不定主意，给三军带来灾难的，是多疑不决。用兵之忌，在于犹豫迟疑。当断不断，反受其乱就是这个道理。因为战场上的情况瞬息万变，千载难逢的良机可能转眼即逝，如不果断作出决定，不仅会后悔莫及，甚至会导致全军覆没。这一观点也可广泛运用于政治、经济、商业等领域，在当今信息时代尤为如此。运用5日均线捕捉主升浪时，一旦符合主升浪的条件成熟，就要当机立断买入股票。

实战中，利用5日均线捕捉主升浪，必须满足以下四个充分必要条件，需要说明的是，主升浪的产生不一定要具备这四个条件，但是符合这四个条件的标的股票会更大概率地产生主升浪。

一、确定5日均线

将行情软件默认的5日均线确定为操盘线。

如中国建筑（601668），见图6－1。

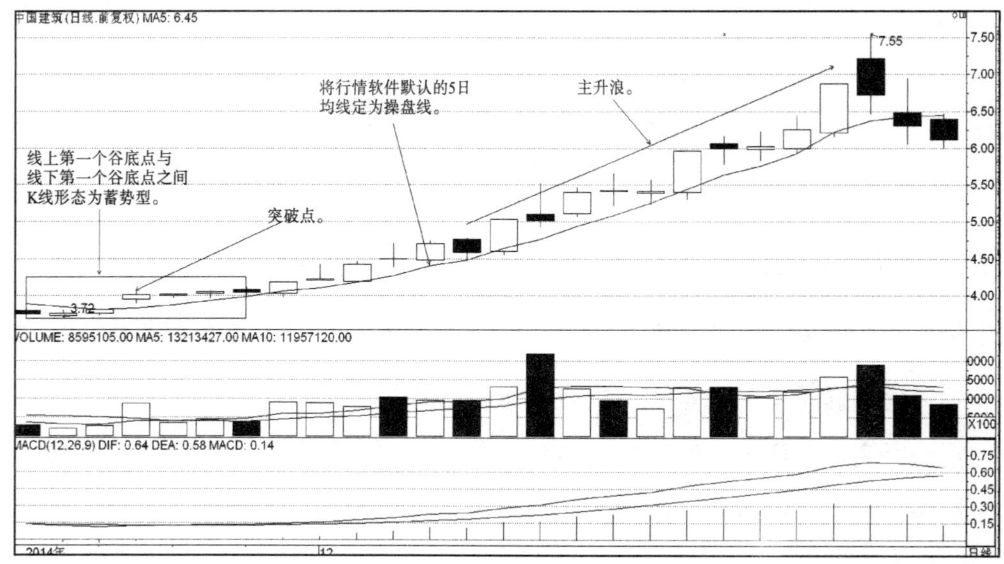

图 6—1

又如闽福发 A（000547），见图 6—2。

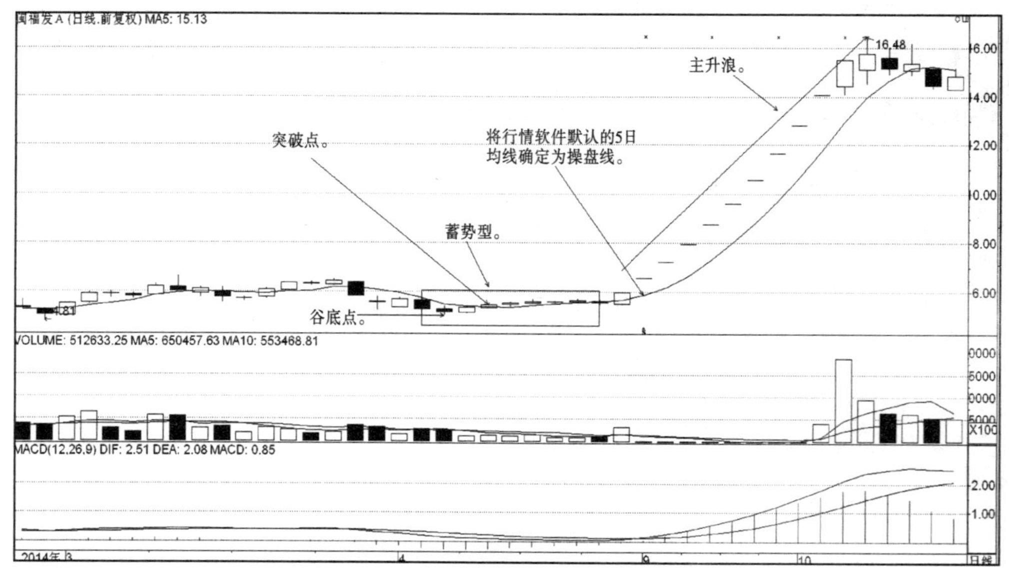

图 6—2

二、选择蓄势型

股价在5日线上方或线的下方，运行的主要形态为蓄势型。蓄势型是指：

（1）绝大多数K线小阴小阳，涨跌幅度不超过5%，窄幅震荡，紧凑排列。

（2）K线结构为多重底、圆弧底或矩形底。

（3）量能关系涨放量跌缩量。

如K线呈矩形底的中国中冶（601618），见图6—3。

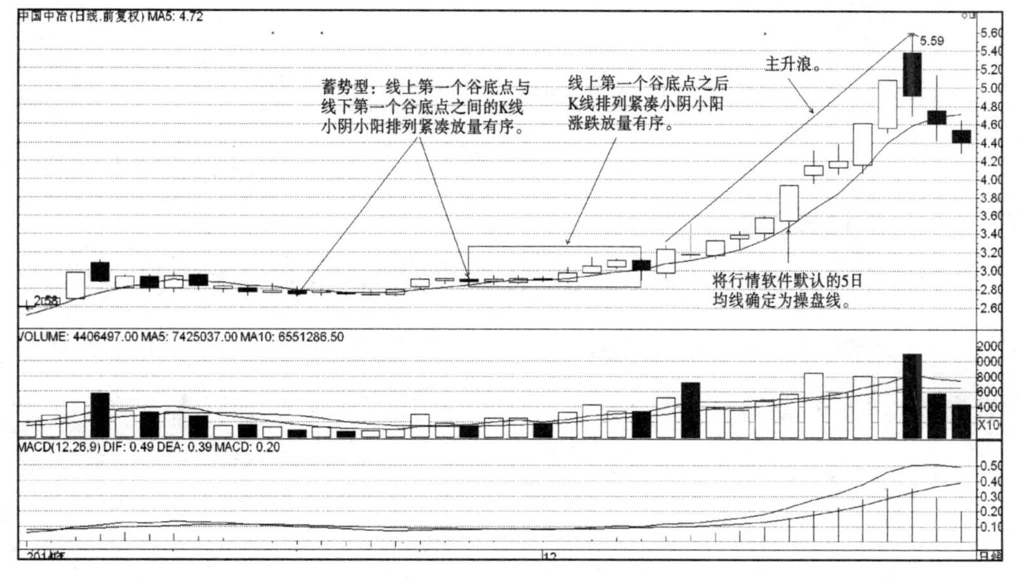

图6—3

又如K线呈矩形底的深天马A（000050），见图6—4。

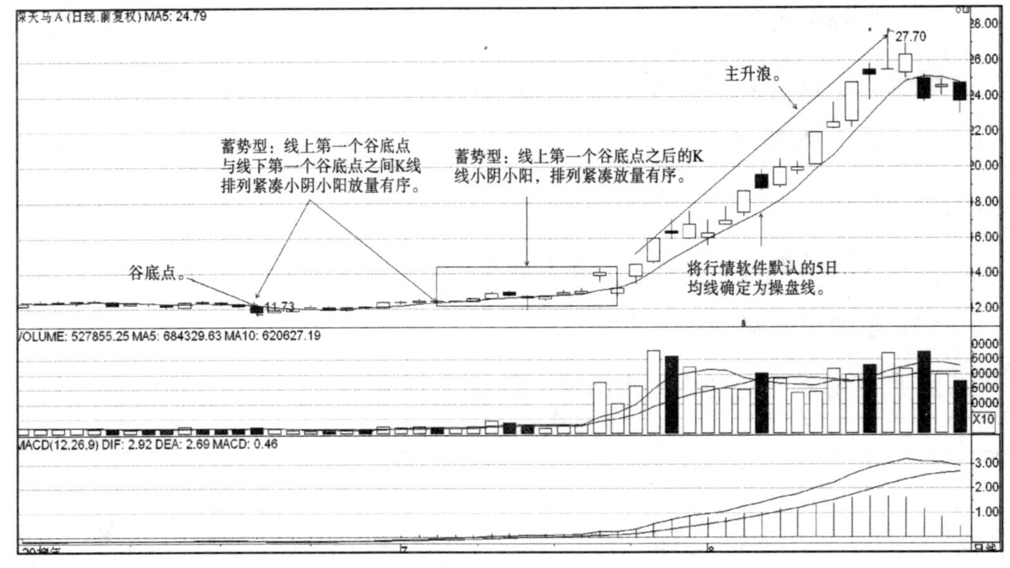

图 6—4

三、配合题材面

标的个股的基本面不能出利空，而且要符合当时市场主流题材热点。

如闽福发 A（000547），见图 6—2，当时股价缩量挖坑洗盘后再次突破 5 日均线，小阴小阳蓄势后，适逢公司增发并购优质资产，该股主力顺势放量大幅拉升，迅速脱离建仓成本区间，在市场重大事件的刺激下，一跃成为大牛股。

又如中国中冶（601618），见图 6—3，股价在线下方横盘打下坚实的矩形底，涨放量跌缩量，筹码互换充分，在牛市中大盘股就成了香饽饽，只要给点阳光就会灿烂。综合来看，要想抓住股价的主升浪，必须将 11 重滤网术中的基本面、政策面与技术面完美结合起来观察才行。

四、选准水平线

水平趋势线是指在不同时间、同一价格水平方向峰的顶点或谷的底点之间的连线。该连线是捕捉标的个股主升浪的有利辅助工具。

第三节　战法买点

《武韬·发启篇》云："大智不智，大谋不谋，大勇不勇，大利不利。"意指真正的智慧不显现出智慧，真正的谋略不显现出谋略，真正的勇敢不显现出勇敢，图谋大利的人不计较眼前小利。真正的股市大师，一般不轻易出手，出手必不平凡，对于不符合自己交易系统的买点都会置之不理，但买点一到，便会将资金横扫千军般直捣黄龙府。

针对任何一个时间周期的操盘线，一线操盘术都有五大买点，5日均价操盘线亦如此。五大买点分别是抄底点、启涨点、突破点、回踩点、追涨点。一般情况下，在5日均线下方分布着抄底点、启涨点、追涨点三个买点，在5日均线上方分布着回踩点、启涨点、突破点、追涨点四个买点。

在实战中，价值最高的是突破点与回踩点，本章重点对这两个买点进行阐述，文中所选案例主要以笔者部分曾实盘操作过的股票为主，现将五大买点标记在图6－5上，并分别阐述突破点和回踩点的实战案例。

一、五大买点

五大买点包括抄底点、启涨点、突破点、回踩点、追涨点，但很多时候，在实战中，其出现顺序并非固定不变，这一点请读者注意，见图6－5。

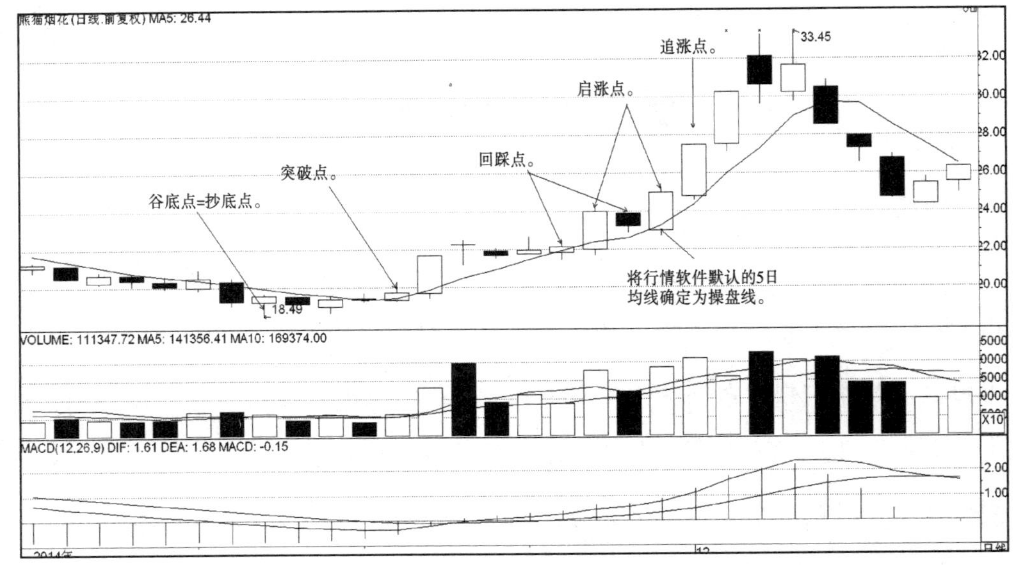

图 6—5

五大买点定义：

抄底点：股价在 5 日均线下方形成的阶段性谷底点。此买点通常是股价涨上去后才确认是抄底点，理论上存在，在实战中很难捕捉。

回踩点：股价有效突破 5 日均线后，在上涨过程中遇阻下跌，回踩 5 日均线时的那根 K 线。

启涨点：股价在 5 日均线下方形成阶段性谷底点后，阳克阴开始上涨时的第一根阳 K 线，或股价突破 5 日均线后，在上涨过程中遇阻下跌回踩 5 日均线完毕，阳克阴再次上涨时的第一根阳 K 线，此买点起到确认股价上涨的作用。

突破点：股价在上涨过程中向上突破 5 日均线时的第一根阳 K 线。

追涨点：股价在向上突破 5 日均线后，回踩 5 日均线完毕，在启涨点之后上涨途中的任何一根 K 线都是追涨点。由于此买点位于启涨点或突破点之后的位置，实战中不提倡使用，除非在特别强势的市场或标的股票有重大利好消息支持时，方可跟进。

二、战法实例

1. 突破点

突破点是股价向上突破5日均线时的第一根K线。突破点是五大买点中成功率最高也是最有价值的一个买点，成功概率至少75%以上（震荡型除外），止损成本相对较小，赢利幅度相对较大，信号较强烈，实战中，第一个买点首选突破点。

案例一：北部湾港（000582），见图6－6。

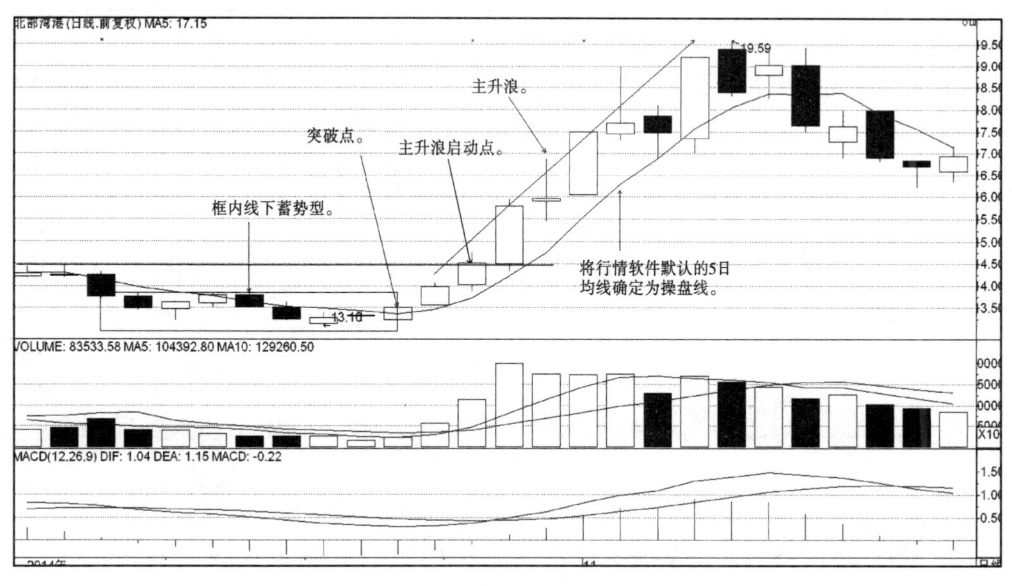

图6－6

战法步骤：

（1）将行情软件默认的5日均线确定为操盘线。

（2）5日均线下方股价运行的形态为蓄势型：K线小阴小阳，窄幅震荡，紧凑排列，涨放量跌缩量。

（3）基本面与题材面：北部湾港为广西唯一的海上门户，由防城港、钦州港、北海港三个部分组成。是中国大陆海岸线最西南端的深水良港，是中国西部地区第一大港，素有“东进西出的桥头堡”“西南地区走向世界的海上主门户”的美称；是连接中国—东盟、服务西部的物流大平台。该上市公司有着海上丝绸之路的题材亮点，因此股票在市场上引起了各方的强烈关注。股价在线下方充分蓄势后，于 2014 年 10 月 27 日向上突破 5 日均线，10 月 30 日以放量涨停的形式突破水平趋势线（主升浪启动点），宣告主升浪的到来。

下图中突破点是北部湾港（000582）2014 年 11 月 27 日放大为 15 分钟的 K 线图，参数值选用 15 分钟的 80 均线，见图 6—7。

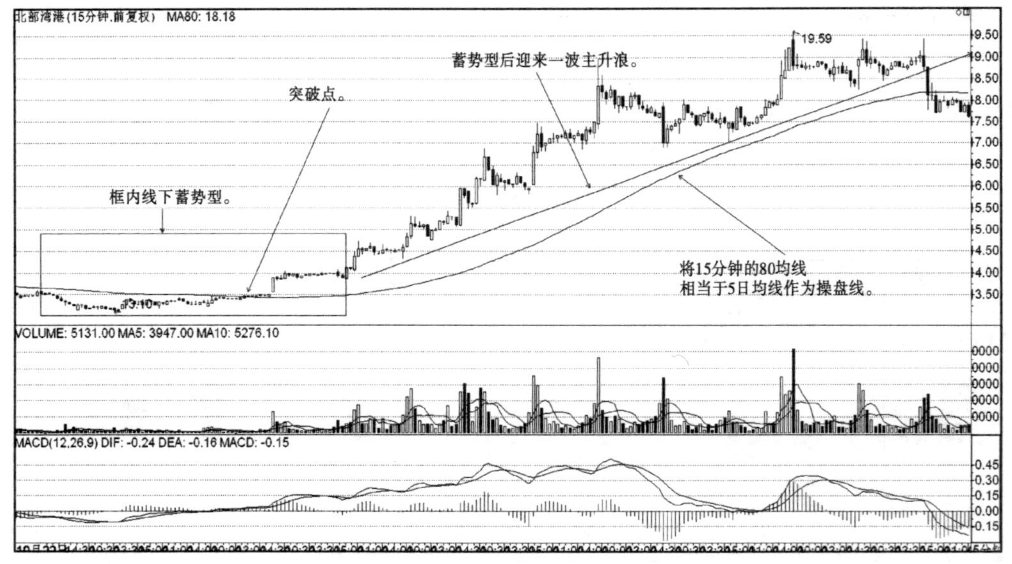

图 6—7

案例二：长城动漫（000835），见图6—8。

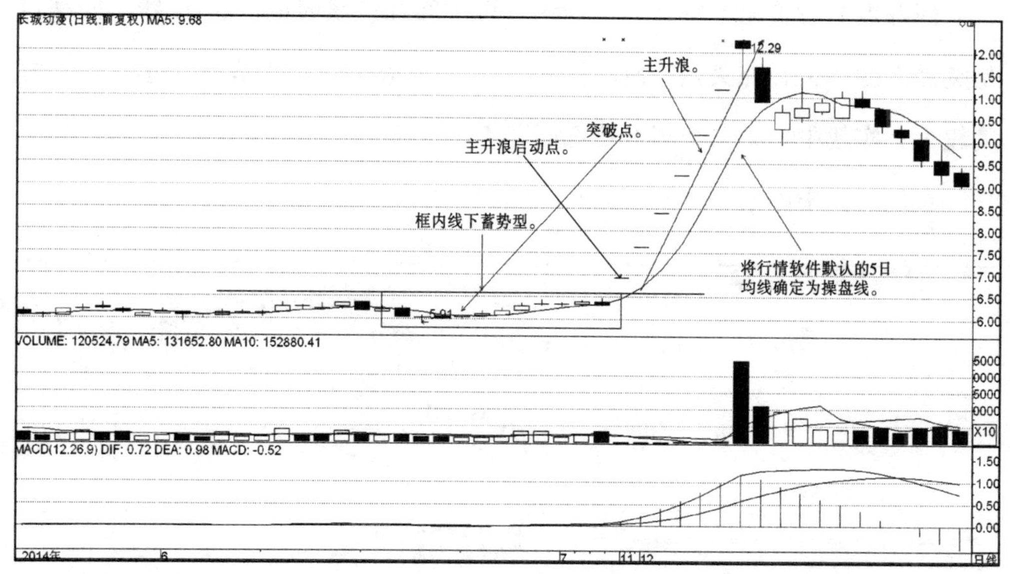

图6—8

战法步骤：

（1）将行情软件默认的5日均线确定为操盘线。

（2）5日均线上方股价运行的形态为蓄势型：K线小阴小阳，窄幅震荡，紧凑排列，涨放量跌缩量。

（3）基本面与题材面：该公司前身为煤炭行业，正逐步转型为涵盖动漫设计、制作、动漫游戏、创意旅游和玩具销售等动漫业务的大型文化类企业，通过协同优化，实现“虚拟动漫形象＋现实娱乐体验”的线上线下互通的运营模式。控股股东将利用自身在文化产业领域的成功经验，协助公司对拟收购标的企业进行整合。该公司网络游戏概念在市场上引发了强烈关注，主力机构自然不会放过这一题材的炒作。股价于2014年6月25日向上突破5日均线后，小角度在线上方短暂蓄势，于11月28日以一字型涨停的形式突破水平趋势线（主升浪启动点），宣告主升浪的到来。

2. 回踩点

回踩点是股价向上突破5日均线后再次回踩该线时的一根K线。回踩点是突破点的一个补充买点，成功概率至少75%以上，止损成本较小，赢利幅度较大，实战中，第二个买点首选回踩点。

案例一：中国南车（601766），见图6—9。

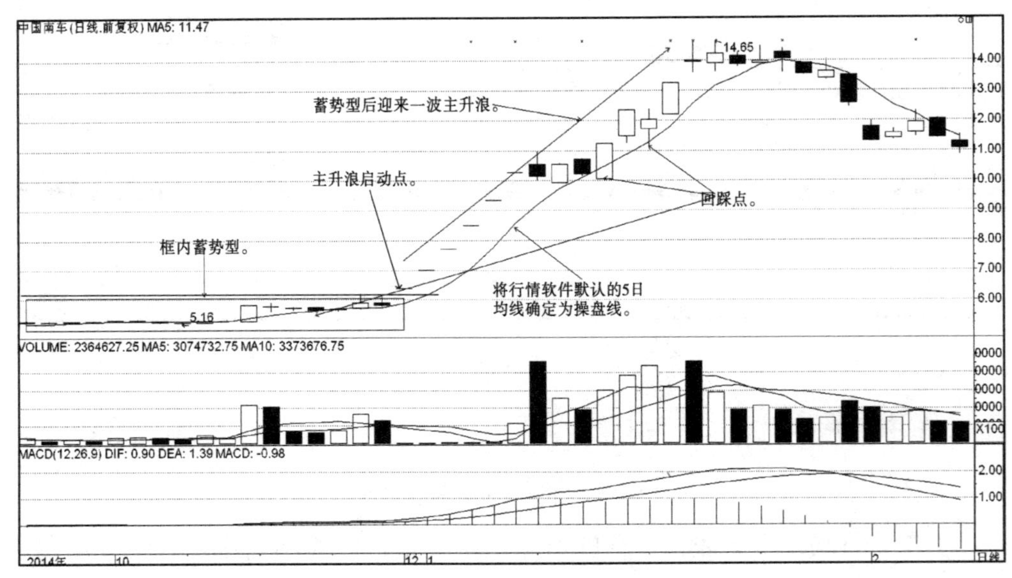

图6—9

战法步骤：

（1）将行情软件默认的5日均线确定为操盘线。

（2）5日均线上方股价运行形态为蓄势型：K线小阴小阳，窄幅震荡，紧凑排列，涨放量跌缩量。

（3）基本面与题材面：该公司在铁路及城市轨道交通装备市场占有率方面处于国内领先地位，公司有铁路机车、客车、货车、动车组和城轨地铁车辆的主要新造和修理基地共13家，机车、客车、货车、动车组、城轨地铁车辆等所有业务市场占有率均超过或接近50%。公司搭建了风电设备、汽车装备、工业电机、工程机械、复合材料等新兴产业。当时，由于放出了国资委正在力推中国南车和中国北车重新整合为一家公司的消息，该股迅速成为市场上的焦点，各方资金逐鹿“中国神车”，在主升浪展开过程中，主力机构在2015年1月15日与1月19日两次缩量小阴线回踩5日均线，这是很标准的回踩点买点。

下图中，中国南车（601766）三个回踩点也分别为2015年1月24日、1月15日、1月19日，15分钟的均线参数值选用15分钟的80均线，见图6—10。

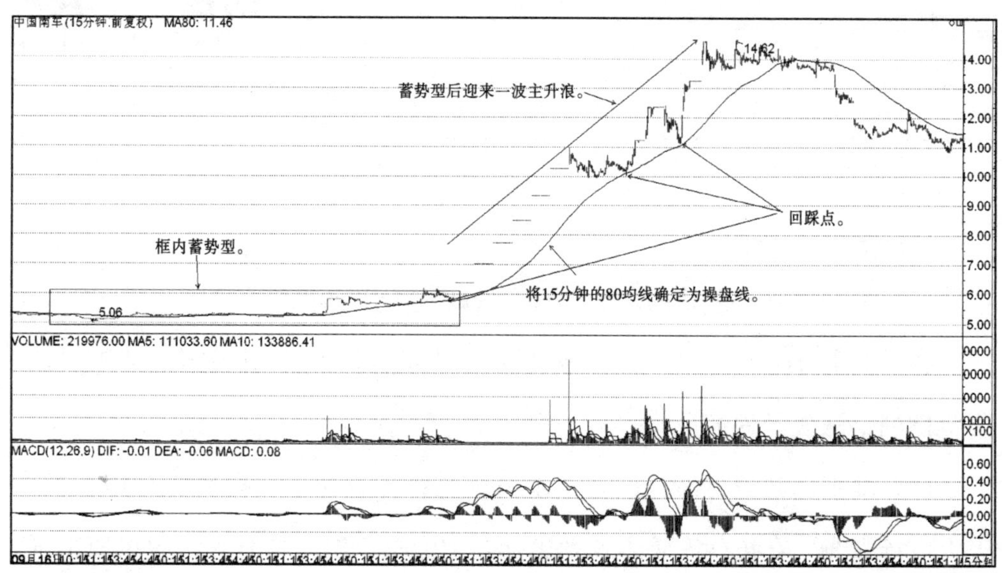

图6—10

案例二：新能泰山（000720），见图 6—11。

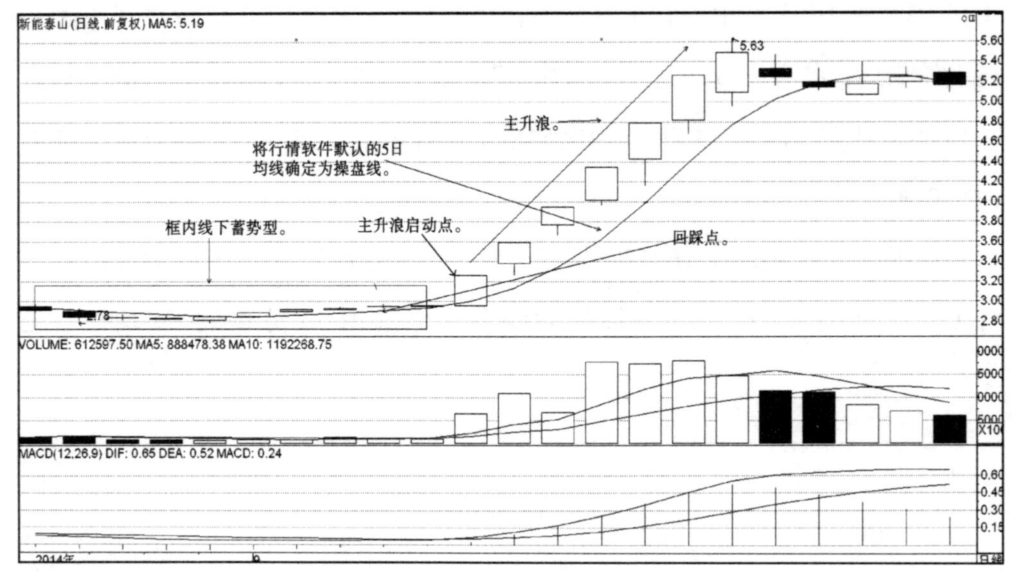

图 6—11

战法步骤：

（1）将行情软件默认固定的 5 日均线确定为操盘线。

（2）5 日均线上方股价运行形态为蓄势型：K 线小阴小阳，窄幅震荡，紧凑排列，涨放量跌缩量。

（3）基本面与题材面：该公司是山东电力行业龙头，有风能与体育概念吸引市场眼光，在传闻有重组预期之际，主力顺势展开主升浪，脱离成本区。在主升浪展开过程中，股价于 2014 年 9 月 5 日缩量回踩 5 日均线，这便是很标准的回踩点买点。

第四节　战法卖点

战国司马穰苴《司马法·用众第五》有云："凡战，众寡以观其变，进退以观其固。危而观其惧，静而观其怠，动而观其疑，袭而观其治。击其疑，加其卒，致其屈，袭其规，因其不避，阻其图，夺其虑，乘其慑。"大凡作战，要用大小不同的兵力去试探敌方，以观察其变化；用忽进忽退的行动，以观察其阵势是否稳固；迫近威胁敌人，看其是否恐惧；按兵不动，看其是否懈怠；进行佯动，看其是否疑惑；突然袭击，看其阵容是否整齐。有鉴于此，在操盘过程中，一旦观察到股价波动没有按照预期进行，第一时间就应采取止损措施，以避免造成更大损失。

针对任何一个时间周期的操盘线，一线操盘技术都有五大卖点，5日均价操盘线亦如此，这五大卖点分别是反抽点、启跌点、杀跌点、逃顶点、突破点。一般情况下，卖点可分为两类，一是洗盘性质的三个卖点：股价向上有效突破5日均线后，在5日均线上方数次形成峰顶点后遇阻下跌过程中出现的反抽点、启跌点、杀跌点；二是出货性质的三个卖点：股价在5日均线上方确立头部后，向下跌破5日均线过程中出现逃顶点、突破点、杀跌点。为突出本书的实用价值，文中所选案例主要以笔者部分曾实盘操作过的股票为主，现将五大卖点标记在图6－12上。

5日均线可作为短线操盘线。在实战中，反抽点、启跌点、逃顶点三大卖点很难把握，杀跌点更是不可取。唯有突破点实战价值最大信号最强烈，投资者可利用价线关系来寻找卖点，即股价在跌破5日均线时就卖出筹码。

一、五大卖点

五大卖点包括逃顶点、启跌点、反抽点、杀跌点、突破点，但在实战中出现的顺序不是固定不变的。见图 6－12。

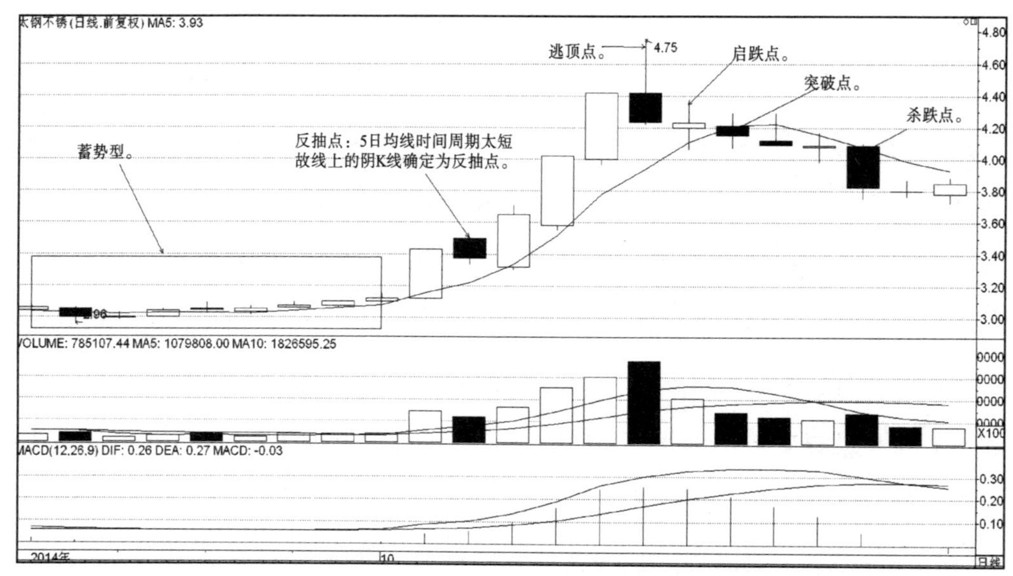

图 6－12

五大卖点定义：

逃顶点：股价在 5 日均线上的上涨行情的末端，即峰顶点的位置。

反抽点：股价有效突破 5 日均线后，在线上的上涨过程中遇阻回落形成的阶段性高点，也是阶段性阻力点，此卖点难以把握，必须等启跌点形成后才能确认是反抽点。

启跌点：股价在 5 日均线上的上涨过程中形成反抽点后，股价跌破反抽点的最低价的 K 线，它是股价阶段性下跌的确认与启动点。

突破点：股价见顶后，下跌过程中向下跌破 5 日均线时的第一根阴 K 线。

杀跌点：股价在 5 日均线上方形成反抽点后，在回踩 5 日均线途中，或股价形成逃顶点后向下跌破 5 日线后的任何一根 K 线。

由于5日均线为短周期操盘线，在日K线图上的五个卖点不是很明晰，所以我们可以放大为相对应的15分钟K线图，并将均线参数值改为80，这样，可以更清晰地找出相对应的五个卖点，见图6—13。

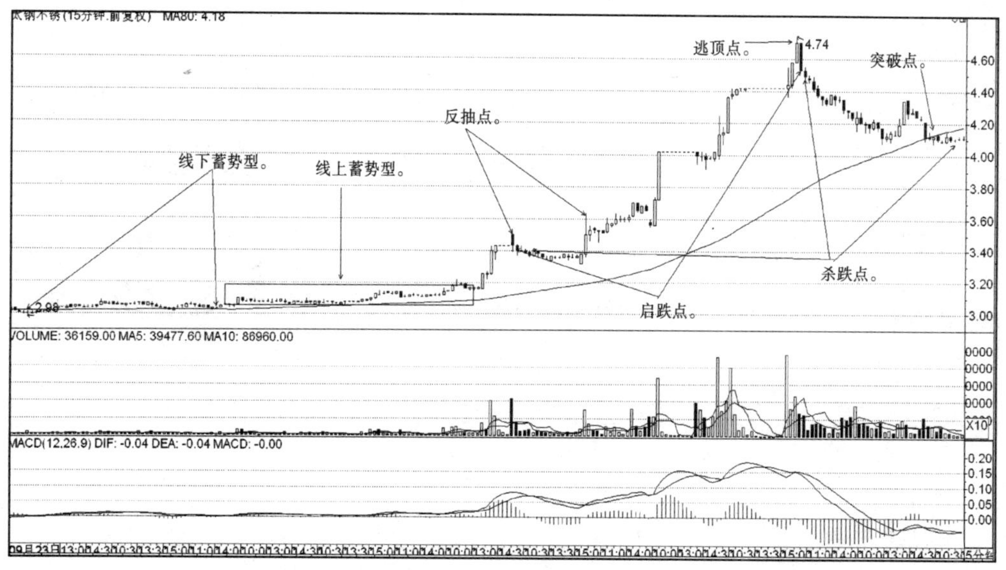

图6—13

二、战法实例

突破点是股价向下突破5日均线时的第一根K线。突破点是五个卖点中成功率最高也是最有价值的一个卖点，利润损失相对较小，卖出信号相对较强烈、明确。实战中，第一个卖点首选突破点。

案例一：龙元建设（600491），见图 6－14。

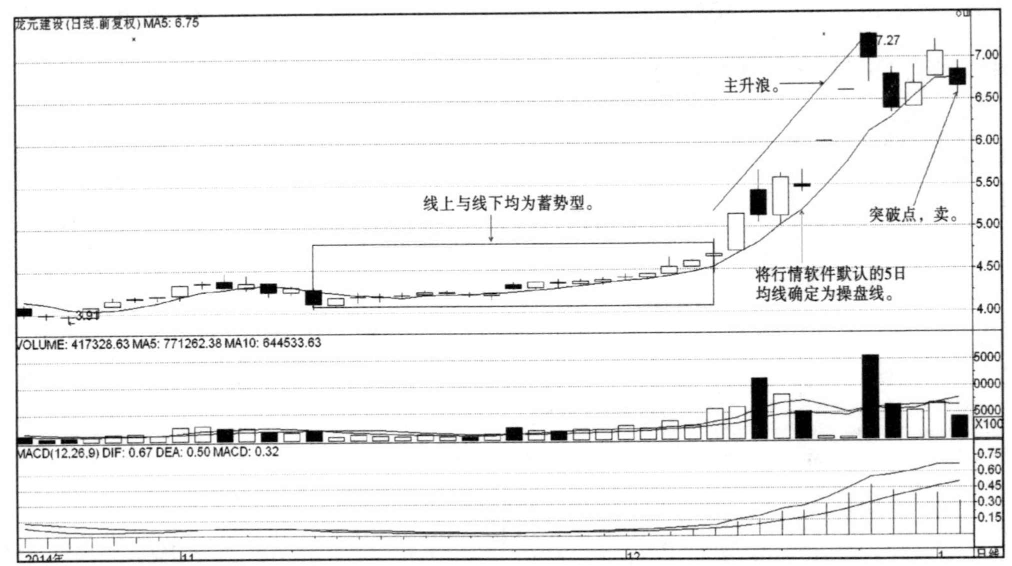

图 6－14

战法步骤：

（1）该股在展开主升浪的过程中，股价于 2015 年 1 月 6 日跌破 5 日均线，说明 5 日内买入该股的投资者平均成本已经产生亏损，股价短线支撑不复存在，会继续调整寻求支撑位置。

（2）本着长周期线买，短周期线卖的操盘原则，一旦股价跌破 5 日均线，即股价跌破当值最接近的均价线后，就应该卖出筹码，保证赢利最大化。

下图中突破点是龙元建设（600491）2015 年 1 月 6 日放大为 15 分钟的 K 线图，参数值选用 15 分钟的 80 均线，见图 6－15。

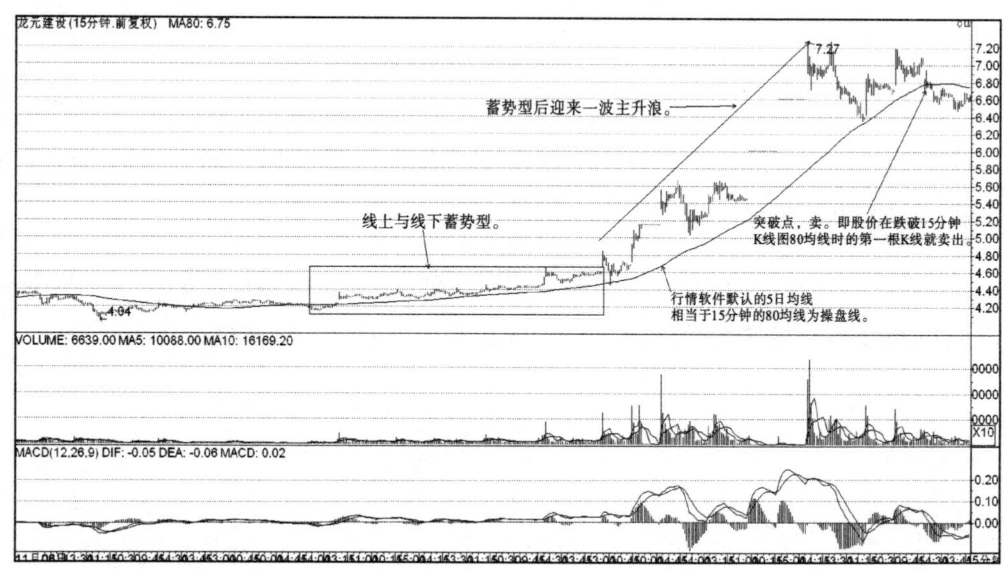

图 6—15

案例二：国电电力（600795），见图 6—16。

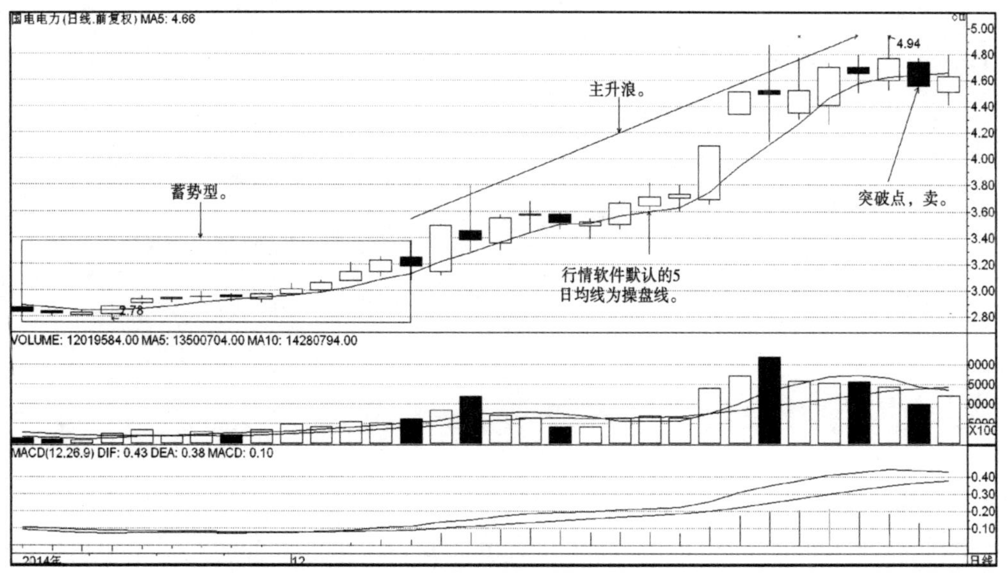

图 6—16

战法步骤：

（1）该股在展开主升浪的过程中，股价于2014年12月30日跌破5日均线，说明5日内买入该股的投资者平均成本已经产生亏损，股价短线支撑不复存在，会继续调整寻求支撑位置。

（2）本着长周期线买，短周期线卖的操盘原则，一旦股价跌破5日均线，即股价跌破当值最接近的均价线后，就应该卖出筹码，保证赢利最大化。

周代吕尚《六韬·龙韬·军势》有云："善战者，见利不失，遇时不疑，失利后时，反受其殃。故智者从之而不失，巧者一决而不犹豫。"意指善于指挥作战的人，见到有利战机就能把握，应该等待的时候毫不犹豫。喻指作战指挥必须抓住有利战机，采取果断行为。10日均线就是短线操盘的一个法宝，短线投资者只要观察到股价在10日均线之上运行，就应坚定持有筹码，而不用东想西想，漫天幻想。

第一节 10日均线概述

《六韬·武韬·兵道第十六》云："凡兵之道，莫过于一。一者能独往独来。"意谓用兵的原则，指挥专一最重要，就能行动自由，所向无敌了。我们无法想象一支将士不和、形同散沙的部队能够取胜，但是团队精神不排斥个人的积极性、创造性，只有把二者结合起来才更完美。一线操盘术的纪律是"唯信号论，摒弃幻想"，抓住行情，避免套牢之苦。

10 日均线战法是在 K 线图上，利用 10 日均线作为操盘线的操作方法，所以又将 10 日均线称为 10 日均价操盘线。

一、10 日均价操盘线的定义

10 日均价操盘线是指在日 K 线图上，股价在波动过程中形成峰顶点或谷底点后，利用逢峰调压或遇谷调撑技术得出的山峰线或山谷线，只不过这些山峰线与山谷线的参数值是行情软件默认的 10 日均线。在日 K 线图上，10 日均线时间周期较短，峰顶点与谷底点在日 K 线图中可能不会很明显，但是把 10 日均线放大换算为分钟 K 线图，如 15 分钟 K 线图上观察，我们就会很容易发现股价在波动过程中形成的峰顶点与谷底点。10 日均线是股价波动的短期体现，代表 10 个交易日时间被套筹码或获利筹码的市场平均成本。

在实战中，从时间周期上进行划分，我们把 10 日均线作为短线操盘线使用。从截金道理论进行解释，是主力在战略上处于进攻状态，构建短期作战战线。

二、10 日均价操盘线的设定原则

在运用 10 日均线操盘时，应遵循以下五大原则：

1. 线上方或线下方至少有三根以上小阴小阳 K 线蓄势。
2. 峰顶点与谷底点越陡峭越好。
3. 越多峰顶点与谷底点经过相同设置的均线越好。
4. 峰顶点与谷底点时间择近。
5. 参数值固定。

第二节　战法要素

《六韬·龙韬·军势第二十六》云："善战者，见利不失，遇时不疑，失利后时，反受其殃。故智者从之而不失，巧者一决而不犹豫"。意思是说聪明的人抓住战机而不失掉，灵巧的人彦然决断而不犹豫。隐喻指作战指挥如果能抓住有利战机，采取果断行为，就能在残酷的战争中取胜。利用10日均线来短线操盘何尝不是如此呢?

实战中，利用10均线捕捉主升浪，必须满足以下四个条件，需要说明的是，主升浪的产生不一定是要具备这四个条件，但是符合这四个条件的标的股票有更大概率会产生主升浪。

一、确定10日均线

将行情软件默认的10日均线确定为操盘线。

如生意宝（002095），见图7—1。

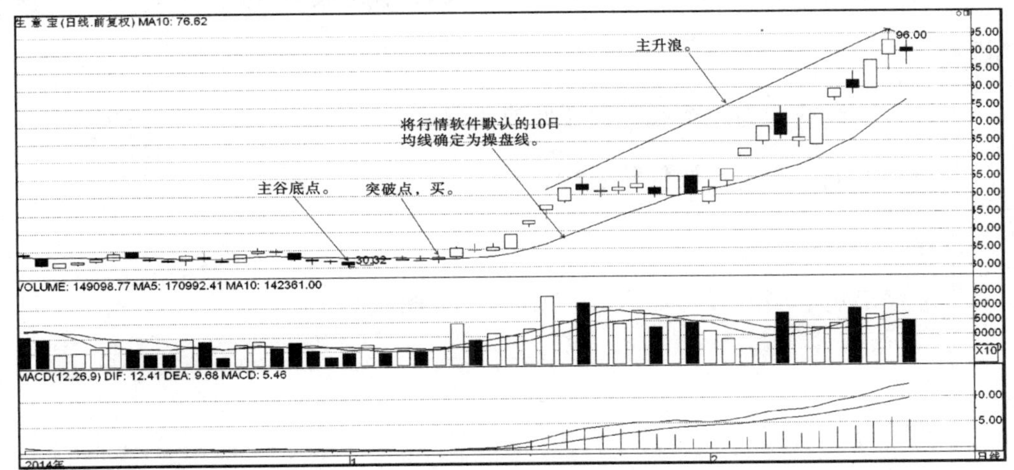

图7—1

又如银之杰（300085），见图7—2。

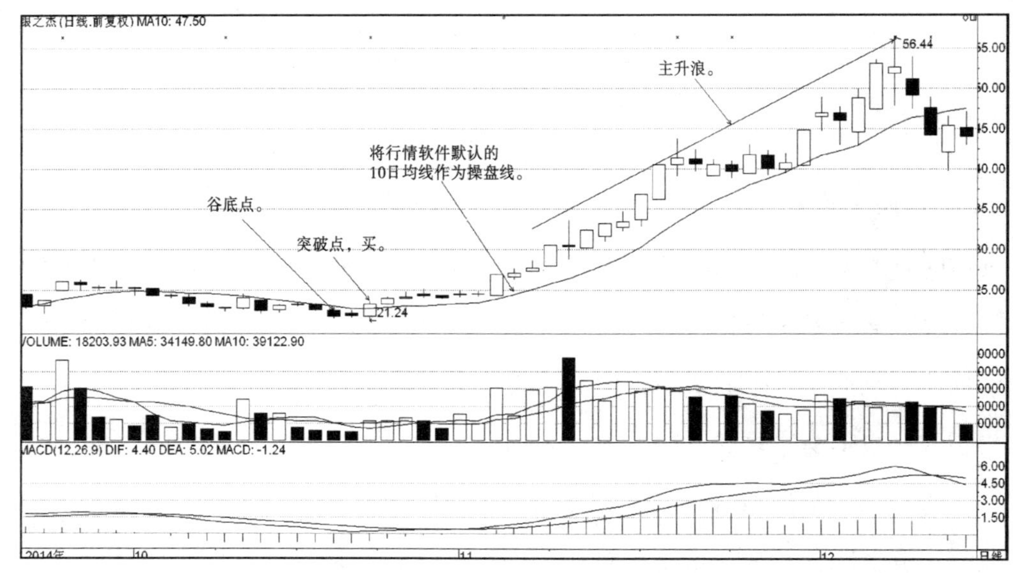

图7—2

二、选择蓄势型

股价在10日线上方或线的下方，运行的主要形态为蓄势型。蓄势型是指：

（1）绝大多数K线小阴小阳，涨跌幅度不超过5%，窄幅震荡，紧凑排列。

（2）K线结构为多重底、圆弧底或矩形底。

（3）量能关系为涨放量跌缩量。

1. 矩形底形态

K线呈矩形底的天健集团（000090），见图7—3。

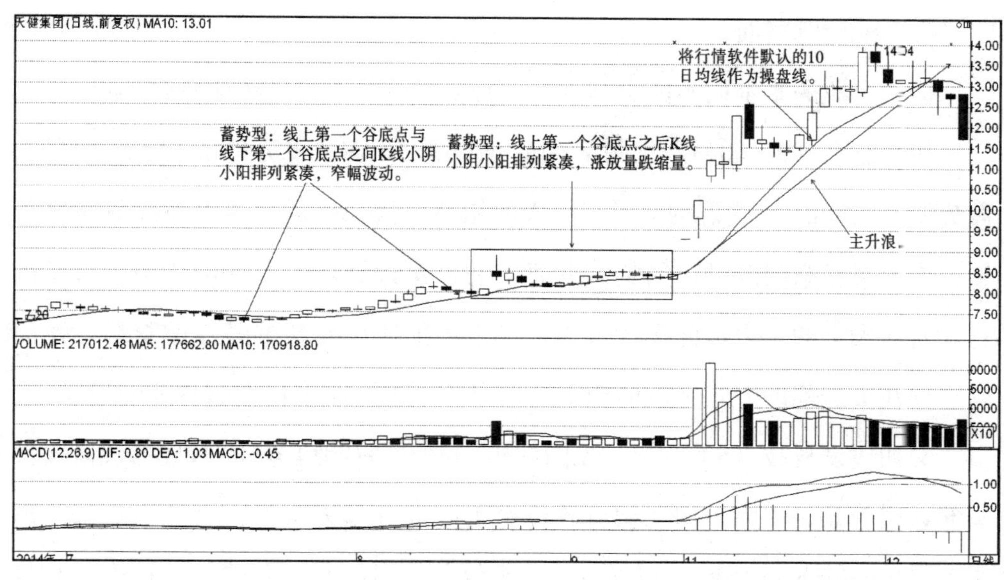

图 7—3

2. 圆弧底

K 线呈圆弧底的成发科技（600391），见图 7—4。

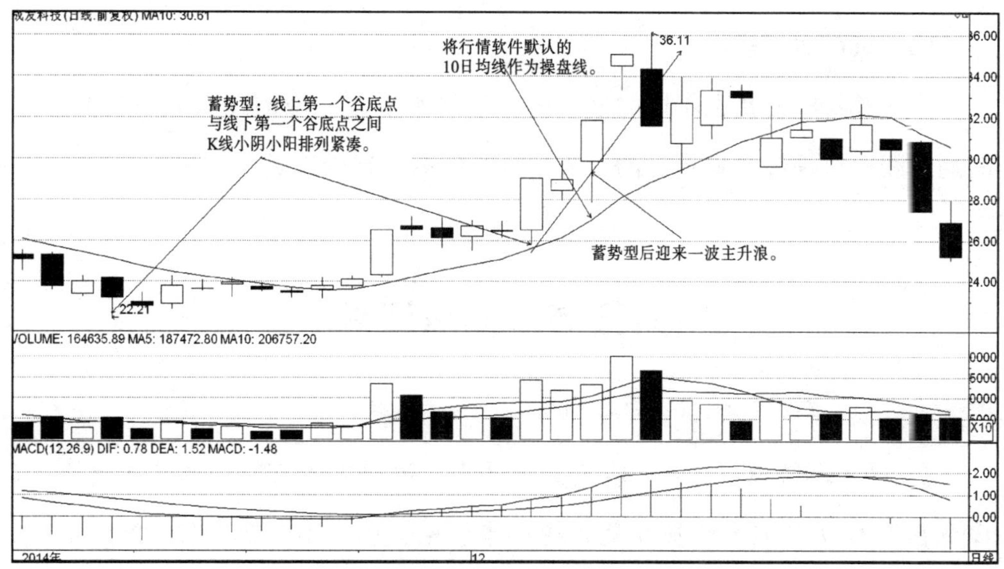

图 7—4

三、配合题材面

标的个股的基本面不能出利空，而且要符合当时市场主流题材热点。

如生意宝（002095），见图 7—1。该股在 10 均线下方的形态是很明显的蓄势型。前期的 K 线群构建了一个大的箱体，量能关系一直保持涨放量跌缩量。该股集互联网金融、网贷、电商、电子支付等几个炙手可热的题材于一身，先知先觉的主力提前潜伏进去，当市场酝酿爆发新的炒作题材后，该股以连续几个涨停的方式突破前期所有高点，成为当时市场上瞩目的明星股。

又如成发科技（600391），见图 7—4。股价在 2014 年 10 月底形成阶段性头部，这明显是主力机构在相对高位卖出一部分筹码所致，缩量跌下来后形成了圆弧底的 K 线形态。相隔不久，股价于 11 月 26 日在前期高点附近高量柱拉出一根涨停大阳线，仿佛主力在宣告他的操盘意图，其后经过四天小阴小阳的横盘蓄势后，主力借军工利好政策的出台再次放出巨量，一举突破前高。

四、选准水平线

水平趋势线是指在不同时间、同一价格水平方向峰的顶点或谷的底点之间的连线。该连线是捕捉标的个股主升浪的有利辅助工具。

第三节　战法买点

《龙韬·军势篇》云："事莫大于必克，用莫大于玄默，动莫神于不意，谋莫善于不识。"意指把握作战指挥中事、用、动、谋四个环节，所攻必克，保守机密，出敌不意，不被识破才能取得战争的胜利。利用 10 日均线寻找买点时，也要全盘考虑各个环节，一旦条件成熟，买点出现，则唯信号论，买入就是。

针对任何一个时间周期的操盘线，一线操盘术都有五大买点，10日均价操盘线亦如此。五大买点分别是抄底点、启涨点、突破点、回踩点、追涨点。一般情况下，在10日均线下方分布抄底点、启涨点、追涨点三个买点，在10日均线上方分布回踩点、启涨点、突破点、追涨点四个买点。

在实战中，价值最高的是突破点与回踩点，本书重点对这两个买点进行阐述，文中所选案例主要以笔者部分曾实盘操作过的股票为主，现将五大买点标记在图7—5上，并分别阐述突破点和回踩点的实战案例。

一、五大买点

五大买点包括抄底点、启涨点、突破点、回踩点、追涨点，但很多时候，在实战中，其出现顺序并非固定不变，这一点请读者注意，见图7—5。

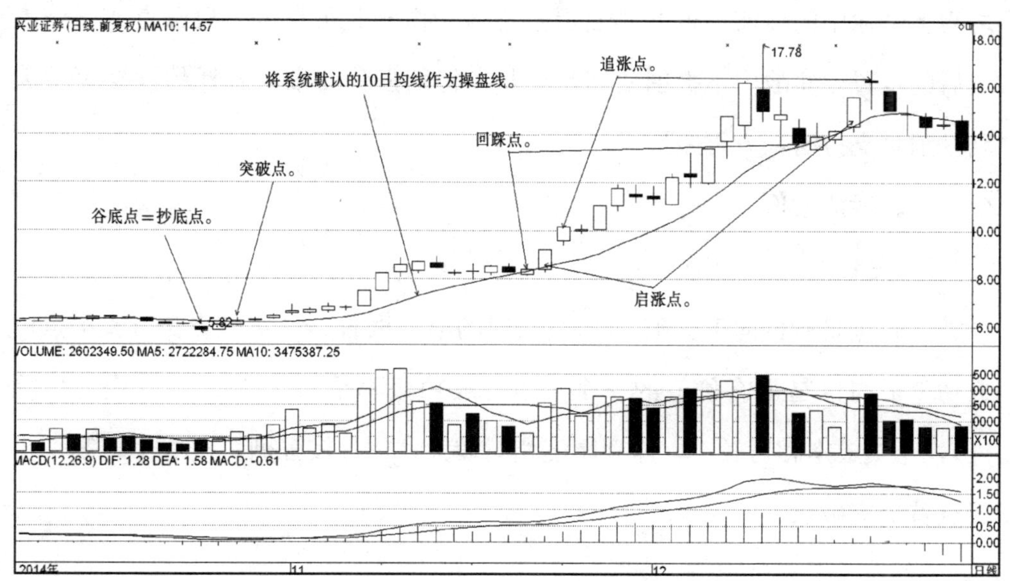

图7—5

五大买点定义：

抄底点：股价在10日均线下方形成的阶段性谷底点。此买点通常是股价涨上去后才能确认是抄底点，理论上存在，在实战中很难捕捉。

回踩点：股价有效突破10日均线后，在上涨过程中遇阻下跌，回踩10日均线时的那根K线。

启涨点：股价在10日均线下方形成阶段性谷底点后，阳克阴开始上涨时的第一根阳K线，或股价突破10日均线后，在上涨过程中遇阻下跌回踩10日均线完毕，阳克阴再次上涨时的第一根阳K线，此买点起到确认股价上涨的作用。

突破点：股价在上涨过程中向上突破10日均线时的第一根阳K线。

追涨点：股价在向上突破10日均线后，回踩10日均线完毕，在启涨点之后上涨途中的任何一根K线都是追涨点。由于此买点位于启涨点或突破点之后的位置，实战中不提倡使用，除非在特别强势的市场或标的股票有重大利好消息支持时，方可跟进。

二、战法案例

1. 突破点

突破点是股价向上突破10日均线时的第一根K线。突破点是五大买点中成功率最高也是最有价值的一个买点，成功概率至少75%以上（震荡型除外），止损成本相对较小，赢利幅度相对较大，信号较强烈，实战中，第一个买点首选突破点。

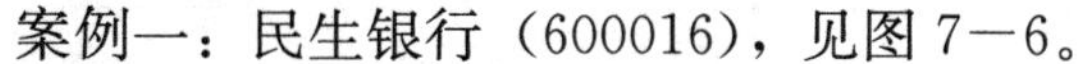
案例一：民生银行（600016），见图 7—6。

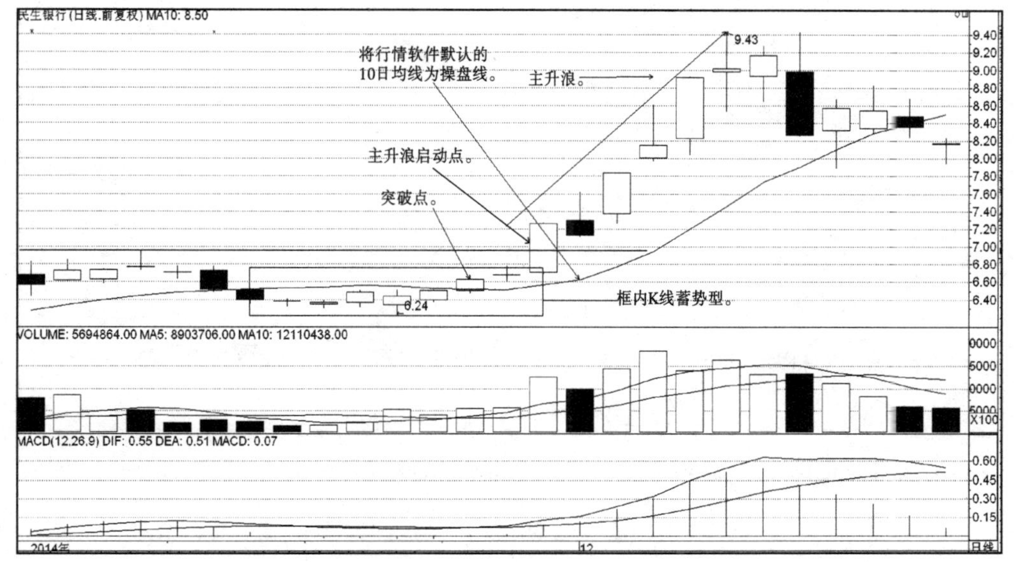

图 7—6

战法步骤：

（1）将行情软件默认的 10 日均线确定为操盘线。

（2）10 日均线下方股价运行的形态为蓄势型：K 线小阴小阳，窄幅震荡，紧凑排列，涨放量跌缩量；

（3）基本面与题材面：银行股以其低估值低市盈率得到了市场价值投资派的青睐，尤其在牛市中更显风头，虽然盘子大，依然吸引大资金的持续加仓买入。股价在线下方充分蓄势后，于 2014 年 11 月 26 日向上突破 10 日均线，10 月 28 日以放量涨停的形式突破水平趋势线（主升浪启动点），宣告主升浪的到来。

下图中突破点是民生银行（600016）2014 年 11 月 26 日放大为 15 分钟的 K 线图，参数值选用 15 分钟的 160 均线，见图 7—7。

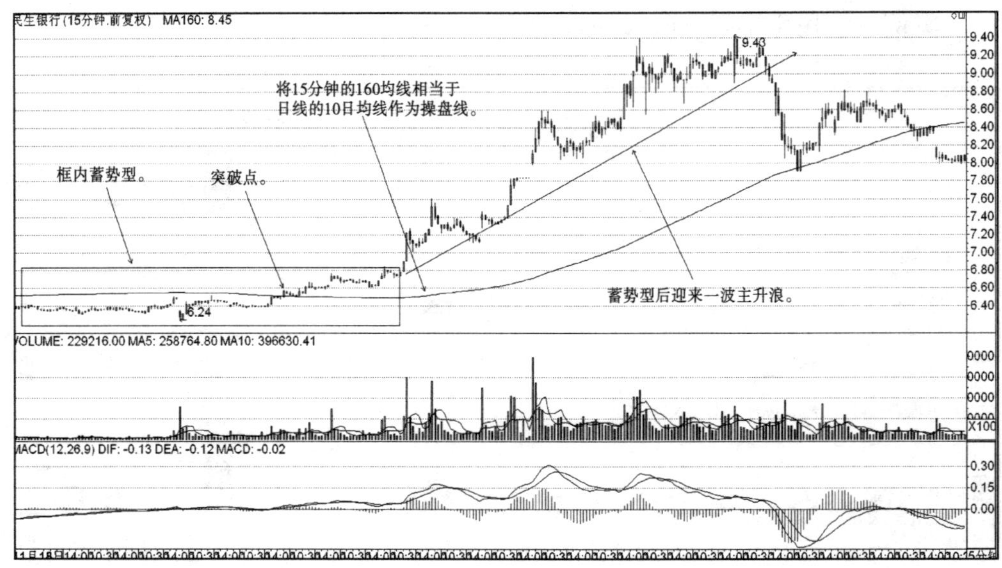

图 7—7

案例二：同花顺（300033），见图 7—8。

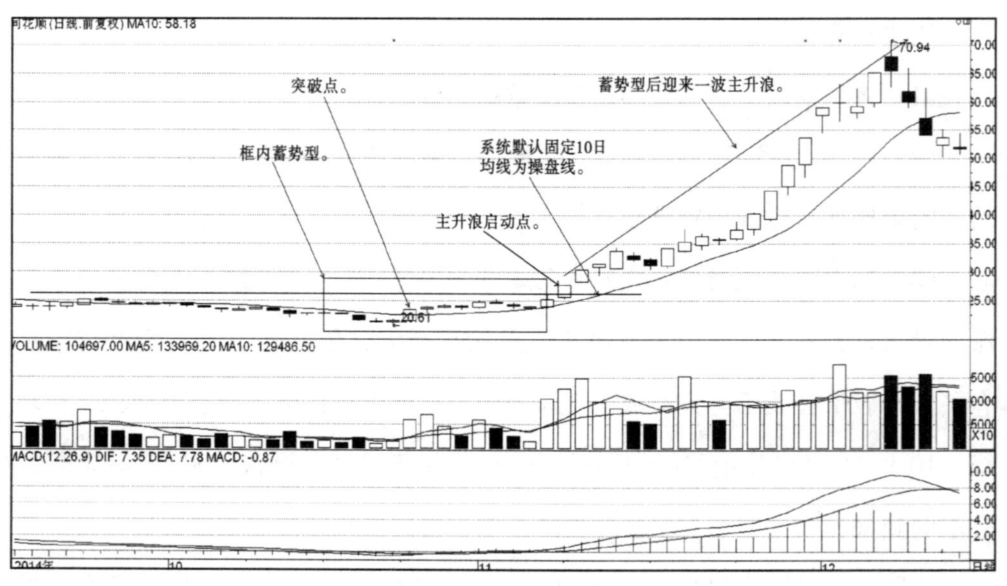

图 7—8

战法步骤：

（1）将行情软件默认的 10 日均线确定为操盘线。

（2）10 日均线下方股价运行的形态为蓄势型：K 线小阴小阳，窄幅震荡，紧凑排列，涨放量跌缩量；

（3）基本面与题材面：该公司是国内领先的金融信息服务商，主要利用信息技术和金融理论对基础金融信息进行采集、加工、整合，通过互联网技术为资本各方参与者提供及时、全面的金融信息服务。股价在线下方充分蓄势后，于 2014 年 10 月 28 日向上突破 10 日均线，持续横盘蓄势至 11 月 10 日，最终以放量涨停的形式突破水平趋势线（主升浪启动点），宣告主升浪的到来。

2. 回踩点

回踩点是股价向上突破 10 日均线后再次回踩该线时的一根 K 线。回踩点是突破点的一个补充买点，成功概率至少 75％以上，止损成本较小，赢利幅度较大，实战中，第二个买点首选回踩点。

案例一：上海钢联（300226），见图 7－9。

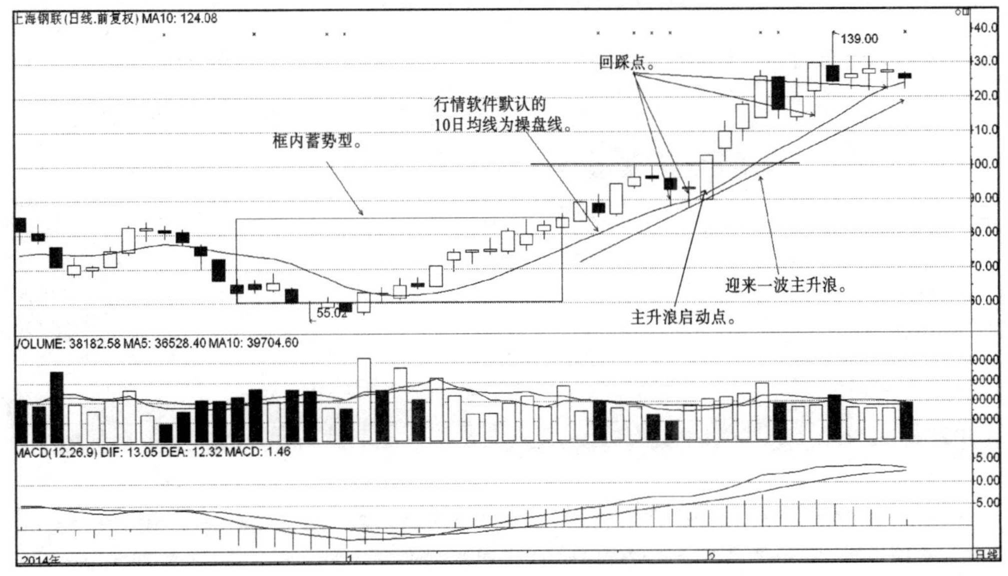

图 7－9

战法步骤：

（1）将行情软件默认固定的10日均线作为操盘线。

（2）10日均线上方股价运行形态为蓄势型：K线小阴小阳，窄幅震荡，紧凑排列，涨放量跌缩量。

（3）基本面与题材面：该公司是集钢铁资讯、电子商务、网络技术服务为一体的全国性大型综合IT服务企业，提供专业的钢铁资讯交互平台、一站式钢铁电子商务服务。公司拥有20多个城市组成的全国网络，覆盖全国生产性大宗商品生产流通的重点地区，公司客户遍布生产性大宗商品的全产业链。作为创业板的知名品种，凭借互联网、电子商务等热门概念，该股受得到场外资金的持续炒作。在主升浪展开过程中，主力机构于2015年1月30缩量小阴线回踩10日均线，这是很标准的回踩点买点。

在15分钟图中，上海钢联（300226）三个回踩点也分别为2015年1月30日、2月2日、2月17日，15分钟的均线参数值选用15分钟的160均线，其中2月2日和2月17日属于标准回踩点，见图7—10。

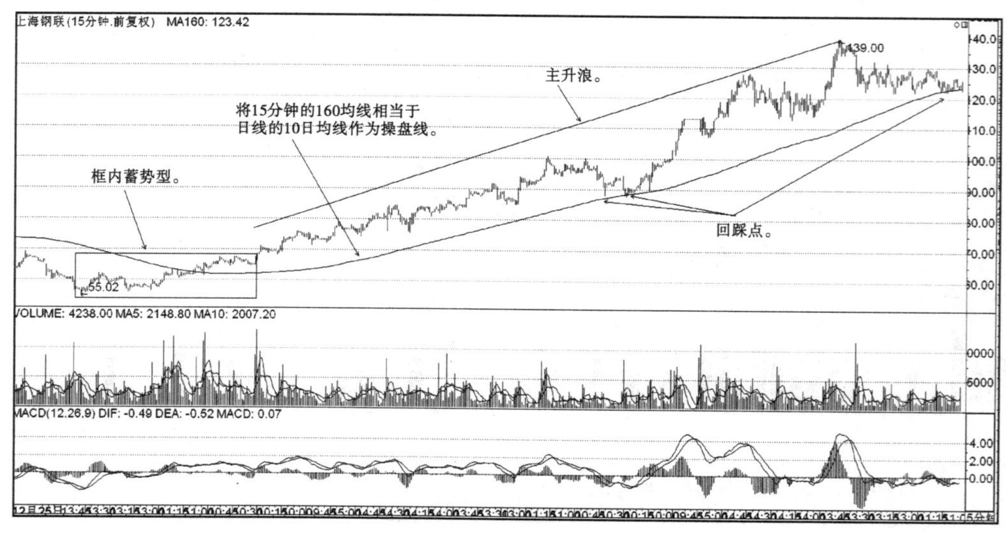

图7—10

案例二：运盛实业（600767），见图7—11。

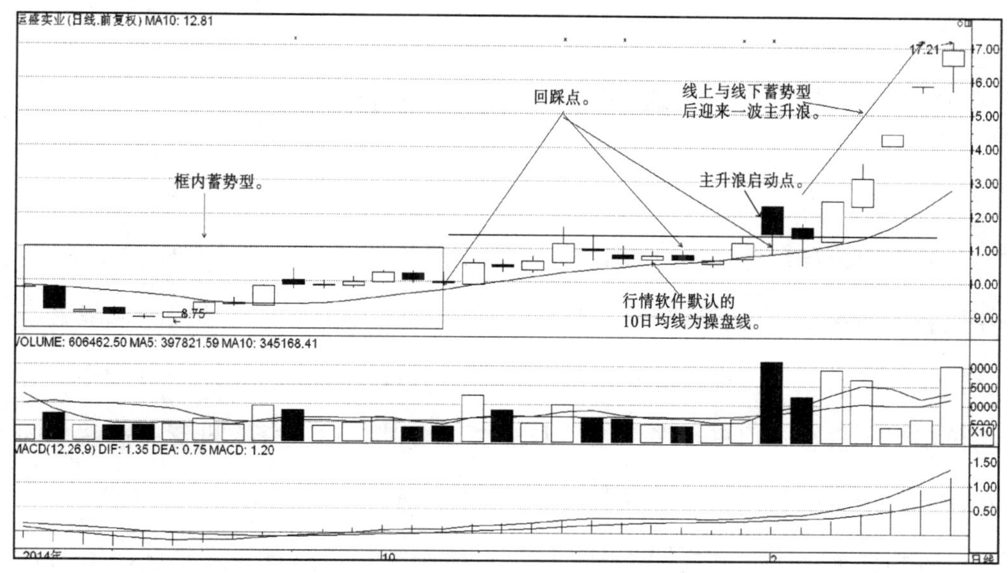

图7—11

战法步骤：

（1）将行情软件默认的10日均线确定为操盘线。

（2）10日均线上方股价运行形态为蓄势型：K线小阴小阳，窄幅震荡，紧凑排列，涨放量跌缩量。

（3）基本面与题材面：该公司实施医疗信息化战略转型，搭建起了健康管理雏形。通过控股融达信息51.1%股权，正式进入医疗卫生信息化领域；拟收购标的麦迪克斯主营业务，建立心电、脑电、睡眠科室诊疗网络；增资控股健资科技51%股权，向健康管理终端延伸；依托麦迪克斯300多家三甲医院资源与设备技术开发能力，打造“垂直体系的基于云模式的远程心血管系统诊断服务平台”。因此受到资金持续炒作。在主升浪展开过程中，主力机构在2014年10月24日、25日、26日连续三天拉出小阴线缩量回踩10日均线，这就是很标准的回踩点买点。2015年2月9日股价放量以假阴K线突破

水平趋势线（主升浪启动点），展开主升浪之旅。

第四节　战法卖点

战国尉缭《尉缭子·攻权第五》有云："分险者无战心，挑战者无全气，斗战者无胜兵。"意指部队分兵守险就不会有战斗的决心，将帅轻率挑战就不会促使高昂的士气，轻兵莽撞出击的是无法取胜的军队。在证券市场中，有的投资者小资金账户里买了一二十只股票，美其名曰：分散投资。这就如同在作战时太分散兵力，一旦战况突变，往往顾不过来，造成更大的损失。

针对任何一个时间周期的操盘线，一线操盘技术都有五大卖点，10 日均线亦如此，这五大卖点分别是反抽点、启跌点、杀跌点、逃顶点、突破点。一般情况下，卖点可分为两类，一是洗盘性质的三个卖点：股价向上有效突破 10 日均线后，在 10 日均线上方数次形成峰顶点后遇阻下跌过程中出现的反抽点、启跌点、杀跌点；二是出货性质的三个卖点：股价在 10 日均线上方确立头部后，向下跌破 10 日均线过程中出现逃顶点、突破点、杀跌点。为突出本书的实用价值，文中所选案例主要以笔者部分曾实盘操作过的股票为主，现将五大卖点标记在图 7－12 上。

在实战中，反抽点、启跌点、逃顶点三大卖点往往可遇不可求很难把握，杀跌点更是不可取。唯有突破点实战价值最大信号最强烈，投资者可利用 10 日均线作为短线操盘线，即股价在跌破 10 日均线时就卖出筹码。

一、五大卖点

五大卖点包括逃顶点、启跌点、反抽点、杀跌点、突破点，见图 7－12。

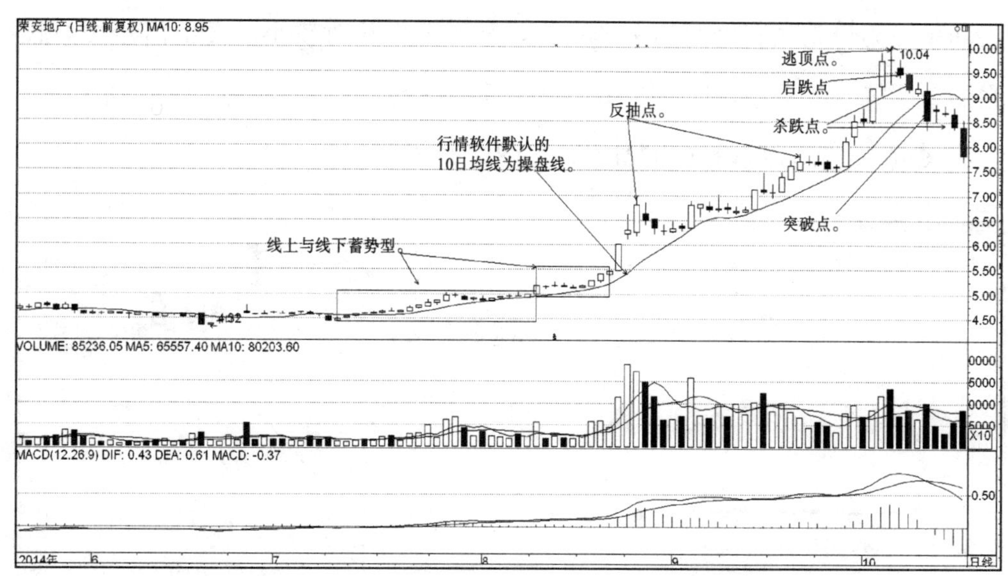

图 7—12

五大卖点定义：

逃顶点：股价在 10 日均线上的上涨行情的末端，即峰顶点的位置。

反抽点：股价有效突破 10 日均线后，在线上的上涨过程中遇阻回落时形成的阶段性高点也是阶段性阻力点，此卖点难以把握，必须等启跌点形成后才能确认是反抽点。

启跌点：股价在 10 日均线上的上涨过程中形成反抽点后，股价跌破反抽点的最低价的 K 线，它是股价阶段性下跌的确认与启动点。

突破点：股价见顶后，下跌过程中向下跌破 10 日均线时的第一根阴 K 线。

杀跌点：股价在 10 日均线上方形成反抽点后，在回踩 10 日均线途中，或股价形成逃顶点后向下跌破 10 日线后的任何一根 K 线。

二、战法案例

突破点是股价向下突破 10 日均线时的第一根 K 线。突破点是五个卖点中成功率最高也是最有价值的一个卖点，利润损失相对较小，卖出信号相对较强烈、明确。实战中，第一个卖点首先是突破点。

案例一：南洋股份（002212），见图 7—13。

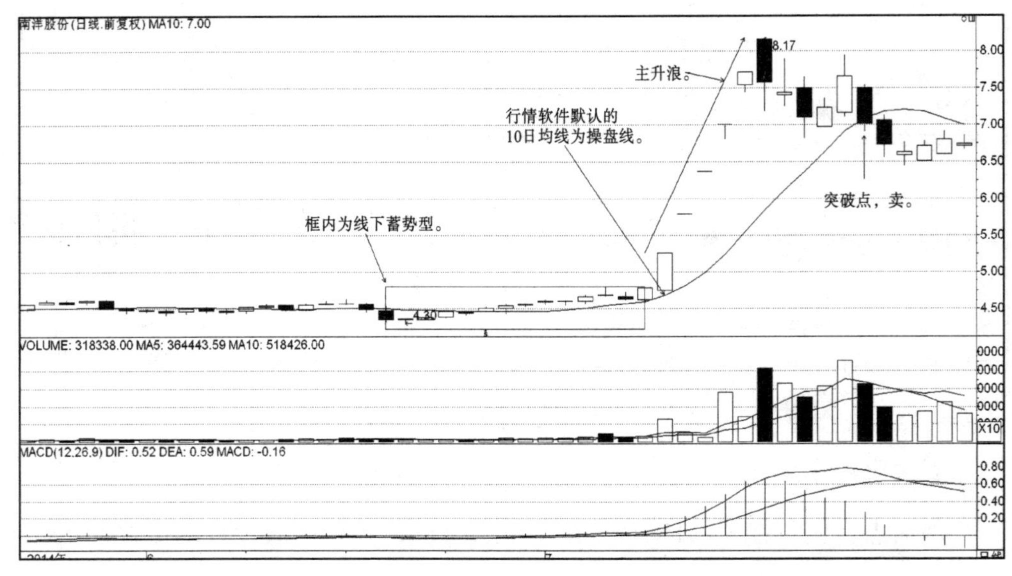

图 7—13

战法步骤：

（1）该股在展开主升浪的过程中，股价于 2014 年 7 月 23 日跌破 10 日均线，说明 10 日内买入该股的投资者平均成本已经产生亏损，股价短线支撑不复存在，会继续调整寻求支撑位置。

（2）本着长周期线买，短周期线卖的操盘原则，一旦股价跌破短周期线，即股价跌破当值最接近的均价线后（案例选用 10 日均线），就应该卖出筹码，保证赢利最大化。

下图中突破点是南洋股份（002212）2014 年 7 月 23 日放大为 15 分钟的 K 线图，参数值选用 15 分钟的 160 均线，见图 7—14。

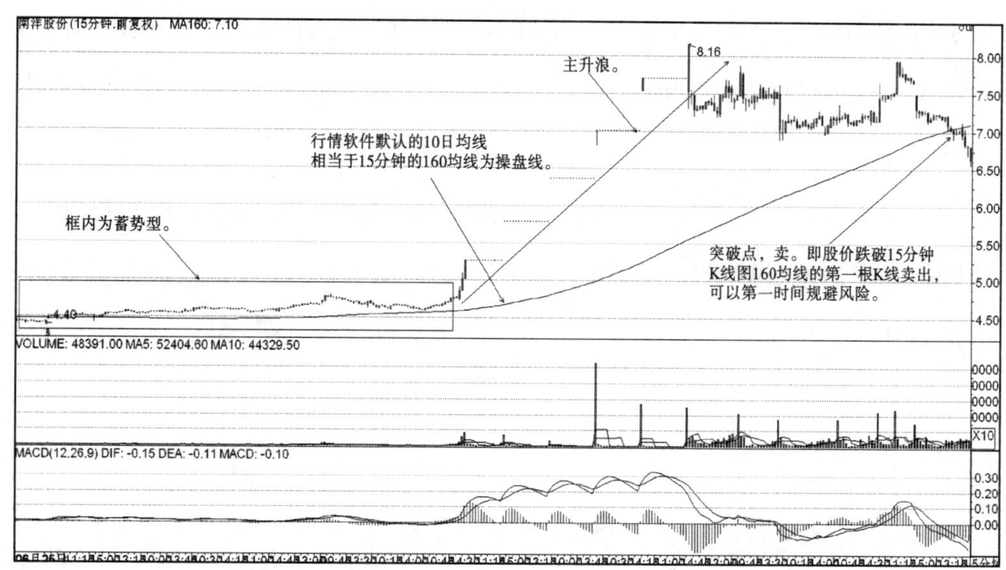

图 7—14

案例二：焦点科技（002315），见图 7—15。

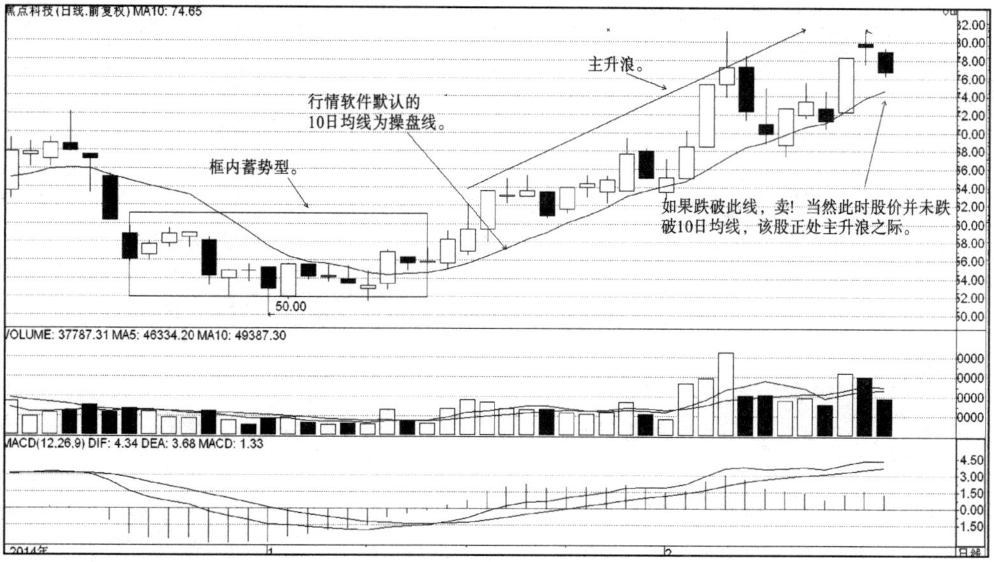

图 7—15

战法步骤：

（1）该股在展开主升浪的过程中，直到 2015 年 2 月 17 日，股价仍未跌破 10 日均线，等股价某个交易日跌破 10 日均线，说明 10 日内买入该股的投资者平均成本已经产生亏损，股价短线支撑不复存在，会继续调整寻求支撑位置。

（2）本着长周期线买，短周期线卖的操盘原则，一旦股价跌破短周期线，即股价跌破当值最接近的均价线后（本例选用 10 日均线），就应该卖出筹码，保证赢利最大化。

《樊川文集·罪言》云："上策莫如自治，事贵制人，不贵制于人。"意指上策莫过于依靠自己的力量。遇事贵在能控制人，不贵于受人所制。任何时候都要把希望建立在自己力量的基点上，事事依赖，难成大器。学习别人是为了更好地成就自己，而不是把自己变成别人。有些投资者四处拜师学艺，学习中长线、短线及超短线的操盘技术，就其态度而言，值得称赞。但这山望着那山高，学得多学得杂，反而迷惑自己，最终还是没有形成适合自己的稳定赢利的实战交易系统。对于性格较急，精力充沛，有时间盯盘，能坚决执行止损止盈纪律，技术分析功底深厚的投资者，分钟均线的超短线操盘交易系统不失为一个好的选择。

第一节　分钟均线概述

诸葛亮《将善》有云："将有五善四欲。五善者，所谓善知敌之形势，善知进退之道，善知国之虚实，善知天时人事，善知山川险阻。四欲者，所谓战欲奇，谋欲密，众欲静，心欲一。”意指擅长察晓敌人的兵力部署，擅长正确地判断进攻和撤退的时机，擅长了解交战双方的国力虚实，擅长利用对自己一方有利的时机，擅长利用山川地形的崎岖险阻。四欲是指：作战时出奇制胜，谋划要周密，人多事繁，追求文静稳重，保持全军上下团结一心，合力抗战。这些要求对一员优秀将领来说，不算苛求，只有做到“五善”和“四欲”，才能指挥自如，战无不胜。诸葛亮效力的蜀国，是三国中最弱的一方，他能让蜀国屹立不动，左右三国形势，正是由于他做到了“五善”“四欲”，因而能屡战屡胜，甚至败中求胜。当然，真正做到“五善”“四欲”很不容易，必须博学多识，肯于研究，善于总结，注重修养。要想成为一名优秀的超短线操盘手，有志者应以此为标准来规范自己，磨砺自己。

分钟均线战法就是在分钟 K 线图上，用一线操盘逢峰调压或遇谷调撑技术得出分钟操盘线的操作方法。

一、分钟操盘线的定义

分钟操盘线是指在 1、5、15、30 分钟或者 60 分钟 K 线图上，将股价在波动过程中形成的峰顶点或谷底点，采用逢峰调压或遇谷调撑技术得出的山峰线或山谷线，作为操盘线。同样，其操盘线可参照日 K 线图划分为攻击线、中心线、防守线。限于篇幅，本节不一一阐述，而把在分钟 K 线图上逢峰调压或遇谷调撑形成的所有山峰线、山谷线统称为分钟操盘线。需要指出的是，这些操盘线是股价波动的微观体现，代表某段时间被套筹码或获利筹码的市场平均成本。

本章所举实战案例均选择 15 分钟 K 线图，因为经过计算机程序测试与实战概率统计，在证券市场尤其在商品期货市场操盘过程中，15 分钟 K 线级别的收益率最稳定也最高。

从时间周期上讲，分钟均线是作为超短期操盘线使用。从截金道理论解释，是操作者在战略上置身于积极进攻状态所构建的超短期作战操盘线。

二、分钟操盘线设置原则

在设置操盘线时，应遵循以下五大原则：

1. 首选第一峰顶点或第一谷底点，即阶段性最低点与最高点。

2. 峰顶点与谷底点越陡峭越好。

3. 越多峰顶点与谷底点经过相同设置的均线越好。

4. 峰顶点与谷底点时间择近。

5. 参数值取中。

第二节　战法要素

《司马法·天子之义篇》云："兵不杂则不利。"意指各种兵器不配合使用就不能发挥威力。在操盘中，如果不能综合考虑各种操盘要素，实战中就会顾此失彼而造成资金上的损失。

实战中，利用分钟均线捕捉主升浪，必须满足以下四个充分必要条件。

一、确定分钟操盘线

在分钟 K 线图中，利用一线操盘的逢峰调压或遇谷调撑技术确定分钟操盘线。

1. 根据逢峰调压确定分钟操盘线

选取最邻近谷底点的峰顶点，用逢峰调压技术确定分钟操盘线，如爱使股份（600652），见图 8—1。

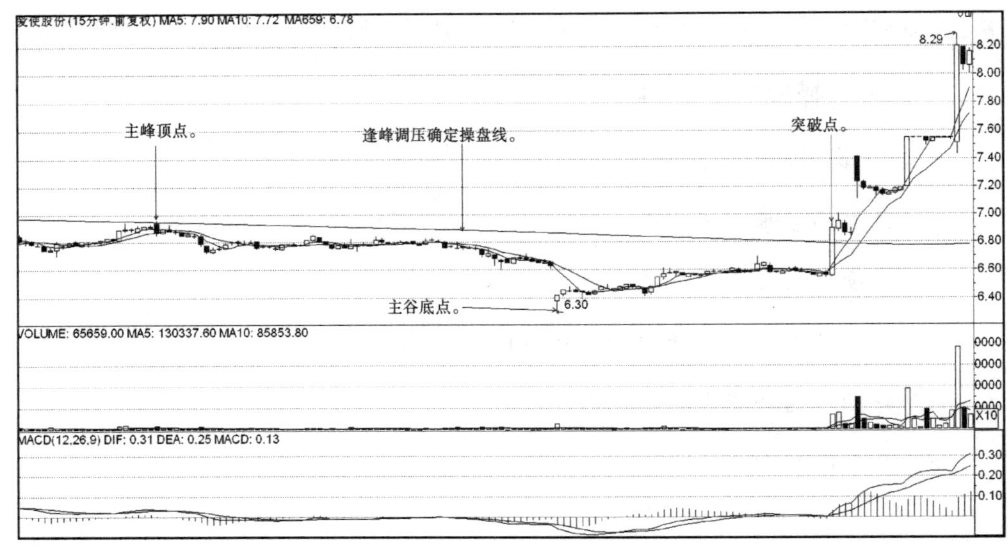

图 8—1

2. 根据遇谷调撑确定分钟操盘线

选取谷底点，用遇谷调撑技术确定分钟操盘线，如黑牡丹（600510），见图 8—2。

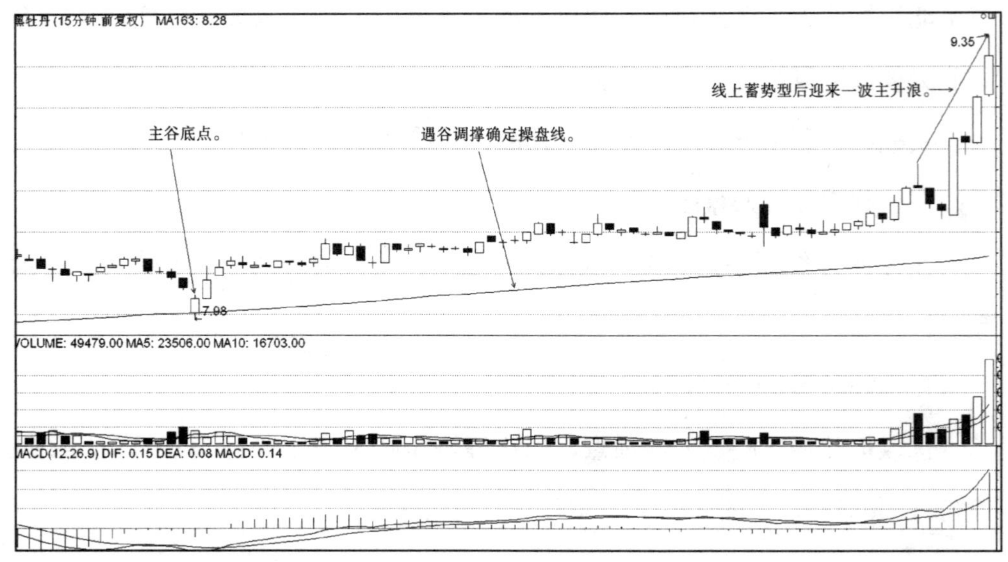

图 8—2

二、选择蓄势型

股价在操盘线下方或者线的上方，运行的形态为蓄势型，表现为：绝大多数K线小阴小阳，涨跌幅度不超过5%，窄幅震荡，紧凑排列；K线结构为多重底、圆弧底或矩形底；涨放量跌缩量。

如浪潮信息（000977），见图8－3。

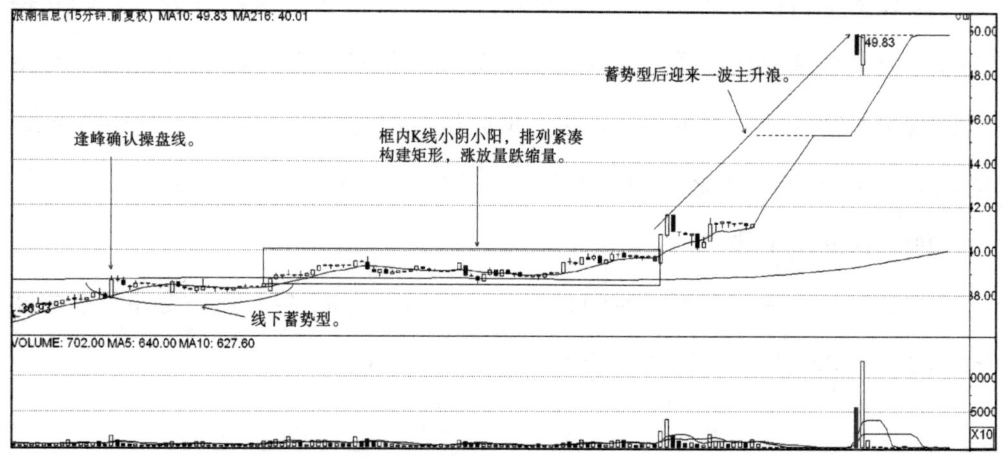

图8－3

又如雷柏科技（002577），见图8－4。

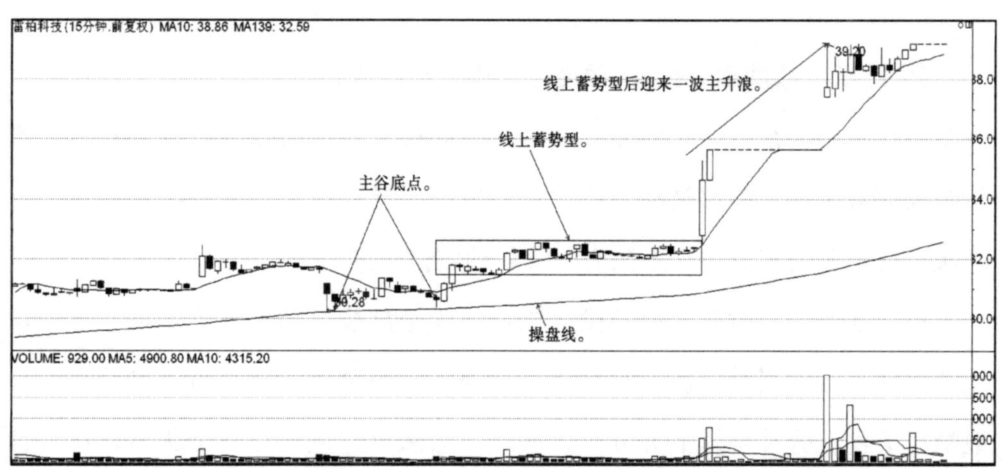

图8－4

三、配合题材面

标的个股的基本面不能出利空，而且要符合当时市场主流题材热点。

如前面所举案例的黑牡丹（600510），见图 8－2。股价一直在线上充分蓄势，当公司公告收到《中国证监会行政许可申请受理通知书》可定向增发股票后，该股大幅放量，主力借势拉升。

又如雷柏科技（002577），见图 8－4，股价在线上横盘蓄势，筹码互换充分，成本趋于一致，适逢国家出台利好互联网的政策，加上该公司推出限制性股票激励计划，万事俱备，主力借此机会拉高股价。股价要产生主升浪，必须具有 11 重滤网术之中的基本面、政策面与技术面的完美结合。

四、选准水平线

水平趋势线是指在不同时间、同一价格水平方向的峰顶点或谷底点之间的连线。该连线是捕捉标的个股主升浪的有利辅助工具。

第三节　战法买点

《尉缭子·战威篇》云："静能守其固，动能成其所欲。"意指军队在防守时要能守必固，在行动时要能战必胜。证券投资是一门孤独寂寞的行当，股价在大多数时候可能都是横盘或下跌，单边上扬的中级行情一年就是那么一两次，而个股的买点更需要耐心，等候确定信号的到来。

针对任何一个时间周期的操盘线，一线操盘技术都有五大买点，分钟均线亦如此。五大买点分别是抄底点、启涨点、突破点、回踩点、追涨点。一般情况下，在分钟均线下方分布抄底点、启涨点、追涨点三个买点，在分钟均线上方分布回踩点、启涨点、突破点、追涨点四个买点。

在操作上，实战价值最高的是突破点与回踩点，所以本书只对这两个买点进行阐述，笔者用部分曾经操作过的实盘为案例，并把五大买点标记在截图上，分别阐述突破点和回踩点的实战案例。

一、五大买点

五大买点包括抄底点、启涨点、突破点、回踩点、追涨点，见图 8－5，标的为商品期货白银 1506 合约。

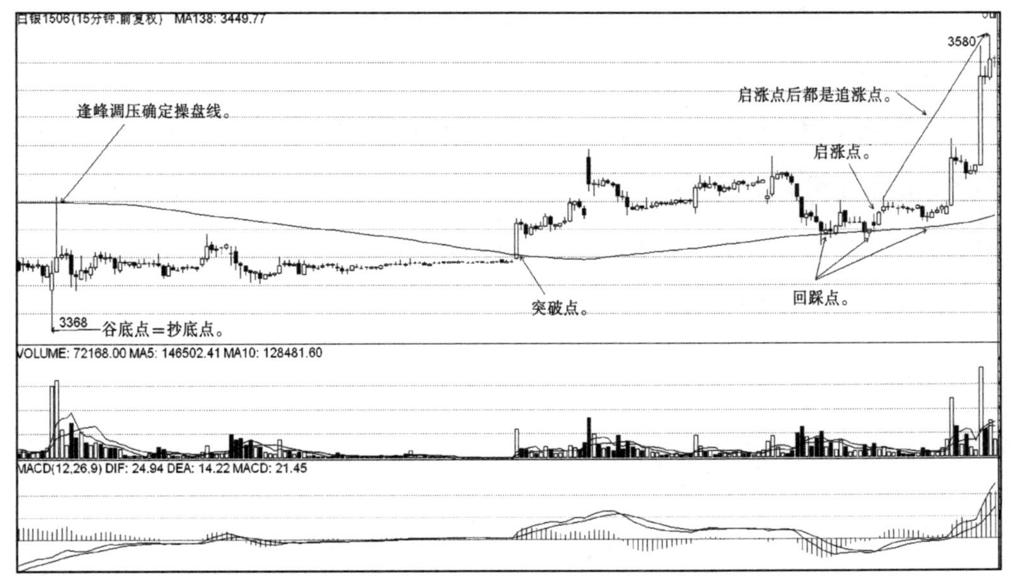

图 8－5

五大买点定义：

抄底点：股价在操盘线下方形成的阶段性谷底点。此买点通常是股价涨上去后才能确认，理论上存在，在实战中很难捕捉。

回踩点：股价有效突破操盘线后，在上涨过程中遇阻回落，回踩操盘线时的那根 K 线。

启涨点：股价在操盘线下方形成阶段性谷底点后，K 线阳克阴开始上涨时的第一根阳线，或股价突破操盘线之后，在上涨过程中遇阻下跌，回踩完毕，K 线阳克阴再次上涨时的第一根阳线，此买点起到确认股价上涨的作用。

突破点：股价在操盘线上方，在上涨过程中向上突破山峰线时的第一根阳K线。

追涨点：股价向上突破操盘线，且回踩完毕，在启涨点之后上涨途中的任何一根K线。由于此买点位于启涨点或突破点之后的位置，实战中不提倡使用，除非在特别强势的市场或者标的股票有重大利好消息支持。

二、实战案例

1. 突破点

突破点是指股价向上突破操盘线时的第一根K线。突破点是五大买点中成功率最高也是最有价值的一个买点，成功概率至少75%以上（震荡型除外），而且止损成本较小，赢利幅度较大，实战中，第一个买点应首选突破点。

案例一：人民网（603000），如图8—6。

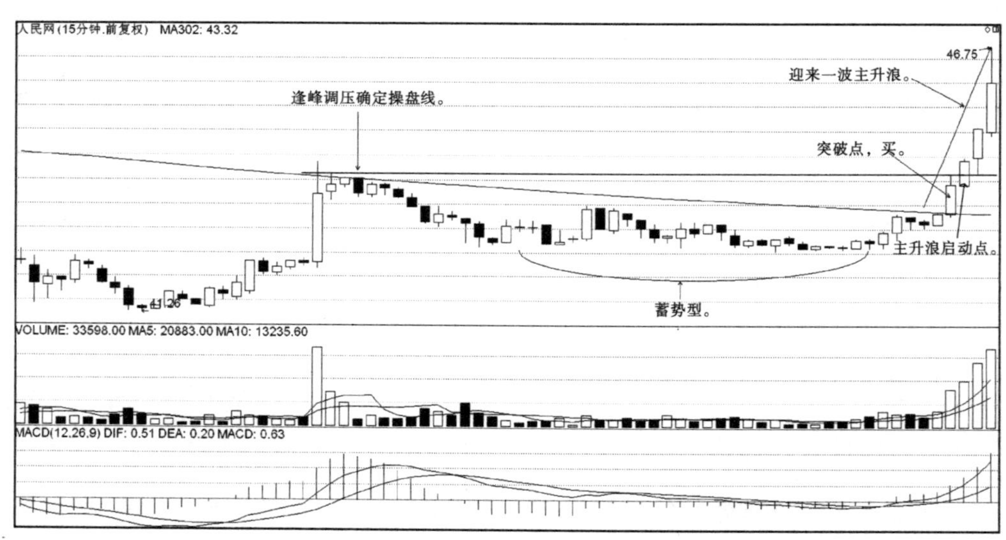

图8—6

战法步骤：

（1）利用一线操盘的逢峰调压技术确定操盘线，参数值为15分钟的302均线。

（2）操盘线下方股价运行的形态为蓄势型：K线小阴小阳，窄幅震荡，紧凑排列，涨放量跌缩量。

（3）基本面与题材面：公司具备三大优势，一是公司是目前A股唯一一家具有央企背景、拥有独立采编权的新闻网站，肩负新一届政府民族复兴“中国梦”宣传重任，权威新闻内容变现空间可观；二是公司实际控制人人民日报社属于国家党报机关，更是国内传统媒体龙头企业，公司作为其旗下独家新媒体上市平台，具备反向融合传统媒体，实现传统媒体资产注入的潜质；三是国家领导人对体育产业日益重视，公司旗下的人民澳客从事体育彩票类业务，将是未来我国体育产业蓬勃发展过程中的率先受益者。该股充分蓄势后，主力机构于2015年1月16日10时45分放量拉抬，收大阳K线，股价突破水平趋势线（主升浪启动点）与操盘线，宣告主升浪的开始。

案例二：国投新集（601918），如图8—7。

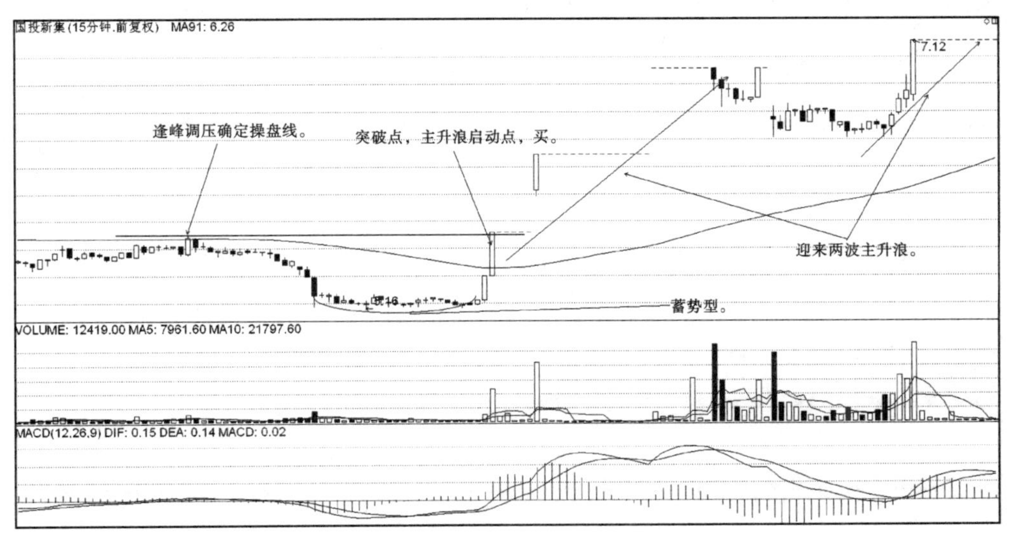

图8—7

战法步骤：

（1）利用一线操盘的逢峰调压技术确定操盘线，参数值为15分钟的91均线。

（2）操盘线下方股价运行的形态为蓄势型：K线小阴小阳，窄幅震荡，紧凑排列，涨放量跌缩量。

（3）基本面与题材面：公司是以煤炭采选为主、煤电并举的国家大型企业。公司坚持走可持续发展之路，做大做强煤炭主业，延伸产业链，确立了“立足煤炭、发展电力、延伸煤制气”的战略发展规划。“十二五”期间，公司逐步建成刘庄电厂、板集电厂和煤制天然气项目，逐步改善企业发展结构。并且有“国投系”改革预期，自然得到主力机构的青睐。股价蓄势充分后，主力于2014年12月31日13时45分放量拉收大阳K线，突破水平趋势线（主升浪启动点）与操盘线，宣告主升浪的到来。

2. **回踩点**

回踩点是股价向上突破操盘线以后，再次回踩该线时的一根K线。回踩点是突破点的一个补充买点，成功概率应在75％以上，止损成本小，赢利幅度大，所以在实战中，第二个买点是回踩点。

案例一：商品期货白银1506合约，如图8—8。

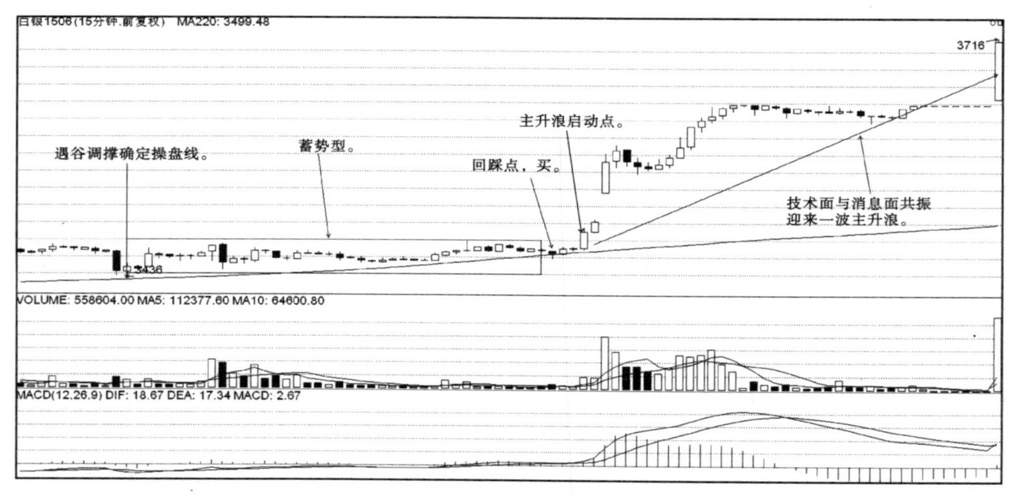

图8—8

战法步骤：

（1）利用一线操盘的遇谷调撑技术确定操盘线，参数值为 15 分钟的 220 均线。

（2）操盘线下方股价运行的形态为蓄势型：K 线小阴小阳，窄幅震荡，紧凑排列，涨放量跌缩量。

（3）基本面与题材面：白银价格受美国 QE 政策退出影响一直萎靡不振，先知先觉的主力机构充分吸筹，直到 9 月美国非农数据公布当日，主力才开始发力突破操盘线，其后于 2014 年 9 月 15 日 14 时 15 分回踩操盘线，同日 14 时 45 分放量拉升以大阳线收盘并突破水平趋势线（主升浪启动点），宣告主升浪的到来。

案例二：江苏国泰（002091），如图 8—9。

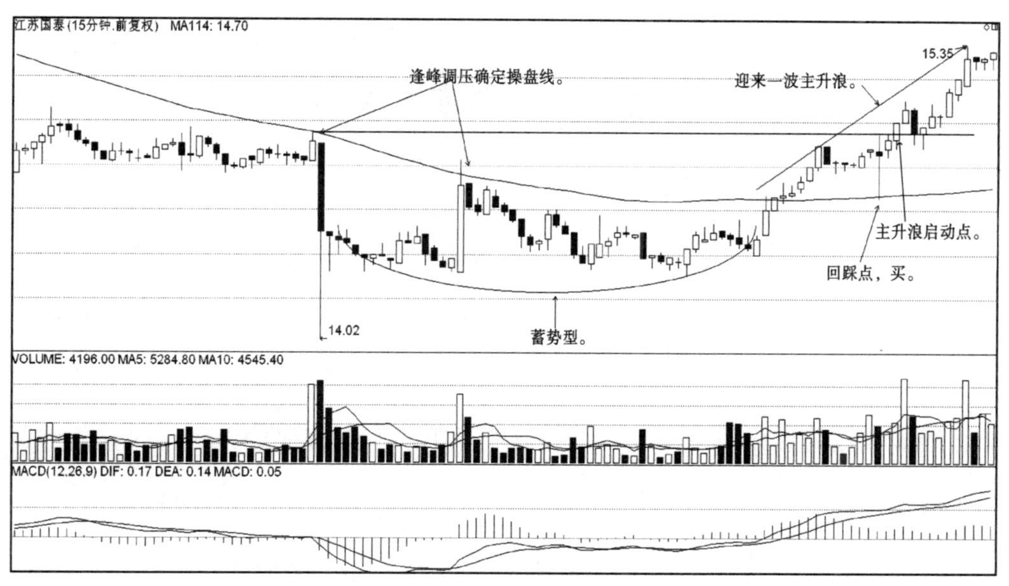

图 8—9

战法步骤：

（1）利用一线操盘逢峰调压技术确定操盘线，参数值为 15 分钟的 114

均线。

（2）操盘线下方股价运行的形态为蓄势型：K线小阴小阳，构筑多重底，窄幅震荡，紧凑排列，涨放量跌缩量。

（3）基本面与题材面：公司是国内锂电电解液行业龙头，电池电解液产能国内第一，通过切入包括LG、索尼和ATL等全球顶尖电池厂商供应链，获得稳定的赢利能力。同时积极布局锂电产业链，产品包括改性锰酸锂、磷酸铁锂和三元材料等，正逐渐成长为锂电全产业链巨头企业。外贸业务温和改善，主要面向欧美日等发达国家。如此好的题材自然吸引了市场的目光，股价突破操盘线后，于2014年12月30日10时15分回踩操盘线，并于同日下午14时45分放量拉收大阳突破水平趋势线（主升浪启动点），宣告主升浪的到来。

第四节 战法卖点

孙子云："善守者，藏于九地之下；善攻者，动于九天之上，故能自保而全胜也。"透视古今战争不难发现，从暗堡、地道、散兵坑，到掩体、战壕、地下工事，巧妙运用地下防御之盾与强敌周旋，出奇制胜的战例不胜枚举。即使到了现代信息化战争时代，有效利用地下防御工程保护人员、保存物资、善攻善防，进而创造出以劣胜优、变被动为主动的典型战例亦俯拾皆是。操盘工作也如此，一旦卖出股票后，买点还没有出现，就需藏于九地之下，等到新的买点信号到来。

对于任何一个时间周期的操盘线，一线操盘技术都有五大卖点，分钟均线亦如此，五大卖点分别是反抽点、启跌点、杀跌点、逃顶点、突破点。其性质有两个方面：一是洗盘性质的三个卖点。当股价向上有效突破操盘线后，在操盘线上数次形成峰顶点遇阻下跌过程中出现的反抽点、启跌点、杀跌点；二是出货性质的三个卖点。股价在操盘线上确立头部之后，向下跌破操盘线过程中出现的逃顶点、突破点、杀跌点。

接下来，笔者列举部分曾经实盘操作的案例，并把五大卖点标记在示意图上。

实战中，反抽点、启跌点、逃顶点三大卖点在多数情况之下是很难把握的，杀跌点更是不可取。唯有突破点实战价值最大，信号也最强烈。为提高赢利幅度，投资者可依据价线关系及各自的风险偏好选择卖点，即股价在跌破 5、10 个单位均线或攻击线、操盘线时卖出筹码，原因在于，如果一味秉承从哪条线进就从哪条线出的原则，利润会回撤许多。

一、五大卖点

五大卖点包括逃顶点、启跌点、反抽点、杀跌点、突破点，如图 8－10。

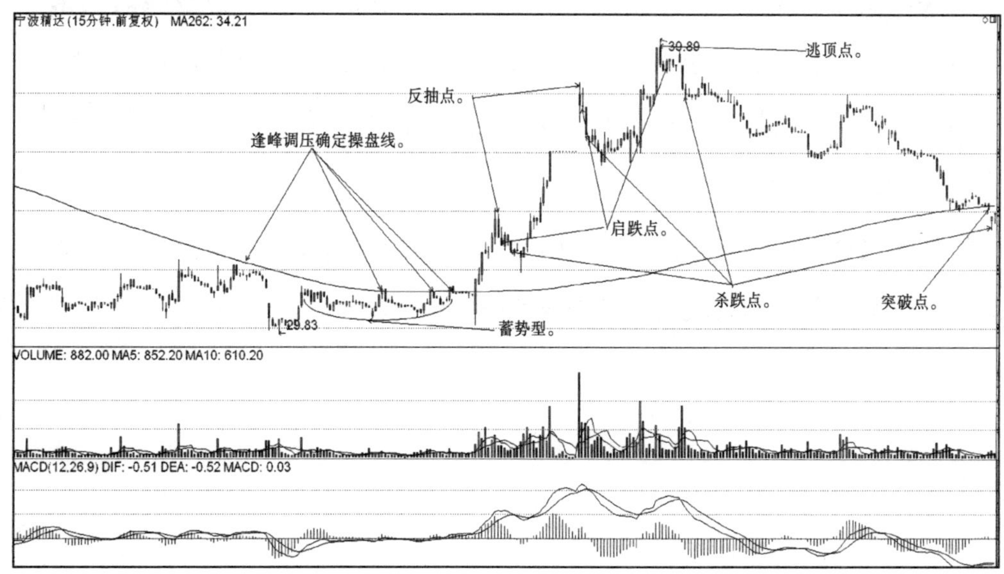

图 8－10

五大卖点定义：

逃顶点：股价在上涨攻击波段的末端，峰顶点的位置。此卖点操作难度甚大，通常要等到股价跌下来才能确认。

反抽点：股价有效突破操盘线后，在上涨过程中遇阻回调形成的阶段性高点，也是阶段性阻力位。

启跌点：股价在上涨过程中反抽某条山峰线形成反抽点，阴克阳后形成的第一根阴线，股价必须跌破反抽点的最低价，它是股价阶段性下跌的确认点。

突破点：股价见顶后，在下跌过程中向下跌破操盘线时的第一根阴K线。

杀跌点：股价向下跌破操盘线后，下跌途中的任何一根K线，或启跌点后的任何一根K线。

二、战法案例

突破点是指股价向下突破5、10个单位均线或攻击线、操盘线时的第一根K线。突破点是五大卖点中成功率最高也是卖出信号最明确的一个卖点，回撤幅度最小。实战中，第一个卖点首先是突破点。

1. 跌破5、10个单位均线

如果投资者风险偏好选用5、10个单位均线，那么就应该严格执行股价跌破5、10个单位均线就卖出的操盘纪律。

案例一：日上集团（002593），如图 8－11。

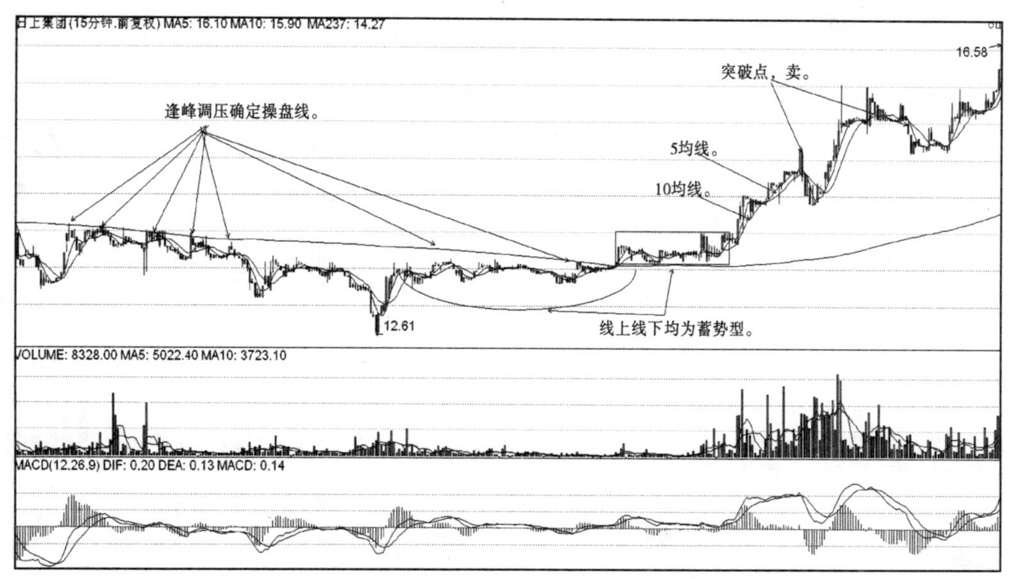

图 8－11

战法步骤：

（1）该股在展开主升浪的过程中，股价分别于 2015 年 4 月 15 日 9 时 45 分与 14 时 45 分跌破 15 分钟的 5 个单位的均线（本例选用 15 分钟的 5 个单位均线），说明 5 个 15 分钟单位时间内买入该股的投资者平均成本已经产生亏损，股价短线支撑不复存在，会继续调整寻求支撑位置。

（2）本着长周期线买，短周期线卖的操盘原则，一旦股价跌破短周期线即 15 分钟的 5 个单位均线或者说股价跌破当值最接近的均价线后，就应该卖出筹码，保证赢利最大化。

案例二：华安石油（160416），如图 8－12。

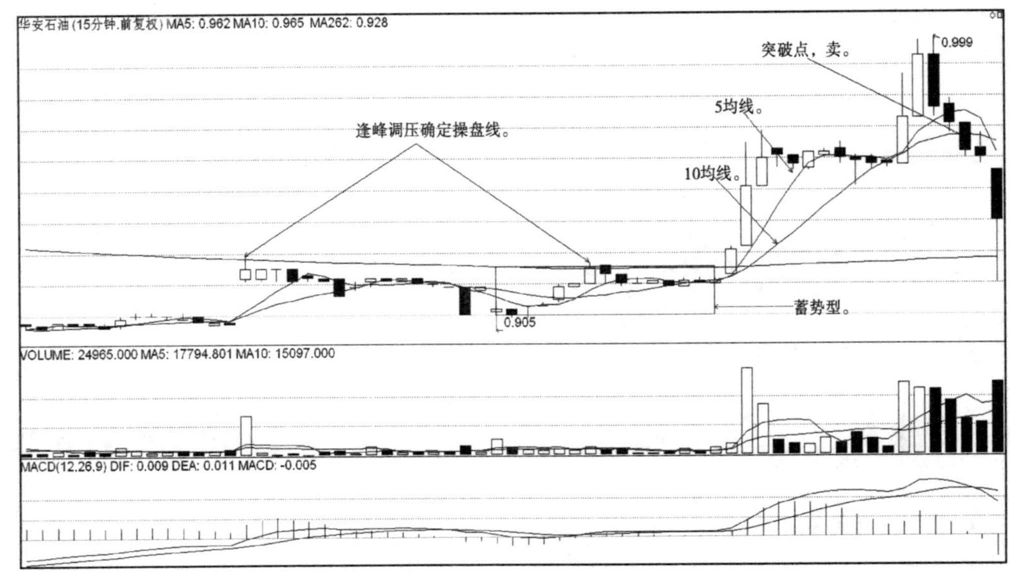

图 8－12

战法步骤：

（1）该股在展开主升浪的过程中，股价于 2015 年 3 月 26 日 10 时 45 分跌破 15 分钟的 10 个单位的均线（本例选用 15 分钟的 10 个单位均线），说明 10 个 15 分钟单位时间内买入该股的投资者平均成本已经产生亏损，股价短线支撑不复存在，会继续调整寻求支撑位置。

（2）本着长周期线买，短周期线卖的操盘原则，一旦股价跌破短周期线，即 15 分钟的 10 个单位均线或者说股价跌破当值最接近的均价线后，就应该卖出筹码，保证赢利最大化。

2. 跌破攻击线

案例一：凤凰光学（600071），如图 8－13。

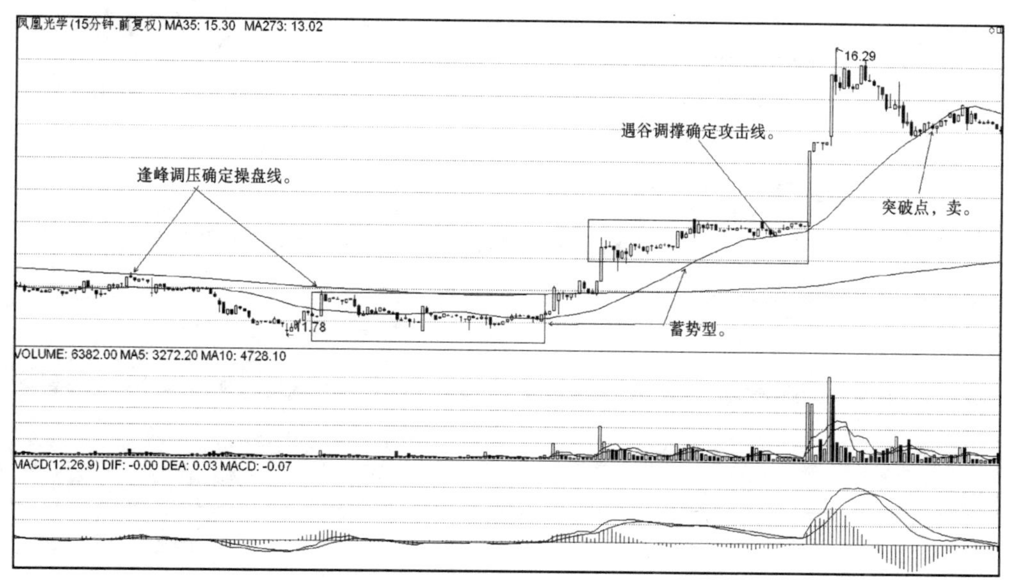

图 8－13

战法步骤：

（1）该股在展开主升浪的过程中，在 2015 年 1 月 26 日 11 时，股价跌破攻击线（本例选用 15 分钟的 34 个单位的均线），说明 34 个单位时间内买入该股的投资者平均成本已经产生亏损，股价短线支撑不复存在，会继续调整寻求支撑位置。

（2）本着长周期线买，短周期线卖的操盘原则，一旦股价跌破短周期线，即 15 分钟的 34 个单位均线或者说股价跌破当值最接近的均价线后，就应该卖出筹码，保证赢利最大化。

案例二：宁波韵升（600366），如图 8－14。

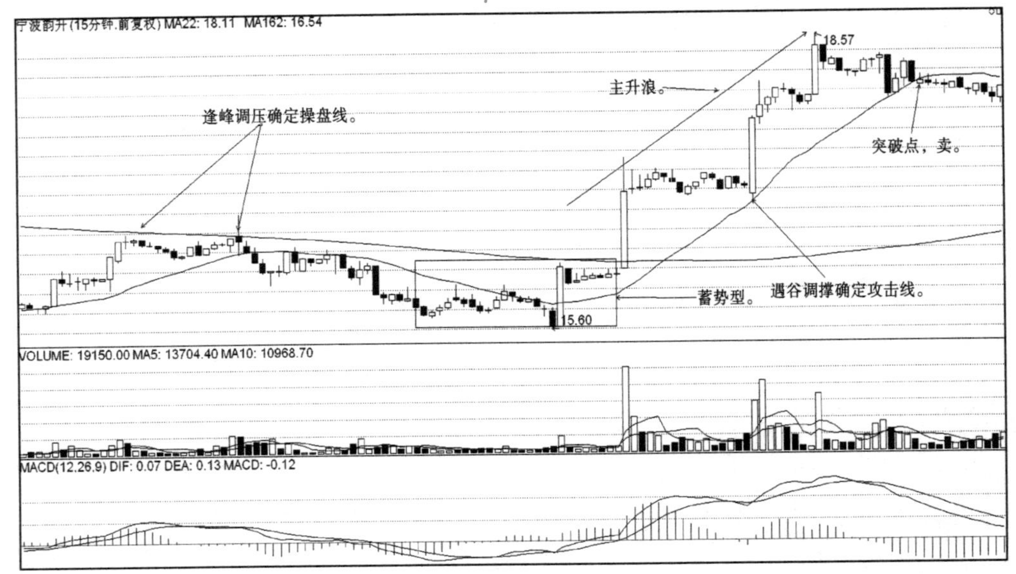

图 8－14

战法步骤：

（1）该股在展开主升浪的过程中，股价于 2015 年 1 月 14 日 13 时，跌破 15 分钟的攻击线（本例选用 15 分钟 22 个单位的均线），说明 22 个单位时间内买入该股的投资者平均成本已经产生亏损，股价短线支撑不复存在，会继续调整寻求支撑位置。

（2）本着长周期线买，短周期线卖的操盘原则，一旦股价跌破短周期线，即 15 分钟的 22 个单位均线或者说股价跌破当值最接近的均价线后，就应该卖出筹码，保证赢利最大化。

3. 跌破操盘线

案例一：鑫科材料（600255），如图8—15。

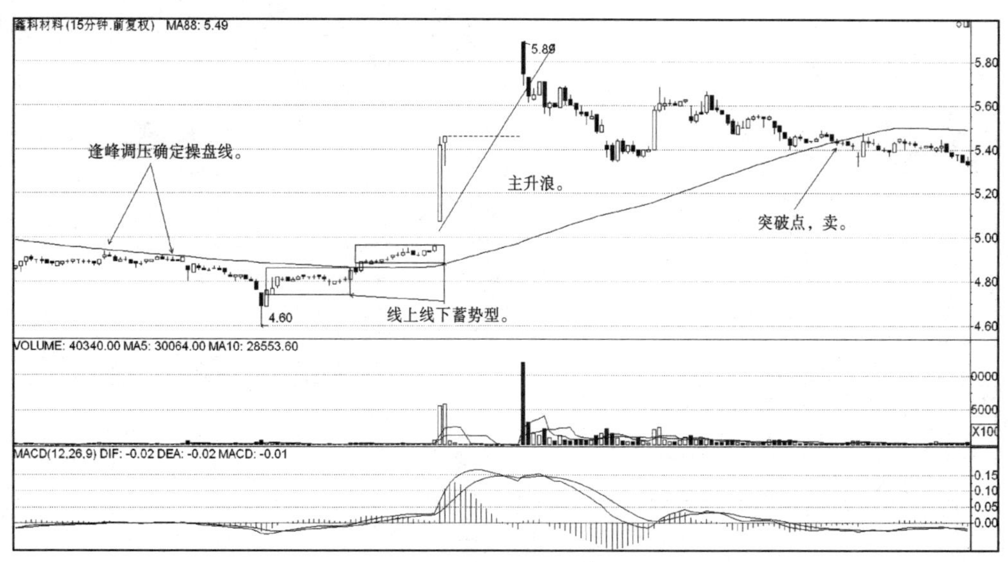

图8—15

战法步骤：

（1）该股在展开主升浪的过程中，股价于2015年2月5日，跌破15分钟的88均线（本例选用15分钟的88个单位的均线），说明88单位时间内买入该股的投资者平均成本已经产生亏损，股价短线支撑不复存在，会继续调整寻求支撑位置。

（2）本着长周期线买，短周期线卖的操盘原则，一旦股价跌破短周期线，即15分钟的88个单位均线或者说股价跌破当值最接近的均价线后，就应该卖出筹码，保证赢利最大化。

案例二：中铁二局（600528），如图 8—16。

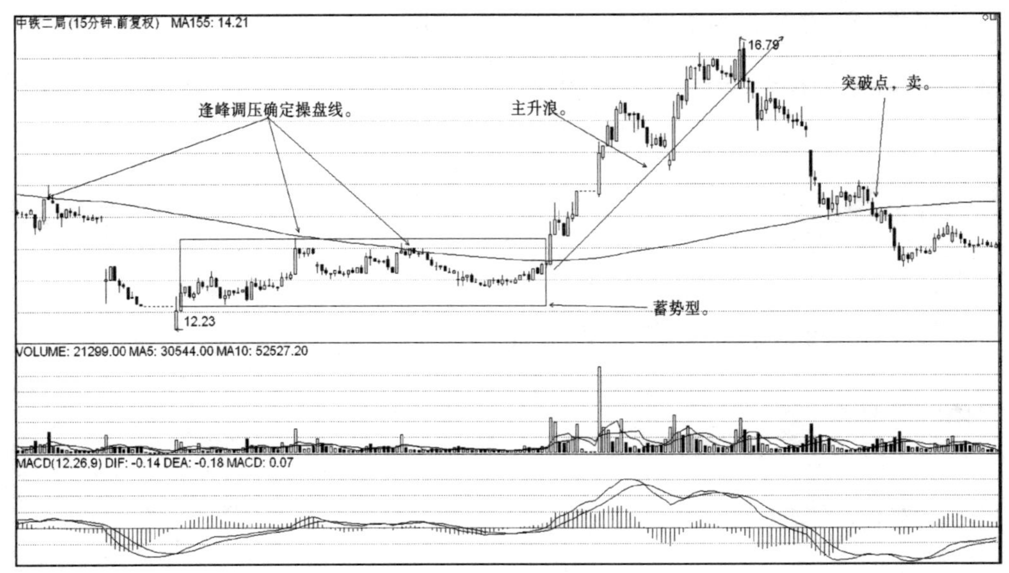

图 8—16

战法步骤：

（1）该股在展开主升浪的过程中，2015 年 2 月 2 日 14 时 45 分，股价跌破 15 分钟的 155 均线（本例选用 15 分钟 155 个单位的均线），说明 155 单位时间内买入该股的投资者平均成本已经产生亏损，股价短线支撑不复存在，会继续调整寻求支撑位置。

（2）本着长周期线买，短周期线卖的操盘原则，一旦股价跌破短周期线，即 15 分钟的 155 个单位均线或者说股价跌破当值最接近的均价线后，就应该卖出筹码，保证赢利最大化。

第五节　超短线交易

《孙子兵法·始计篇》云："势者，因利而制权也。"意指根据实际情况，趋利避害，机动灵活顺应形势的改变。顺势而为大家都知道，却又不是人人都可做到。在股票市场能顺势而为的投资者，必定是那些理论与实战经验丰富的人，他们凭借多年实战经验，灵活采取适合自己的交易系统，绝不是以不变应万变，而是因地制宜，以变治变。

一、超短线交易的介绍与操作

美国人奥利弗·瓦莱士和格雷格·卡普拉合著的《短线交易大师》一书中有几句话：作为活跃的市场参与者，我们的全部生命都将永远花费在以后的2到10天上。换句话说，我们通过把市场分成很容易了解的2天到2周的周期来向前看。如果我们对了，我们就会挣到很多钱。如果我们错了，我们有时候会做错，我们可以迅速重新来过，继续向前。总会有下一个2到10天的周期里我们会是对的。即使我们2到10天的预测是错的话，我们至少不会浪费8到12个月的交易生命。在我们看来那将是一种罪：一种在现在这个快速变化的世界里无法抵赎的罪。为什么要冒这个风险呢？不要浪费太多的精力向后看。带着一种向前看2天到2周的观点接近市场。作为交易者，我们不能交易过去，并且我们也不能获得精确的看到很远未来的能力。然而我们把这个时间周期称为"这儿和现在"。这就是交易者将会找到我们所追求的舒适、成功和高度精确性的地方。

传统交易技术关注的是水面上的波涛汹涌，超短线交易关注的则是水面下的丝丝涟漪。高频交易利用的交易机会可能不为交易员所察觉，或者容易

被交易员所忽视，但正是市场中这些看起来微不足道的交易机会构成了高频交易的核心。积土成山，风雨兴焉是高频交易的秘诀所在。威廉指标的创始人，当今美国著名的期货交易员、资产管理经理、畅销书《短线交易秘诀》作者……投资大师拉瑞·威廉姆斯被冠以许多光环，而最令他满意的还是“超短线之父”这一称谓。从事期货和商品交易达47年的拉瑞·威廉姆斯在1987年参加了罗宾斯世界交易锦标赛，在1年内将1万美元做到了113万美元，这一纪录至今无人能破。

超短线交易持仓时间短，不留过夜头寸，快速进出市场，每天交易几十次至数千次，广泛应用于T+0交割的资本市场，如外汇，欧美日股市及国债、期权、期货交易市场。它的理念是统计胜率与负率，无限累积优点可稳定获利。在中国的A股市场超短线交易也可理解为分钟均线战法，即在证券市场上，当日买入筹码次日卖出筹码，或利用已有筹码在盘中做T+0，持股时间以分钟来计算。

1. 超短线操作需要具备的条件

(1) 超短线高手就如特种部队的狙击手，属于万里挑一的稀缺人才，要具备耐心、冷静、果断、大胆、反应快的心理素质，必须经过千锤百炼的实战。这就要求操作者具有丰富的实战经验、看盘技术功底深厚，非三五年持续的科学磨炼，别轻言已成为超短线高手。

(2) 对大盘和目标股票短期走势的分析预测具有较高的准确判断，这是前提。

(3) 对市场热点、板块轮动具有敏锐的洞察力，行情、个股快速波动时能第一时间追进。

(4) 具备耐心、冷静、果断、大胆、反应快的心理素质。

(5) 对股价的行进结构熟悉，对操作进出点位的精细化把握有相当高的水准。

（6）执行操作纪律要有壮士断臂的果断、勇敢和决心，风险控制能力很强。

（7）必须经常空仓或者控制仓位等待机会的来临，操作进出迅猛，达到一出手就赢的境界。

（8）不论盈亏，心态平和、稳定，做到胜不骄，败不馁。

2. 超短线操作适合什么时候展开

（1）大盘邻近阶段性头部或者处于宽幅震荡、横向调整。

（2）大盘处于熊市或明显的下降通道之中。

（3）热点不能持续，板块轮动较快的时段。

（4）目标股票处于高速行进之中。

（5）目标股票所在位置较高，或目标股票处于第3浪、第5浪中段或尾段，或者处于B浪反弹之中。

3. 超短线操作的优点

（1）追逐股价的趋势，集中选股，重仓参与，能够最大限度提高资金利用率。

（2）及时追逐热点、转战于强势股票之中，从中获取最大的收益。持仓时间短，可回避一些无法预测的风险。

（3）不参与股价短期调整，锁定风险，能兼顾资金在赢利性、安全性和流动性三者之间达到和谐与统一。

（4）超短线高手能够做到赢的次数远大于输的次数，小亏大赚，积少成多，最终积小利而成大赢家。

4. 超短线操作的缺陷

超短线操作说起来容易，做起来很难，尤其是要出击迅速，脱手干脆利落，做到知行合一难，因此，其实战制约也相当明显：

（1）贪心、优柔寡断之人不适合经常进行超短线操作。操作者需持续专心盯盘，综合素质要求高。

（2）资金运用方面不太适合大资金操作，只适合较小的资金参与。

（3）不适合看盘时间少的上班族人群，因为超短线更多的是在盘中股价快速波动之时及时作出决定，如果没有充足的看盘时间，一旦贻误，将承受较大的套牢风险。

（4）由于操作周期很短，容易跌落原本骑上的大黑马，因此，心态控制非常关键，不能因此而后悔，影响了正常的操作心态。

（5）超短线操作绝对不是随意追涨，应尽量避免出现当日被深套的局面。

二、高频交易的介绍

先来看看高频交易。高频交易如风暴般席卷了华尔街，究其原因，无非是其“先发制人”的巨大赢利能力。早期有来自文艺复兴技术公司的西蒙斯，通过高频交易在2008年斩获25亿美元的利润，成为当年收益最高的基金经理。再来看看摩根大通投资银行部门的战绩：运用高频交易使其交易亏损日由2011年的31天下降到2012年的7天，至2013年，交易亏损日为零，令市场人士刮目相看。2014年3月，全球顶尖高频交易策略公司Virtu更在招股书中宣称：过去4年所有交易日中，只有1天出现亏损。神一般的交易战绩让其竞争对手大跌眼镜。天下武功，唯快不破。当武功的速度达到极致之时，往往不需要复杂的招式，只是简单的一招“先人一步”就可以克敌。

期货市场的高频交易是利用计算机从极为短暂的市场变化中寻求获利的程序化交易方式，速度是最重要的条件。这种交易速度之快，往往到毫秒甚至微秒级，是人难以企及的。交易者对期货公司的交易速度提出越来越高的要求，大量期货公司也以自身的所谓速度优势来吸引客户。在期货公司的宣传引导下，人工炒手也要求期货公司提供更快的交易通道，期望通过专线，甚至更靠近机房的方式来提升速度。譬如想将交易地点到机房之间的网络延时从3微秒降低到1微秒。但对市场上绝大多数交易者，无论是人工还是程序化，这都是无意义的。据统计，通过互联网线路，到上期所机房的网络延时情况是这样的：上海5微秒，广州30微秒，北京30微秒，海口45微秒，西安40微秒，成都35微秒。结合人工反应时间及其波动性可以看出，不管是多快的手工炒手，不管他是坐在上海靠近机房的位置，还是坐在中国其他城市，网络延时都不会影响其快速交易。网络延时上的差异，相比人自身的波动性带来的速度影响，几乎可以忽略不计。弱肉强食的金融生态链上，狙击手永远在暗处潜伏待命，埋兵布阵设下无数圈套，猎物一出现即闪电搏杀，整个过程快、狠、准。他们就是高频交易者——创造了很多“麻雀变凤凰”的财富神话，也制造出不少“乌龙指”“胖手指”这样的麻烦。市场的参与者已经越来越多地关注到了高频交易的扩张，也逐渐使用各种量化和高频工具。高频交易者对速度的追求已经达到一种狂热状态，个别基金甚至已达纳秒级别。

随着信息技术的迅猛发展，越来越多的程序化交易获得应用，高频交易能在短时间内生成、修改与取消大量的买入卖出。鉴于高频交易的高速度与复杂程度，与其相关的高风险也如影随形。2010年5月6日，计算机程序错误发出的交易信号导致美股市场出现异常，道指日内大跌1000点，近1万亿美元市值蒸发，之后又大幅回升。这一事件堪称华尔街历史上波动最为剧烈的20分钟。SEC和CFTC将此事故的罪责归咎于高频交易公司。

从当今国际金融市场对于高频交易的监管来看，德国被公认为处于领先地位。2013年5月15日，德国新《高频交易法》生效，标志着程序化、高频交易正式被列入了监管范围。新法规的核心内容就是提出了高频交易的资质与组织结构的义务，用来控制风险。新法规要求采用程序化交易技术的金融机构在使用自主交易金融工具的时候，首先须获得高频交易的资质，因为高频交易对自有资本规模有较高要求。另外，对于组织结构方面的义务，要求相关的股票交易公司、资本投资公司以及自行管理的投资公司确保其交易系统能承受住压力、具备足够的容量以及不被用作操纵市场的工具。

三、高手过招

周星驰的电影《功夫》中有这样一个镜头：所有斧头帮的人都掏出快枪利斧头，对准了火云邪神，火云邪神淡然一笑，把枪对准自己脑门，开了一枪。慢镜头显示，子弹即将击中他的头部时，突然被他的手指牢牢夹住。所有人都惊呆了。火云邪神霸气十足地说：天下武功，无坚不破，唯快不破。

新闻媒体上曾经报道过的六位炒股冠军，有个共同的特点，那就是他们都是使用了超短线这种风格。李旭东说“在我手中，一只股票很少能拿 3 天，权证几乎不过夜，但交易的成功率在 90%左右”。“翻倍黑马”是“每一次交易只赚取三五个百分点，每只股票持有时间一般都是 1 天，最长的不超过 5 天”。“乐者为王”是“研究涨停行为比较多，利用短炒情绪来做股票，低点买入，逢高卖出。”“80 后”的“股色股香”的投资风格是选择热点股强势股，受市场关注度大的股票，周期一般在 1 到 5 天。投资顾问大赛冠军唐小晖说自己融合了巴菲特、徐翔、刘彦斌的成功经验，每次短线出击以“一定不让本金亏损”为目标。同为“80 后”的苏佩雄大部分的交易是 T+1 操作，平均持股时间为一两天。

为什么这些冠军都是超短线作手？为什么超短线作手能轻松超越中长线作手成为冠军？其实我们从这六位冠军的操作中就能窥探一二。在短时间内要想赚取远超市场的利润，只有超短线能做到。从六位冠军的操作来看，四大原因让他们轻松摘取冠军宝座。

一是超短线下的资金周转率。以10万本金为例，20个交易日的一次中线交易，相同交易日内，可以最多实现19次T+1完整买卖交易，资金能周转19次。所以与中长线相比，超短线能大大增加资金的使用效率，相应的能把握的机会更多。

二是超短线下的资金复利效应。能让资金像滚雪球一样不断壮大的关键是资金的复利效应。我们不妨假设这些高手一天只能赚一个点，一年250个交易日复利就是12倍。现在读者大概可以明白为什么“中原股神”李旭东在15个月的时间内能获取100倍的收益了。

三是超短线下的胜率和盈亏特性。分析六位冠军的操作会发现他们的所有买卖有两个特点：(1) 赢利次数要远大于亏损次数，胜率都在70%以上，李旭东成功率甚至在90%左右；(2) 每次赢利获取的收益少则一两个点，多则有超过10个点，而每次失败的交易亏损一般都在3个点以内，亏损一两个点是比较常见的。这两个特点是每一个成功的短线作手的交易所必备的。也就是说只有“高胜率，大赚小亏”才能保证快速连续稳定的获利。

四是超短线下的纪律观。六位冠军为何总能做到及时止盈止损，从而不让赢利得而复失，不让亏损继续扩大。因为他们都具有一个成功的超短线股票作手所必不可少的能力——执行纪律。没有纪律，就会被人性的贪婪、恐慌、后悔和计较所绑架，造成犹豫不决，也就无法保障胜率，更不会创造出神奇的复利效应。纪律表现最突出的地方就是止损，而看一个短线客是不是高手，不是看他赢利有多厉害而要去看他止损的境界到底有多高。

“合抱之木起于毫末，九层之台始于累土，较高的成功率是最终赢利的基础，采用蚂蚁战法积小胜为大胜，将无数只小黑马组成大黑马。”这句李旭东的经典原话我想能形象贴切地说明一切。股民要想实现一年数倍的赢利，只有超短线才可以。不过要想做好超短线，要想成为冠军，并非那么容易，也非一朝一夕之事，这需要持之以恒地学习、训练、反思、领悟和总结，直到练就过硬的本领，并且经过实战的验证。宝剑锋从磨砺出，梅花香自苦寒来，一分耕耘才有一分收获，要想成功的股民们，开始好好学习和练习吧！

弱肉强食的金融生态链上，狙击手永远在暗处潜伏待命，埋兵布阵设下无数圈套，猎物一出现即闪电搏杀，整个过程快、狠、准。他们就是高频交易者——创造了很多“麻雀变凤凰”的财富神话，也制造出不少“乌龙指”“胖手指”这样的麻烦。市场的参与者已经越来越多地关注到超短线的扩张，也逐渐使用各种量化和高频工具。超短线交易者对速度的追求已经达到一种狂热状态，个别基金甚至已达纳秒级别。市场的缝隙就那么多，谁的速度快谁就能获得更大的收益。国际上最顶尖的高频交易的团队，都是直接硬件编码，响应速度以微妙计算，而国内目前最快的交易柜台平台，差不多是毫秒级别，但依然与国际先进水平有不小的差距，相信随着未来 IT 技术的升级，交易系统的提速肯定是一个必然的趋势。如今，众多投资者、投资机构和为之服务的期货公司创新发展的核心都是围绕着交易和系统的高速、稳定、安全展开。设备配置、网络环境到交易软件、交易策略、交易技巧的竞争，越来越聚焦到一个“快”字。

如果说市场交易是投资者之间一场看不见硝烟的战争，“唯快不破”则是资本市场中交易中的最高境界。

第一节　100万到277万增值之路

资本市场能说能吹的人太多太多了，有的人理论一套一套的，实盘操作却一塌糊涂。交割单最能说明问题。受读者与网友的启发，笔者决定在2014年1月1日起启用100万资金进行实盘操作，并将每段时期的交割单截图保存，一是为了勉励自己，二是为了说明一线操盘技术的可操作性。

一、2014年1月截图

1. 1月3日截图：

股票　基金　理财　服务
买入
卖出
对买对卖
撤单
查询
资金股份
账户分析
持仓诊断
当日委托
当日成交
成交汇总
历史委托

买入　卖出　成交　持仓　刷新　安全信息　诊断

人民币：余额:329378.00　可用:329378.00　参考市值:766890.00　资产:1096268.00　盈亏:38767.00
港　币：余额:0.00　可用:0.00　参考市值:0.00　资产:0.00　盈亏:0.00
美　元：余额:0.000　可用:0.000　参考市值:0.000　资产:0.000　盈亏:0.000

证券代码	证券名称	证券数量	可卖数量	成本价	当前价	证券市值	浮动盈亏	盈亏比例(%)
600339	天利高新	38800	38800	4.250	4.320	167616.000	2716.000	1.647
002010	传化股份	59100	59100	9.530	10.140	599274.000	36051.000	6.401

起始日：2014 年 1 月 1 日

起始资金：100 万

报告日：2014 年 1 月 3 日

报告日上证指数：2083.14

收益目标：一年时间完成 100％的收益，使总资金达到 200 万元

当前赢利：96268 元

赢利幅度：9.63％

1 月 3 日操盘回顾：

（1）主动止赢卖出东阳光铝。

（2）继续持有传化股份。

2. 1 月 10 日截图：

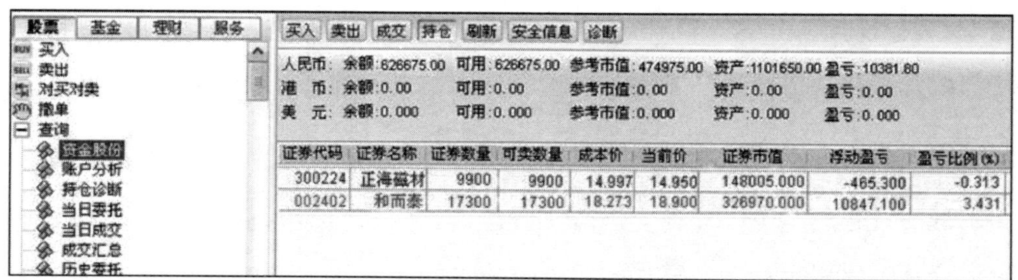

证券代码	证券名称	证券数量	可卖数量	成本价	当前价	证券市值	浮动盈亏	盈亏比例(%)
300224	正海磁材	9900	9900	14.997	14.950	148005.000	-465.300	-0.313
002402	和而泰	17300	17300	18.273	18.900	326970.000	10847.100	3.431

起始日：2014 年 1 月 1 日

起始资金：100 万

报告日：2014 年 1 月 10 日

报告日上证指数：2013.30

收益目标：一年时间完成 100％的收益，使总资金达到 200 万元

当前赢利：101650.00 元

赢利幅度：10.17％

1 月 11 日操盘回顾：

（1）天利高新跌破山谷线（177 日均线），亏损 3%止损出局。

（2）传化股份价格已到上轨线处，于 10.13 元止赢出局。

3. 1 月 17 日截图：

股票 基金 理财 服务
买入
卖出
对买对卖
撤单
查询
资金股份
账户分析
持仓诊断
当日委托
当日成交
成交汇总
历史委托

买入 卖出 成交 持仓 刷新 安全信息 诊断

人民币：余额:326930.00 可用:326930.00 参考市值:836721.00 资产:1163651.00 盈亏:12061.90
港 币：余额:0.00 可用:0.00 参考市值:0.00 资产:0.00 盈亏:0.00
美 元：余额:0.000 可用:0.000 参考市值:0.000 资产:0.000 盈亏:0.000

证券代码	证券名称	证券数量	可卖数量	成本价	当前价	证券市值	浮动盈亏	盈亏比例(%)
000819	岳阳兴长	13000	13000	19.683	20.100	261300.000	5421.000	2.119
002684	猛狮科技	37100	37100	15.331	15.510	575421.000	6640.900	1.168

起始日：2014 年 1 月 1 日

起始资金：100 万

报告日：2014 年 1 月 17 日

报告日上证指数：2004.95

收益目标：一年时间完成 100%的收益，使总资金达到 200 万元

当前赢利：163651.00 元

赢利幅度：16.37%

1 月 17 日操盘回顾：

（1）和而泰持有七个交易日后，成交量放出历史天量，获利 17%止赢出局。

（2）正海磁材在中心线上上涨反抽到重要山峰线，次日赢 5%止赢出局。

二、2014年2月21日截图

股票 基金 理财 服务
买入
卖出
对买对卖
撤单
查询
资金股份
账户分析
持仓诊断
当日委托
当日成交
成交汇总
历史委托

买入 卖出 成交 持仓 刷新 安全信息 诊断

人民币：余额:797.00 可用:797.00 参考市值:1438050.00 资产:1438847.00 盈亏:19269.00
港 币：余额:0.00 可用:0.00 参考市值:0.00 资产:0.00 盈亏:0.00
美 元：余额:0.000 可用:0.000 参考市值:0.000 资产:0.000 盈亏:0.000

证券代码	证券名称	证券数量	可卖数量	成本价	当前价	证券市值	浮动盈亏	盈亏比例(%)
601118	海南橡胶	98700	98700	8.270	8.300	819210.000	2961.000	0.363
300064	豫金刚石	108000	108000	5.579	5.730	618840.000	16308.000	2.707

起始日：2014年1月1日

起始资金：100万

报告日：2014年2月21日

报告日上证指数：2113.69

收益目标：一年时间完成100%的收益，使总资金达到200万元

当前赢利：438847.00元

赢利幅度：43.89%

2月操盘回顾：

本月主要利用一线操盘技术选择股价突破中心线的股票，买点都选择在突破点上，卖点选择在下破5日线位置或者主动止赢。如华贸物流、通裕重工、津滨发展、航天通信、中化国际等。

三、2014年3月14日截图

股票 基金 理财 服务
买入
卖出
对买对卖
撤单
查询
资金股份
账户分析
持仓诊断
当日委托
当日成交
成交汇总
历史委托

买入 卖出 成交 持仓 刷新 安全信息 诊断

人民币：余额:1171445.10 可用:1171445.10 参考市值:262350.00 资产:1433795.10 盈亏:875.00
港 币：余额:0.00 可用:0.00 参考市值:0.00 资产:0.00 盈亏:0.00
美 元：余额:0.000 可用:0.000 参考市值:0.000 资产:0.000 盈亏:0.000

证券代码	证券名称	证券数量	可卖数量	成本价	当前价	证券市值	浮动盈亏	盈亏比例(%)
000729	燕京啤酒	20000	20000	6.811	6.780	135600.000	-620.000	-0.457
600432	吉恩镍业	13000	13000	9.635	9.750	126750.000	1495.000	1.179

起始日：2014 年 1 月 1 日

起始资金：100 万

报告日：2014 年 3 月 14 日

报告日上证指数：2004.34

收益目标：一年时间完成 100％的收益，使总资金达到 200 万元

当前赢利：433795.10 元

赢利幅度：43.38％

3 月操盘回顾：

该账户在春节前后两周选取的标的股票进入赢利高峰期。当 2 月 24 日上证指数跌破中心线（27 日均线）后，笔者大多数时间都在空仓等待机会，偶尔会动用 20％左右的仓位，运用一线操盘技术寻找个股的五大买点进行操作，采取快进快出的策略，增加赢利。

四、2014 年 4 月 11 日截图

股票 基金 理财 服务
买入
卖出
对买对卖
撤单
查询
资金股份
账户分析
持仓诊断
当日委托
当日成交
成交汇总
历史委托

买入 卖出 成交 持仓 刷新 安全信息 诊断

人民币：余额:1188839.00 可用:1188839.00 参考市值:262000.00 资产:1450839.00 盈亏:2800.00
港 币：余额:0.00 可用:0.00 参考市值:0.00 资产:0.00 盈亏:0.00
美 元：余额:0.000 可用:0.000 参考市值:0.000 资产:0.000 盈亏:0.000

证券代码	证券名称	证券数量	可卖数量	成本价	当前价	证券市值	浮动盈亏	盈亏比例(%)
000897	津滨发展	20000	20000	5.590	5.710	114200.000	2400.000	2.147
000878	云南铜业	20000	20000	7.370	7.390	147800.000	400.000	0.271

起始日：2014 年 1 月 1 日

起始资金：100 万

报告日：2014 年 4 月 11 日

报告日上证指数：2130.54

收益目标：一年时间完成 100％的收益，使总资金达到 200 万元

当前赢利：450839.00 元

赢利幅度：45.08％

4 月操盘回顾：

自 3 月中旬“两会”结束后至报告日都是空仓或小仓位居多，所以账户赢利幅度还是“两会”前水平。我们只选择相对确定性的行情以及趋势形成之后的中级与大级别的行情。

五、2014 年 5 月 30 日截图

股票 基金 理财 服务
买入
卖出
对买对卖
撤单
查询
资金股份
账户分析
持仓诊断
当日委托
当日成交
成交汇总
历史委托

买入 卖出 成交 持仓 刷新 安全信息 诊断

人民币：余额:60098.70 可用:60098.70 参考市值:1514590.00 资产:1574688.70 盈亏:74250.00
港 币：余额:0.00 可用:0.00 参考市值:0.00 资产:0.00 盈亏:0.00
美 元：余额:0.000 可用:0.000 参考市值:0.000 资产:0.000 盈亏:0.000

证券代码	证券名称	证券数量	可卖数量	成本价	当前价	证券市值	浮动盈亏	盈亏比例(%)
600749	西藏旅游	137000	137000	8.310	8.870	1215190.000	73980.000	6.483
600007	中国国贸	30000	30000	9.971	9.980	299400.000	270.000	0.090

起始日：2014 年 1 月 1 日

起始资金：100 万

报告日：2014 年 5 月 30 日

报告日上证指数：2039.21

收益目标：一年时间完成 100％的收益，使总资金达到 200 万元

当前赢利：574668.70 元

赢利幅度：57.47％

5 月操盘回顾：

自今年 3 月中旬“两会”结束之后至报告日都是轻仓操作，其后，上证指数仍在 2000 点附近，我们至少用五成仓位以重个股轻指数思维进行操作，一个月时间先后操作过阳泉煤业，银座股份，金一文化，华丽家族，本钢板

材等标的股票。

操盘战法：一是短线利用一线操盘系统五大买点中的突破点与回踩点买入；二是选择相对确定性的行情以及趋势形成之后的中级与大级别的行情。

六、2014年7月11日截图

股票 基金 理财 服务
买入
卖出
对买对卖
撤单
查询
资金股份
账户分析
持仓诊断
当日委托
当日成交
成交汇总
历史委托

买入 卖出 成交 持仓 刷新 安全信息 诊断

人民币：余额:560197.00 可用:560197.00 参考市值:1103700.00 资产:1663897.00 盈亏:64416.00
港　币：余额:0.00 可用:0.00 参考市值:0.00 资产:0.00 盈亏:0.00
美　元：余额:0.000 可用:0.000 参考市值:0.000 资产:0.000 盈亏:0.000

证券代码	证券名称	证券数量	可卖数量	成本价	当前价	证券市值	浮动盈亏	盈亏比例(%)
000505	珠江控股	100000	100000	5.570	6.090	609000.000	52000.000	9.336
000806	银河投资	97000	97000	4.972	5.100	494700.000	12416.000	2.574

起始日：2014年1月1日

起始资金：100万

报告日：2014年7月11日

报告日上证指数：2046.96

收益目标：一年时间完成100％的收益，使总资金达到200万元

当前赢利：663897.00元

赢利幅度：66.39％

6月至7月操盘回顾：

在中心线上以及大盘指数跌破2000点时，在资金运作上建立80％以上仓位，两个月时间先后操作过陕西金叶、吉林森工、福建水泥、成飞集成、本钢板材等。

操盘战法：一是波段利用一线操盘系统五大买点中的突破点与回踩点做买入操作；二是做个股相对的确定性行情以及趋势形成之后的中级与大级别的行情；三是捕捉最具有爆发力的题材与热点，追击市场上最强悍的个股，

如成飞集成。

七、2014年8月31日截图

股票 基金 理财 服务

买入
卖出
对买对卖
撤单
查询
资金股份
账户分析
持仓诊断
当日委托
当日成交
成交汇总
历史委托

买入 卖出 成交 持仓 刷新 安全信息 诊断

人民币：余额:844812.20 可用:844812.20 参考市值:930120.00 资产:1774932.20 盈亏:2550.00
港 币：余额:0.00 可用:0.00 参考市值:0.00 资产:0.00 盈亏:0.00
美 元：余额:0.000 可用:0.000 参考市值:0.000 资产:0.000 盈亏:0.000

证券代码	证券名称	证券数量	可卖数量	成本价	当前价	证券市值	浮动盈亏	盈亏比例(%)
002068	黑猫股份	33000	33000	6.090	6.040	199320.000	-1650.000	-0.830
002600	江粉磁材	60000	60000	12.110	12.180	730800.000	4200.000	0.581

起始日：2014年1月1日

起始资金：100万

报告日：2014年8月29日

报告日上证指数：2217.20

收益目标：一年时间完成100%的收益，使总资金达到200万元

当前赢利：774932.20元

赢利幅度：77.49%

8月操盘回顾：

大盘突破强压力山峰线（279日均线）后，部分个股进入主升浪。本示范账户由于春节后赢利幅度较大，为保住赢利果实，此波主升浪操作偏重稳健。一个月时间先后操作过深天马A、国投新集、绵世股份、永泰能源、成飞集成、金种子酒等等。

操盘战法：一是波段操作，采取从哪根线进从哪根线出的原则，利用一线操盘系统五大买点中的突破点与回踩点做买入操作；二是在个股出现相对的确定性行情形成后，看长做短；三是积极捕捉最具有爆发力题材与热点，追击市场上最强悍的个股，如深天马A。

八、2014年9月30日截图

股票 基金 理财 服务
买入
卖出
对买对卖
撤单
查询
资金股份
账户分析
持仓诊断
当日委托
当日成交
成交汇总
历史委托

买入 卖出 成交 持仓 刷新 安全信息 诊断

人民币：余额:1057050.00 可用:1057050.00 参考市值:1178320.00 资产:2235370.00 盈亏:3573.00
港 币：余额:0.00 可用:0.00 参考市值:0.00 资产:0.00 盈亏:0.00
美 元：余额:0.000 可用:0.000 参考市值:0.000 资产:0.000 盈亏:0.000

证券代码	证券名称	证券数量	可卖数量	成本价	当前价	证券市值	浮动盈亏	盈亏比例(%)
600133	东湖高新	77000	77000	7.211	7.160	551320.000	-3927.000	-0.711
601718	际华集团	150000	150000	4.130	4.180	627000.000	7500.000	1.190

起始日：2014年1月1日

起始资金：100万

报告日：2014年9月30日

报告日上证指数：2363.87

收益目标：一年时间完成100%的收益，使总资金达到200万元

当前赢利：1235370元

赢利幅度：123%

9月操盘回顾：

上证大盘指数突破重要山峰线（279日均线）后，确立了中长线上涨行情趋势，尤其是9月2日突破左侧水平趋势压力后，改变之前稳健型操盘策略而采取满仓短中线结合的激进操盘策略，在9月取得不俗业绩。一个月时间先后操作过山东地矿、南宁糖业、江粉磁材、宋都股份、安泰集团、南京港、中粮生化、营口港、成飞集成等十余只标的股票。

操盘战法：买点是利用一线操盘系统五大买点中的突破点与回踩点进行操作，如在底部区域或者在上涨初期，股价突破重要山峰线形成突破点，或者在上涨中后期或筑顶阶段当股价回踩重要山谷线形成回踩点；卖点着重采取左侧交易，在有利润前提下，采取主动止赢的策略。

10月，如果指数有效突破211周均线，则可能上攻至2500点，届时可重仓出击。

九、2014年10月31日截图

买入
卖出
对买对卖
撤单
查询
资金股份
账户分析
持仓诊断
当日委托
当日成交

人民币：余额:1421652.03 可用:1421652.03 参考市值:1298100.00 资产:2719752.03 盈亏:18670.00
港　币：余额:0.00 可用:0.00 参考市值:0.00 资产:0.00 盈亏:0.00
美　元：余额:0.000 可用:0.000 参考市值:0.000 资产:0.000 盈亏:0.000

证券代码	证券名称	证券数量	可卖数量	成本价	当前价	证券市值	浮动盈亏	盈亏比例(%)
600671	天目药业	30000	30000	18.031	17.870	536100.000	-4830.000	-0.091
300200	高盟新材	50000	50000	14.770	15.240	762000.000	23500.000	3.190

起始日：2014年1月1日

起始资金：100万

报告日：2014年10月31日

报告日上证指数：2420.18

收益目标：一年时间完成100％的收益

当前赢利：1719752元

赢利幅度：172％

10月操盘回顾：

10月沪指相继跌破攻击线与中心线，战略上采取防守措施，稳健型账户保持20％以下仓位，激进型的账户至少50％以上仓位甚至满仓。一个月时间先后操作过东湖高新、际华集团、漳州发展、金龙汽车、高盟新材、秦川发展、成发科技等标的股票，其中包含符合当期题材热点的强势股。

操盘战法：买点上采用一线操盘系统五大买点中的突破点与回踩点进行操作，如在底部区域或者上涨初期，股价突破重要山峰线形成突破点，或者在上涨中后期或筑顶阶段当股价回踩重要山谷线形成回踩点；卖点注重左侧交易，即在有利润前提下，采取主动止赢的策略。

11月，指数短线有望上攻2500点，主要是场外踏空资金涌入，还有沪港通影响下的外资进入。但是本人坚信，即使短线上涨也是上冲做顶诱多，指数将进入一个半月左右的下跌周期，跌幅至2200点左右，操作上考虑进入防御作战。

十、2014年11月28日截图

股票 基金 理财 服务
买入
卖出
对买对卖
撤单
查询
资金股份
账户分析

买入 卖出 成交 持仓 刷新 安全信息 诊断

	余额	可用	参考市值	资产	盈亏
人民币	872110.01	872110.01	2015000.00	2887110.01	1100.00
港币	0.00	0.00	0.00	0.00	0.00
美元	0.000	0.000	0.000	0.000	0.000

证券代码	证券名称	证券数量	可卖数量	成本价	当前价	证券市值	浮动盈亏	盈亏比例(%)
600327	大东方	100000	100000	8.877	8.730	873000.000	-14700.000	-1.650

起始日：2014年1月1日

起始资金：100万

报告日：2014年11月28日

报告日上证指数：2682.83

收益目标：一年时间完成100%的收益

当前赢利：188.711万元

赢利幅度：189%

11月操盘回顾：

11月沪指相继跌破攻击线与中心线后，非常迅速地转身向上，放量突破两条操盘线，攻克一道道重要的阻力位，成交量越来越大。确切地讲，11月是大盘股的天下，尤其是金融地产券商股的天下，笔者一直以来不喜欢大盘股，而该年在沪港通的刺激下，大盘股终于邂逅了10年难一遇的大行情。11月主要采取防守措施，在突破2383点后，稳健型账户保持70%左右仓位，激进型的账户满仓。由于没有捕捉到自己不喜欢的大盘股，所以11月的收益率基本与10月持平。一个月来先后操作过金发科技、中孚实业、岳阳林纸、上海电力、大东方、天健集团等十多个标的股票。就是没有捕捉到金融股等当前题材热点的强势股，确实是投资上的一大败笔。

操盘战法：买点上采用一线操盘系统五大买点中的突破点与回踩点来操作，如在底部区域或者上涨初期股价突破重要山峰线时的突破点，或者在上涨中后期或筑顶阶段当股价回踩重要山谷线时的回踩点；卖点上多采取左侧交易，即在有利润前提下，采取主动止赢的策略。

12 月，指数越临近 3000 点，震荡分化会越严重，风险加大，操作上应该降低仓位进入防御作战。耐心等待金融股与地产股回调再重仓介入，或者重点捕捉参股银行、期货与券商的个股，如北京城建、吉林敖东、大众交通、中国中期、弘业股份等。

十一、2014 年 12 月 31 日截图

股票 基金 理财 服务
买入
卖出
对买对卖
撤单
查询
资金股份
账户分析
持仓诊断
当日委托
当日成交
成交汇总
历史委托

买入 卖出 成交 持仓 刷新 安全信息 诊断

人民币：余额:1425297.00 可用:1425297.00 参考市值:1353890.00 资产:2779187.00 盈亏:14852.00
港　币：余额:0.00 可用:0.00 参考市值:0.00 资产:0.00 盈亏:0.00
美　元：余额:0.000 可用:0.000 参考市值:0.000 资产:0.000 盈亏:0.000

证券代码	证券名称	证券数量	可卖数量	成本价	当前价	证券市值	浮动盈亏	盈亏比例(%)
601600	中国铝业	77000	77000	6.210	6.250	481250.000	3080.000	0.648
000404	华意压缩	108000	108000	7.971	8.080	872640.000	11772.000	1.341

起始日：2014 年 1 月 1 日

起始资金：100 万

报告日：2014 年 12 月 31 日

报告日上证指数：3234.68

收益目标：一年时间完成 100％的收益

当前赢利：177.9 万元

赢利幅度：177.9％

12月操盘回顾：

11月24日沪指倍量柱突破貌似阶段性高点2508点之后，一路摧城拔寨，高歌猛进，以不断刷新的巨幅成交量连创新高，节前最后一个交易日突破四年来新高。如果说11月仅仅一个月是大盘股的天下尤其是金融地产券商股的天下的话，很多投资者是可以接受的，但是12月继续是大盘股尤其是二线蓝筹如中字头的中国电建、中铁二局、中国中铁接力一线指标股的天下，80％以上的投资者会大跌眼镜，事实上，12月金融证券股不但不收敛，反而变本加厉！其连襟兄弟姐妹——凡是大盘股皆似群魔乱舞，大家从其分时图上如一字型的走势便可窥见一斑。市场素来不喜欢炒作大盘股，因为此类股是10年难起一次大行情。但俗话说：风水轮流转。今年的资本市场在沪港通、融资、产业资本转向等政策利好推动下，大盘股终于邂逅10年难一遇的大行情。12月，本人在突破前高2508点后，仓位加至满仓，但是还是没有踩准热点，虽由防守转为进攻。公司管理的大多数账户也出现了市场上所说的满仓踏空的现象，途中虽然调仓换股至大盘股，但是高位不胜寒的思想一直主导我不敢持有股票，12月操作的账户平均亏损近4％（全年投资收益回撤了一些），不可谓不是我投资上的一大败笔与耻辱。反而这波行情中的新手却能完胜老师傅，操作风格剽悍、敢于追高买进的投资者获利颇丰。

12月先后操作过的十多个标的股票，买点上采用一线操盘系统五大买点中的突破点与回踩点来操作，如在底部区域或者上涨初期，股价突破重要山峰线时的突破点，或者在上涨中后期或筑顶阶段，当股价回踩重要山谷线时的回踩点；卖点上多采取左侧交易，即在有利润前提下，采取主动止赢的策略。

对2015年的操作，我要改变整体作战思维，以创新的思维来看待资本市场，关注巨幅成交量与大阳线，主战场就是大盘股，一雪曾经没有逮住大盘股的耻辱。买点上主要还是一线操盘中的突破点与回踩点，结合政策题材热点筛选与技术面共振的标的股票。

第二节　QQ 群部分实盘交流摘录

以下截图均来源于笔者组建的“一线操盘特训群”或“一线操盘实战群”里笔者与读者、投资者的交流记录：

程中突破重要山峰线的标的股票。或股价在上涨趋势中回踩重要山谷线的标的股票。卖点上可采取左侧交易，赢利5%或跌破5日均线主动止赢。万一买错，破线坚决止损，计算好风险与收益比才可立足资本市场。孙子兵法有云：虚则实之，实则虚之，用在当下的资本市场的操盘策略比较合适。本文已经发表在1月30日《大众证券报》、《金融投资报》、《韶关日报》

以上是历史消息

0:24:55

天下乌鸦一般黑 呵呵 导师 这一篇文章 可谓处处如仙人指路 把昨日的阴霾一扫而空 如诸葛孔明拨云见日 导师只说了短线的操盘模式和应对之措，但不知导师对中线和长线个股有合评价和建议？学生选择两股1，闰土股份 2，禾欣股份 望导师指点一二 闰土

0:52:25

学生入市一个月 等于是被宰 的羔羊和带割的韭菜 入市一月 就重仓买了这2只 其余的都是以小亏小盈出局 不是一时兴起和三天打鱼两天晒网而是每天持之以恒花8个小时以上在啃基础理论利弗莫尔，江恩，埃略特波浪理论，聪明的投资者，费雪，巴菲特，索罗斯，时间的玫瑰，马道明，导师的一线牵牛股与三线骑牛股还有其他书籍与参考工具书我把能 买到的有用的参考书全部买到了不是为了想在股市上赚多少钱只要你的出发点是对的只为了做正确的事而用心和满满的努力去做，那成绩自然会在你把事情做完之后出现在你的面前。如果你做完了而结果不尽人意那只能说明你做的不对和你付出的不够多。让意志力和信念支撑起自己在十年内到我本人40岁时能在金融业上实现小小的财务自由 成为投资行业的大鳄 抱定将士出征不捣黄龙誓不归 宁愿战死沙场马革裹尸而不愿在困难面前苟且偷安。愿导师能抽出点宝贵时间给愚钝的学生点拨一二。学生在此真心感谢导师

1:03:20

复盘复盘在复盘 深入骨髓 无他 唯独勤奋毅力加悟性 才能得到神人与圣人的----超脱与顿悟。SHUIDI

3:56:28

导师，还有一个问题困扰我很久了 在我所有的入场点 我刚开始2到5天都是在盈利但持股到3天以后开始就会把盈利的5到15个点的利润 全部给吐回去 基本都是要亏本止损出场 当初所有的操盘都是凭自己的感觉 就是贪心在作祟 如果现在按照导师的3三操作法 基本都是赢多亏少 但我想表达的 短线和中线的操作如果想要在股市盈利的话 我本人愚见高手中的高手才能盈利法则应该是也只能是准确的----波段操作。也就是老师的三线操盘法以中心线+防守线+攻击线 。遇谷买入，遇 峰卖出。也就是白话低买高卖 中心 线右边的操作要结合中心线左边做为参照物 历史的支撑点位与阻力点位 我个人的感觉就是只要你把庄家看透了 那你就真的可以按着庄家 手里的牌来早早的做好准备 不怕被 庄玩可以说是在玩弄庄 玩字不好听应该改为顺应了庄家与主力的意图与庄家心灵相通心心相印 于庄共舞 但这要本人具备很强很强的基本面与技术面 在庄的 世界里技术指标就是杀人的 --帮凶而K线图的背后就是庄家和主力的意图和鬼点子才是杀人于无形的利器。所以尤其是技术面必须达到骨灰级别的大师中的大师 图形合一 只有做到我既是图图既是我的 图心合一境界才能真正的做到知行合一他人恐惧我自逍遥 最终做到 窥一木而知全林 见一溪而知大海 怎么说呢 白话就是你光着屁股游泳只能骗骗瞎子 和皇帝的新衣没有区别你已经知道了庄家和主力的所有的意图和排兵布阵的位置方法和出兵的战阵 这才是上上层兵法 我这样理解对吗？导师

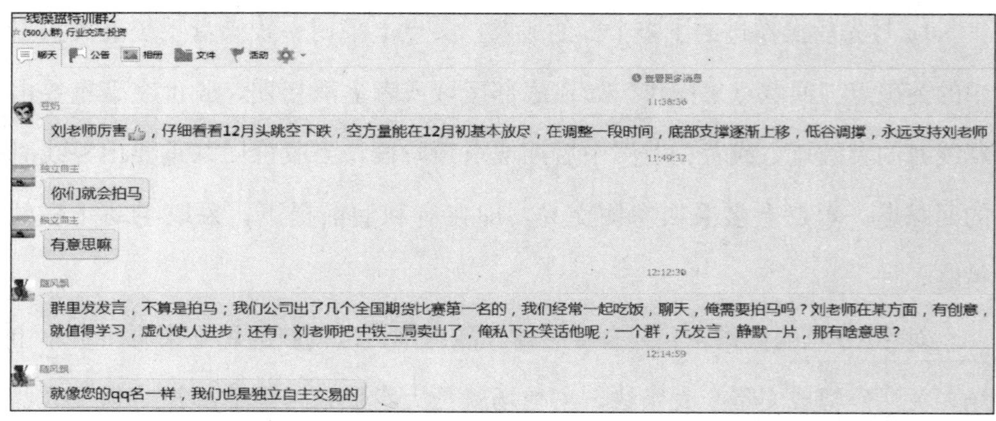
一线操盘特训群2
(500人群) 行业交流-投资
聊天　公告　相册　文件　活动

查看更多消息

11:38:56

刘老师厉害，仔细看看12月头跳空下跌，空方量能在12月初基本放尽，在调整一段时间，底部支撑逐渐上移，低谷调撑，永远支持刘老师

11:49:32

独立自主

你们就会拍马

独立自主

有意思嘛

12:12:39

随风飘

群里发发言，不算是拍马；我们公司出了几个全国期货比赛第一名的，我们经常一起吃饭，聊天，俺需要拍马吗？刘老师在某方面，有创意，就值得学习，虚心使人进步；还有，刘老师把中铁二局卖出了，俺私下还笑话他呢；一个群，无发言，静默一片，那有啥意思？

12:14:59

随风飘

就像您的qq名一样，我们也是独立自主交易的

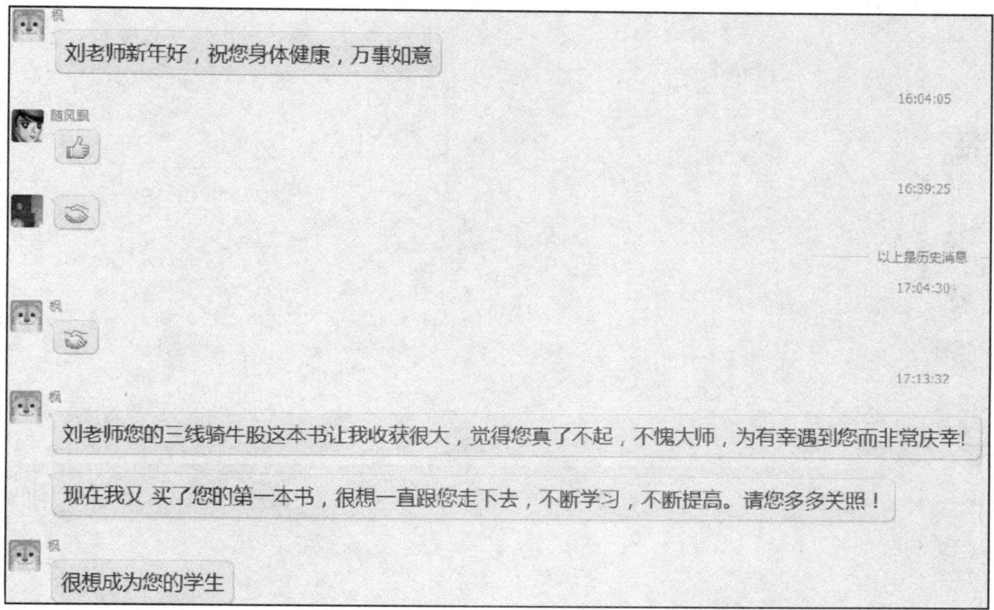
枫
刘老师新年好，祝您身体健康，万事如意
16:04:05
随风飘
16:39:25
以上是历史消息
17:04:30
枫
17:13:32
枫
刘老师您的三线骑牛股这本书让我收获很大，觉得您真了不起，不愧大师，为有幸遇到您而非常庆幸!
现在我又 买了您的第一本书，很想一直跟您走下去，不断学习，不断提高。请您多多关照！
枫
很想成为您的学生

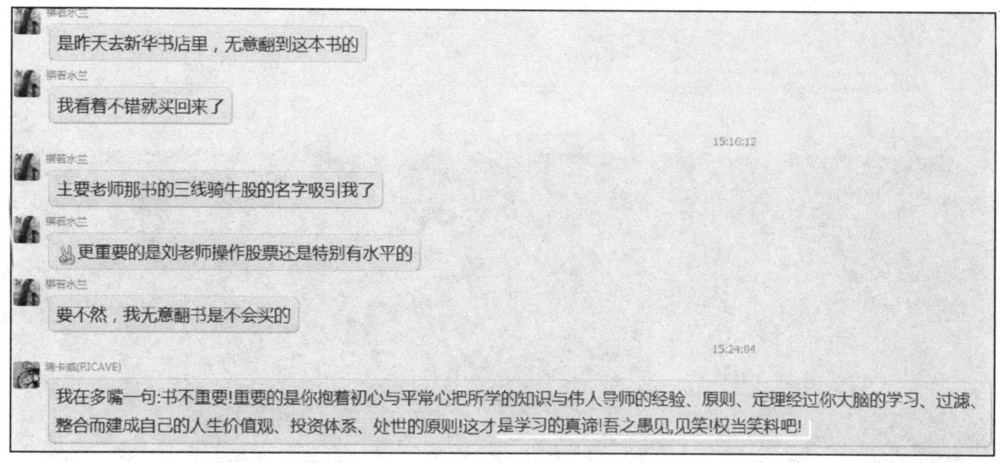
是昨天去新华书店里，无意翻到这本书的
我看着不错就买回来了
15:16:12
主要老师那书的三线骑牛股的名字吸引我了
更重要的是刘老师操作股票还是特别有水平的
要不然，我无意翻书是不会买的
15:24:04
(RICAVE)
我在多嘴一句:书不重要!重要的是你抱着初心与平常心把所学的知识与伟人导师的经验、原则、定理经过你大脑的学习、过滤、整合而建成自己的人生价值观、投资体系、处世的原则!这才是学习的真谛!吾之愚见,见笑!权当笑料吧!

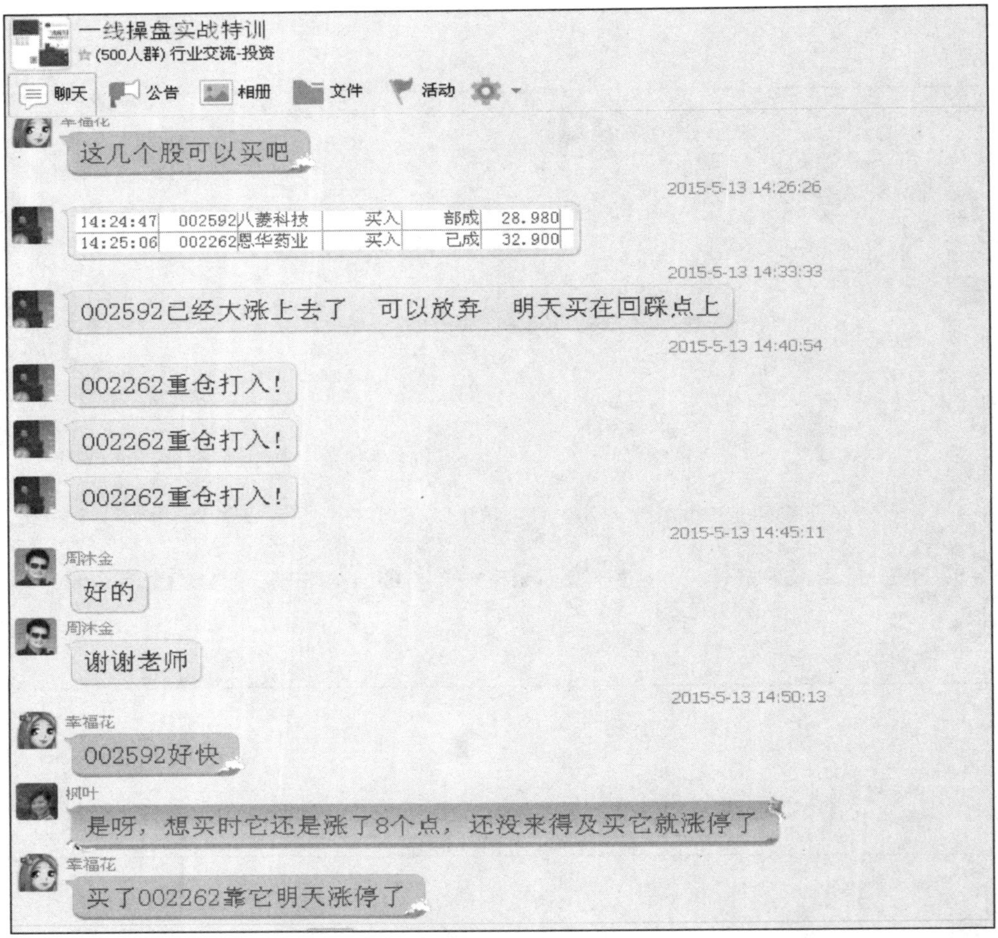

一线操盘实战特训
☆(500人群) 行业交流-投资

聊天 公告 相册 文件 活动

幸福花
这几个股可以买吧

2015-5-13 14:26:26

14:24:47	002592	八菱科技	买入	部成	28.980
14:25:06	002262	恩华药业	买入	已成	32.900

2015-5-13 14:33:33

002592已经大涨上去了　可以放弃　明天买在回踩点上

2015-5-13 14:40:54

002262重仓打入！

002262重仓打入！

002262重仓打入！

2015-5-13 14:45:11

周沐金
好的

周沐金
谢谢老师

2015-5-13 14:50:13

幸福花
002592好快

枫叶
是呀，想买时它还是涨了8个点，还没来得及买它就涨停了

幸福花
买了002262靠它明天涨停了

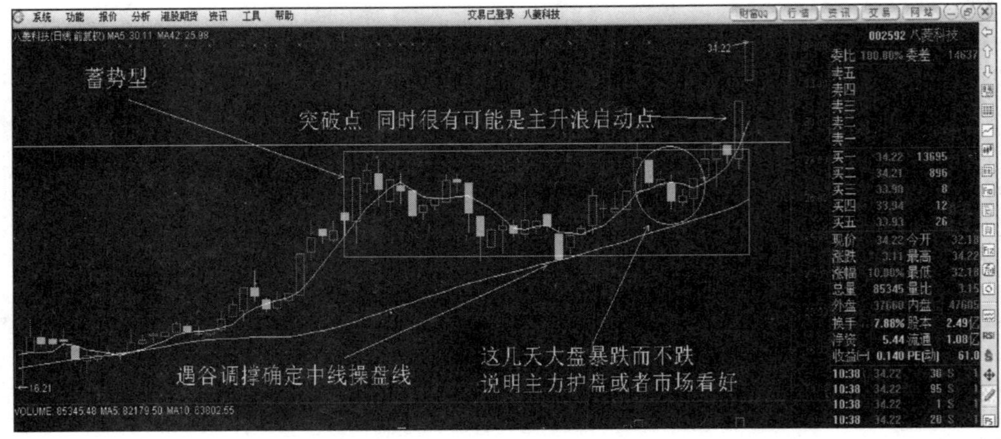

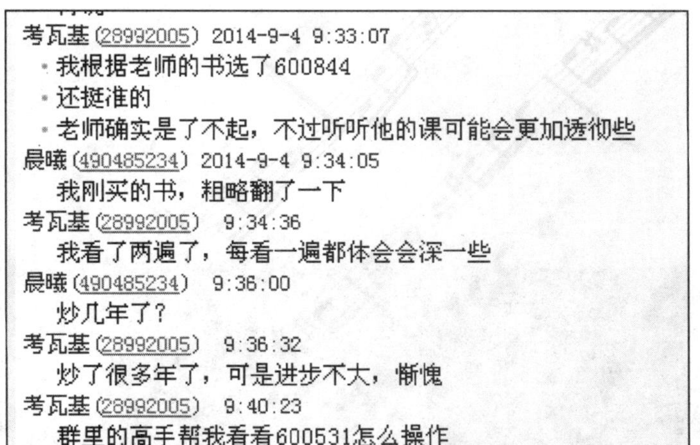
考瓦基(28992005) 2014-9-4 9:33:07
我根据老师的书选了600844
还挺准的
老师确实是了不起，不过听听他的课可能会更加透彻些
晨曦(490485234) 2014-9-4 9:34:05
我刚买的书，粗略翻了一下
考瓦基(28992005) 9:34:36
我看了两遍了，每看一遍都体会会深一些
晨曦(490485234) 9:36:00
炒几年了？
考瓦基(28992005) 9:36:32
炒了很多年了，可是进步不大，惭愧
考瓦基(28992005) 9:40:23
群里的高手帮我看看600531怎么操作

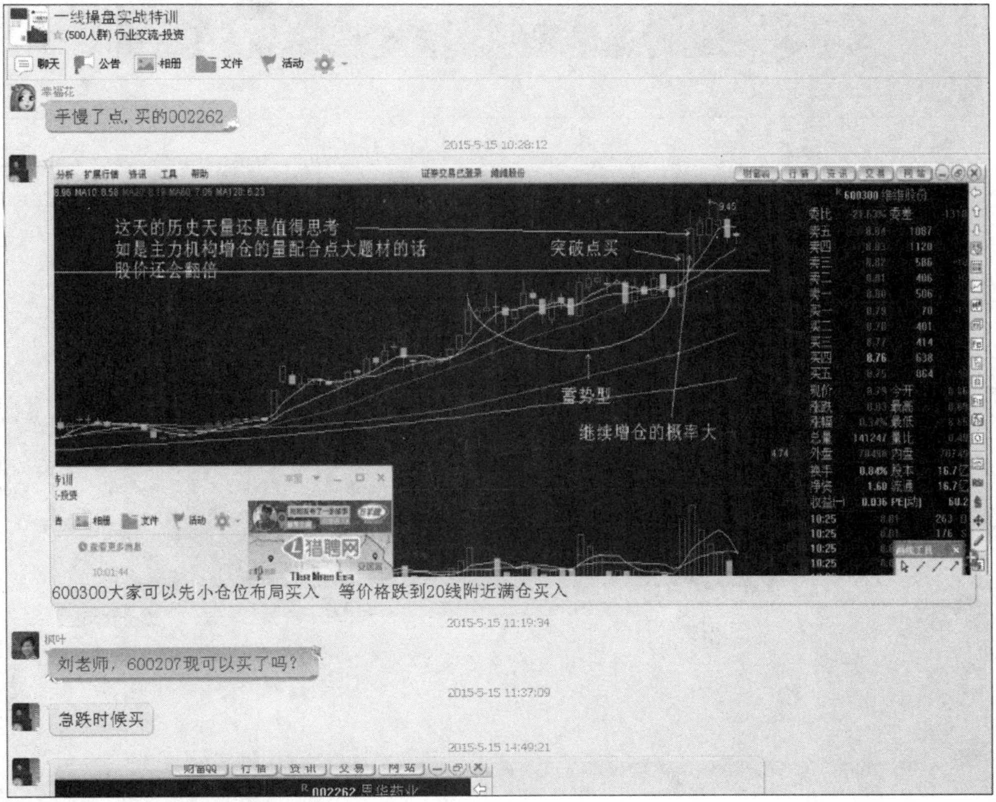

一线操盘实战特训
(500人群) 行业交流-投资
聊天 公告 相册 文件 活动

幸福花
手慢了点，买的002262

2015-5-15 10:28:12

这天的历史天量还是值得思考
如是主力机构增仓的量配合点大题材的话
股价还会翻倍
突破点买
蓄势型
继续增仓的概率大

600300大家可以先小仓位布局买入 等价格跌到20线附近满仓买入

2015-5-15 11:19:34

枫叶
刘老师，600207现可以买了吗？

2015-5-15 11:37:09

急跌时候买

2015-5-15 14:49:21

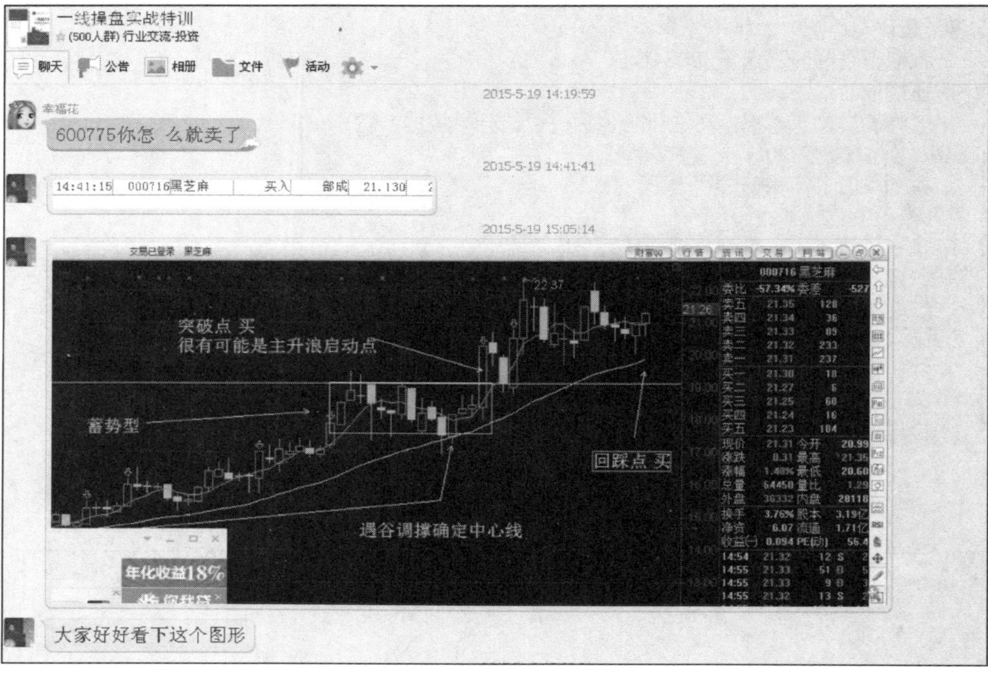

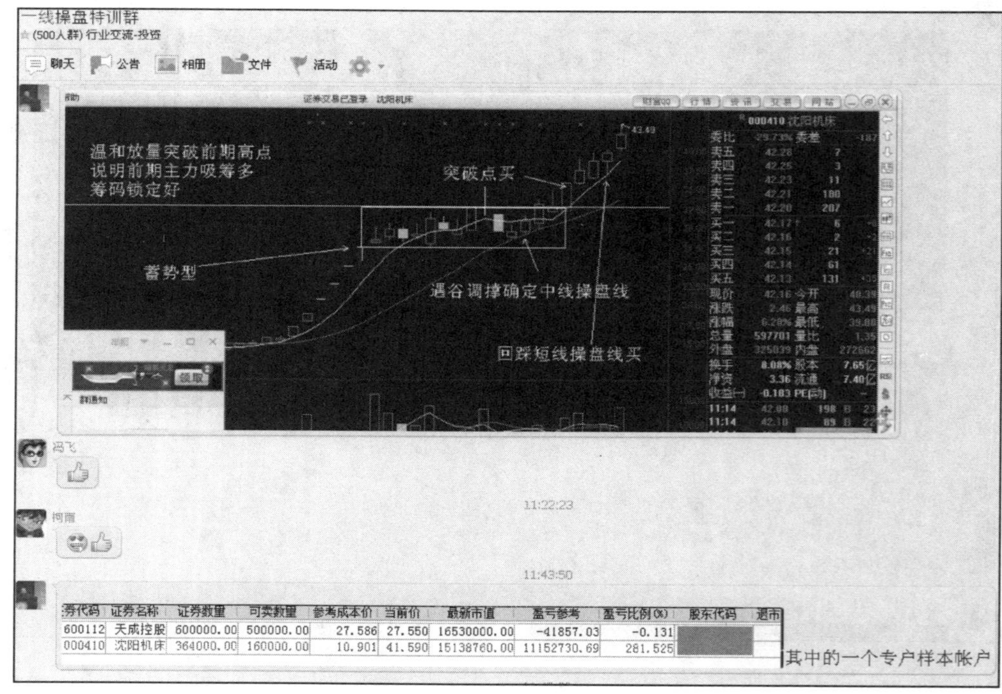

券代码	证券名称	证券数量	可卖数量	参考成本价	当前价	最新市值	盈亏参考	盈亏比例(%)	股东代码	退市
600112	天成控股	600000.00	500000.00	27.586	27.550	16530000.00	-41857.03	-0.131		
000410	沈阳机床	364000.00	160000.00	10.901	41.590	15138760.00	11152730.69	281.525		

其中的一个专户样本帐户

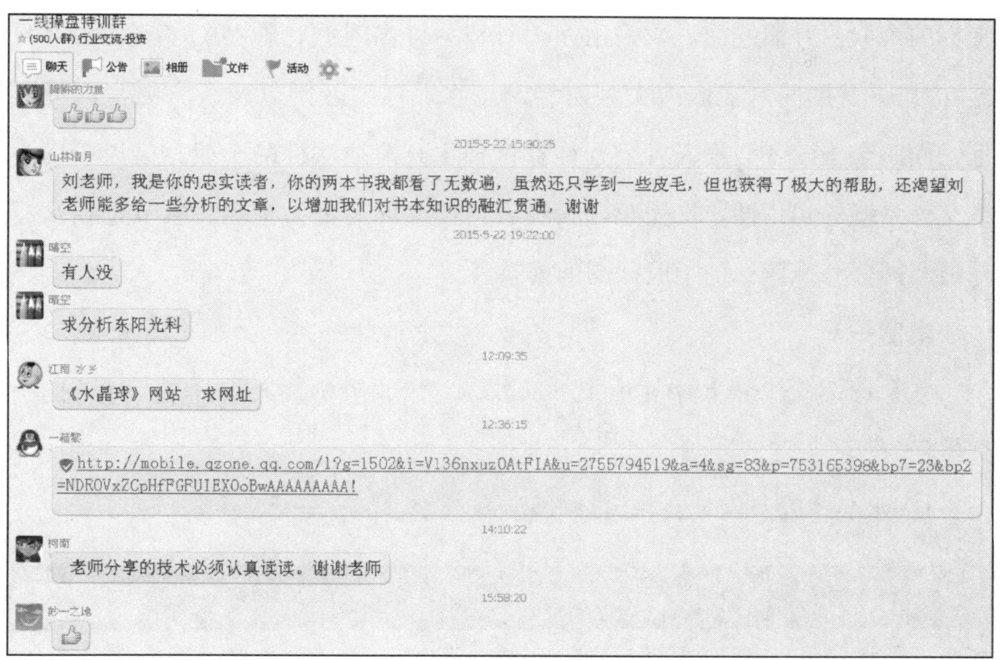

一个学生的来信

"王燊涛" <735747129@qq.com> 发送给 sgliudaxin888 拒收

2014年8月17日(星期日) 下午21:03 详细信息

实时的邮件提醒，流畅的读信体验，便捷的邮箱操作，轻松的上传文件，一切尽在新浪邮箱桌面提醒！

刘烜鑫老师：

您好！我是华南农业大学的一名学生，今年大二，专业是房地产开发与物业管理。起初了解刘老师是从一本“一线牵牛股”的书籍开始，对于这本书，我前前后后读了三四遍，爱不释手，自认为获得重宝，并奉之为入门操作的圭臬。对于“一线牵牛股”一书，我的最大感受有几点。最直观的一点是，刘老师沧桑的文笔。或许是股市的不凡遭遇，造就了老师精炼却深刻的笔锋，让人拍案称奇。其次是“一线操盘术”的内涵。这套理论（或许更加准确来说是感悟），异于市面上的大众股市著作。如果说股市经典著作是金庸笔下的武林各大门派的武林秘诀，那么“一线操盘术”更加像是某一不知名刀法，一劈一刺，一撩一掠，不需要太多繁复，杀伤力却极为巨大（这样比喻可能过于形象）。刘老师的经历如同常年登山，路途遥远，负重前行，在跋涉中有身边的许多人不了解你，不关心你，将你边缘化。但倔强如你，命运并没有使你屈服，这需要不知多大的动力，是秉性还是潜意识，我们无从得知。我们只能看到你十年来始终没有离开，山石的坚韧，登山的亦步亦趋，山路上的孤寂身影，风雨随行。我们永远歌颂山顶的人，在那里有着美丽的云海，开阔的视野，比天空大的胸膛，因为崇拜、因为羡慕，但却始终未能因此踏上登山路。

学生本人性格内向，一直以来都不是很主动去表达自己。随着年龄的增大，在自己身上的压力也是与日俱增的。并不是想秀同情，但我确实有着许多努力的的理由。我认为股市并没有永远不变的不二法则，有的永远发展变化的人的思维理念，能在股市浪潮中，乘风破浪。学生希望能跟随刘老师的脚步，亦步亦趋，走出自己弄潮之路。

第三节　公开荐股摘录

为配合本人牛股系列图书第三本（《卧底大牛股——均线猎取主升浪》）今年8月出版，增强图书的实用性、可信度、唯一性，展示一线交易系统捕捉标的个股主升浪绝技，我采用一个月作为样本时间，即 2015 年 4 月 18 日至 5 月 18 日期间，在国内大型财经网站水晶球财经网以及东方财富网博客上，面向全国读者与投资者公开推荐符合主升浪战法标的个股，借以验证一线交易系统的实用性，接受全国投资者与读者的监督与检验。本节是在水晶球财经网公开推荐标的个股截图的摘录。

案例一

5 月 18 日公开推荐中文传媒（600373）后，股价进入主升浪，连续四个涨停板。

1. 水晶球财经网 5 月 18 日刊登文章截图。

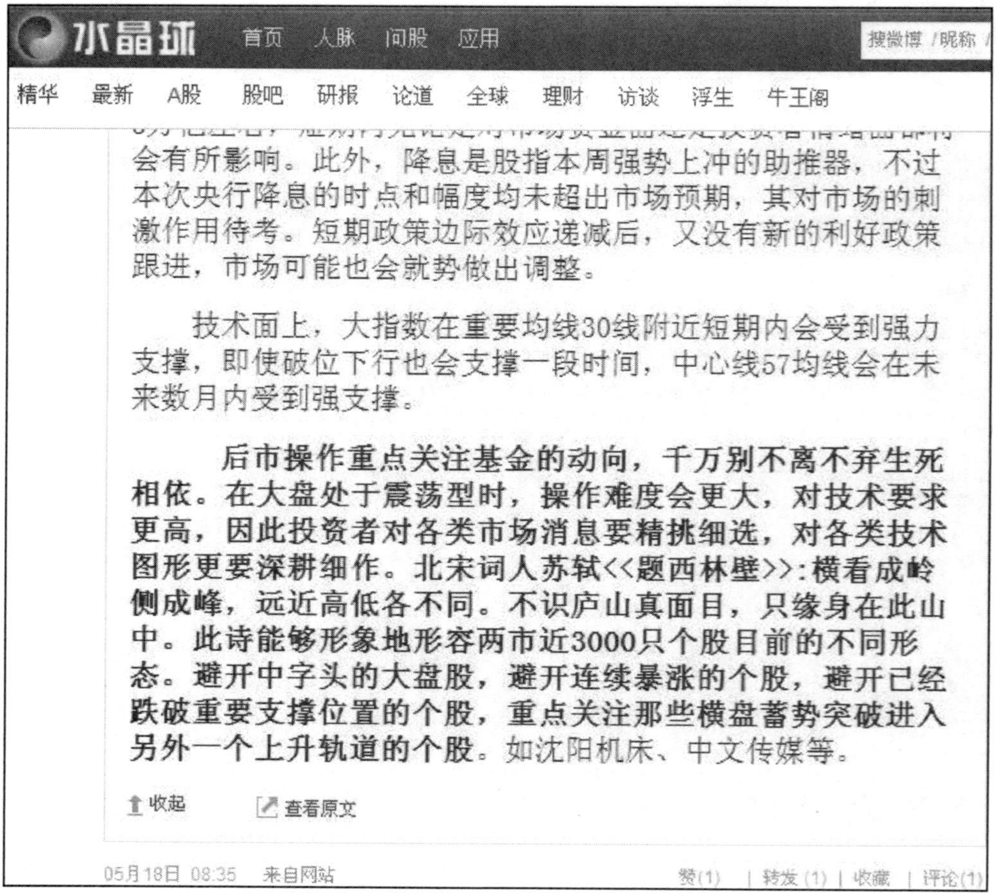

水晶球　首页　人脉　问股　应用　搜微博/昵称

精华　最新　A股　股吧　研报　论道　全球　理财　访谈　浮生　牛王阁

会有所影响。此外，降息是股指本周强势上冲的助推器，不过本次央行降息的时点和幅度均未超出市场预期，其对市场的刺激作用待考。短期政策边际效应递减后，又没有新的利好政策跟进，市场可能也会就势做出调整。

技术面上，大指数在重要均线30线附近短期内会受到强力支撑，即使破位下行也会支撑一段时间，中心线57均线会在未来数月内受到强支撑。

后市操作重点关注基金的动向，千万别不离不弃生死相依。在大盘处于震荡型时，操作难度会更大，对技术要求更高，因此投资者对各类市场消息要精挑细选，对各类技术图形更要深耕细作。北宋词人苏轼<<题西林壁>>:横看成岭侧成峰，远近高低各不同。不识庐山真面目，只缘身在此山中。此诗能够形象地形容两市近3000只个股目前的不同形态。避开中字头的大盘股，避开连续暴涨的个股，避开已经跌破重要支撑位置的个股，重点关注那些横盘蓄势突破进入另外一个上升轨道的个股。如沈阳机床、中文传媒等。

收起　查看原文

05月18日 08:35　来自网站　赞(1) | 转发(1) | 收藏 | 评论(1)

2. 操盘解密及交割单截图

(1) 沈阳机床(000410)

主升浪解密图,如下:

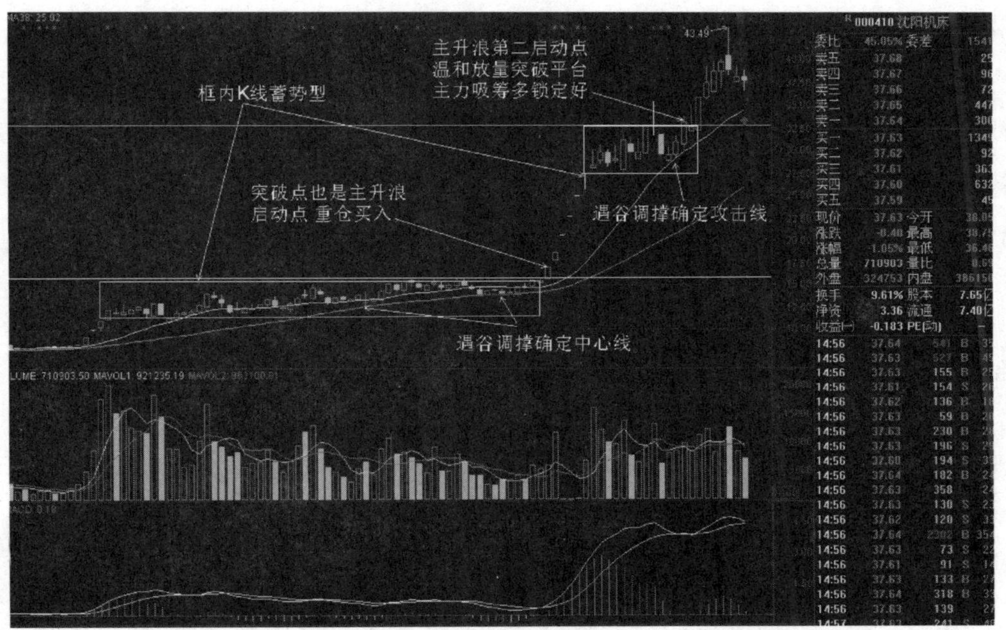

沈阳机床(000410)交割单如下。该股分别在主升浪第一启动点与第二启动点时买入,主升浪途中还反复做了 T+0,不断降低成本,扩大利润,直至主升浪结束。

闪电手 买入 卖出 撤单 成交 持仓 刷新 历史成交 锁定 系统 多帐号

起始日期: 2015- 3- 1 终止日期: 2015- 3-31

成交日期	成交时间	证券代码	证券名称	买卖标志	成交价格	成交数量	成交编号	委托编号	股东代码	成交金额	佣金	印花税	过户费	其他费	备
20150302	101014	000410	沈阳机床	证券买入	18.400	290000.00	9444	5060	[illegible]	5336000.00	1334.000	0	0	0.000	证券

闪电手 买入 卖出 撤单 成交 持仓 刷新 历史成交 锁定 系统 多帐号

起始日期: 2015- 5- 1 终止日期: 2015- 5-30

成交日期	成交时间	证券代码	证券名称	买卖标志	成交价格	成交数量	成交编号	委托编号	股东代码	成交金额	佣金	印花税	过户费	其他费	备
20150512	0	000410	沈阳机床	证券买入	31.150	80000.00	15125	6323	[illegible]	2492000.00	498.400	0	0	0.000	证券

闪电手 买入 卖出 撤单 成交 持仓 刷新 历史成交 锁定 系统 多帐号

起始日期: 2015- 5- 1 终止日期: 2015- 5-30

成交日期	成交时间	证券代码	证券名称	买卖标志	成交价格	成交数量	成交编号	委托编号	股东代码	成交金额	佣金	印花税	过户费	其他费	备
20150513	0	000410	沈阳机床	证券买入	32.198	139000.00	15725	2451	[illegible]	4475532.00	895.110	0	0	0.000	证

起始日期：2015- 5- 1　终止日期：2015- 5-30

成交日期	成交时间	证券代码	证券名称	买卖标志	成交价格	成交数量	成交编号	委托编号	股东代码	成交金额	佣金	印花税	过户费	其他费	备注
20150514	0	000410	沈阳机床	证券买入	32.180	180000.00	13319	1168		5792400.00	1158.480	0	0	0.000	证券买入
20150514	0	000410	沈阳机床	证券卖出	33.251	-180000.00	13323	3266		5985134.00	1197.030	5985.17	0	0.000	证券卖出
20150514	0	000410	沈阳机床	证券买入	33.300	94500.00	13325	11008		3146850.00	629.370	0	0	0.000	证券买入
20150514	0	000410	沈阳机床	证券卖出	35.460	-94500.00	13328	13992		3350982.00	670.200	3350.99	0	0.000	证券卖出
20150514	0	000428	华天酒店	证券卖出	11.182	-778875.00	13332	14172		8709435.00	1741.890	8709.45	0	0.000	证券卖出
20150514	0	000410	沈阳机床	证券买入	35.060	125000.00	13335	14473		4382500.00	876.500	0	0	0.000	证券买入
20150514	0	000410	沈阳机床	证券买入	34.350	75000.00	13338	17275		2576250.00	515.250	0	0	0.000	证券买入
20150514	0	000410	沈阳机床	证券卖出	34.680	-35500.00	13340	17417		1231142.00	246.230	1231.14	0	0.000	证券卖出
20150514	0	000410	沈阳机床	证券卖出	35.460	-64500.00	13342	19382		2287170.00	457.430	2287.17	0	0.000	证券卖出
20150514	0	000410	沈阳机床	证券买入	35.100	66900.00	13344	19591		2348190.00	469.640	0	0	0.000	证券买入
20150514	0	000410	沈阳机床	证券买入	35.346	33100.00	13346	20038		1169937.00	233.990	0	0	0.000	证券买入

股票委托　开放基金

退市板块协议签署
查询
资金股份
当日成交
当日委托
历史成交

闪电手　买入　卖出　撤单　成交　持仓　刷新　　资金股份

人民币：余额:3216086.68　可用:3216086.68　可取:3216086.68　参考市值:28283244.58　资产:31499331.26　盈亏:1

证券代码	证券名称	证券数量	可卖数量	参考成本价	当前价	最新市值	盈亏参考	盈亏比例(%)
600704	物产中大	427700.00	427700.00	30.138	30.930	13228761.00	322682.69	2.628
000410	沈阳机床	400066.00	400066.00	12.652	37.630	15054483.58	9974647.54	197.423

（2）中文传媒（600373）

主升浪解密图，如下：

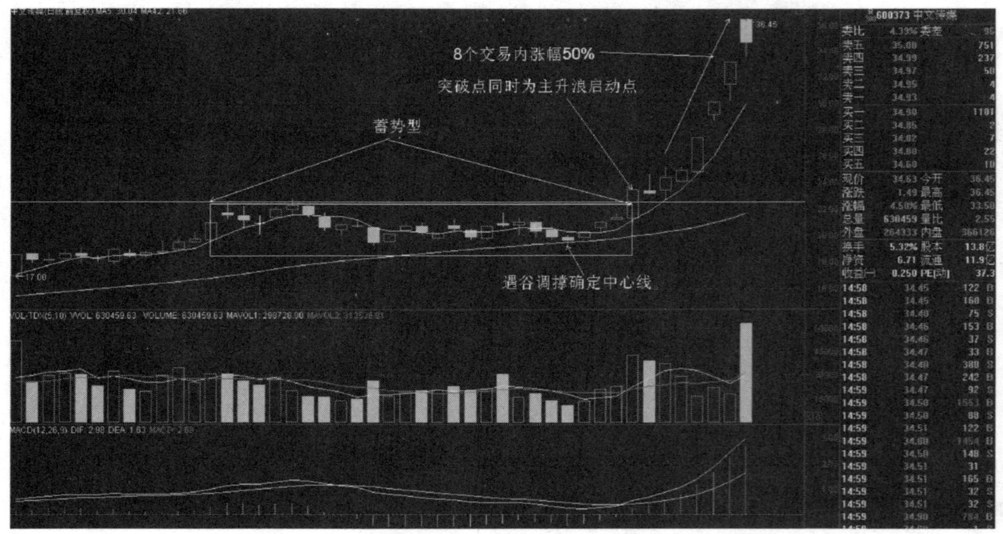

交割单，如下：

买入　卖出　成交　持仓　刷新　安全信息　诊断

起始日期：2015/ 5/16　终止日期：2015/ 5/23

成交日期	证券代码	证券名称	买卖标志	成交价格
20150518	600373	中文传媒	买入	24.850

案例二

5 月 13 日公开推荐八菱科技（002592）后，股价进入主升浪，连续六个涨停板。

1. 水晶球财经网 5 月 13 日刊登文章截图：

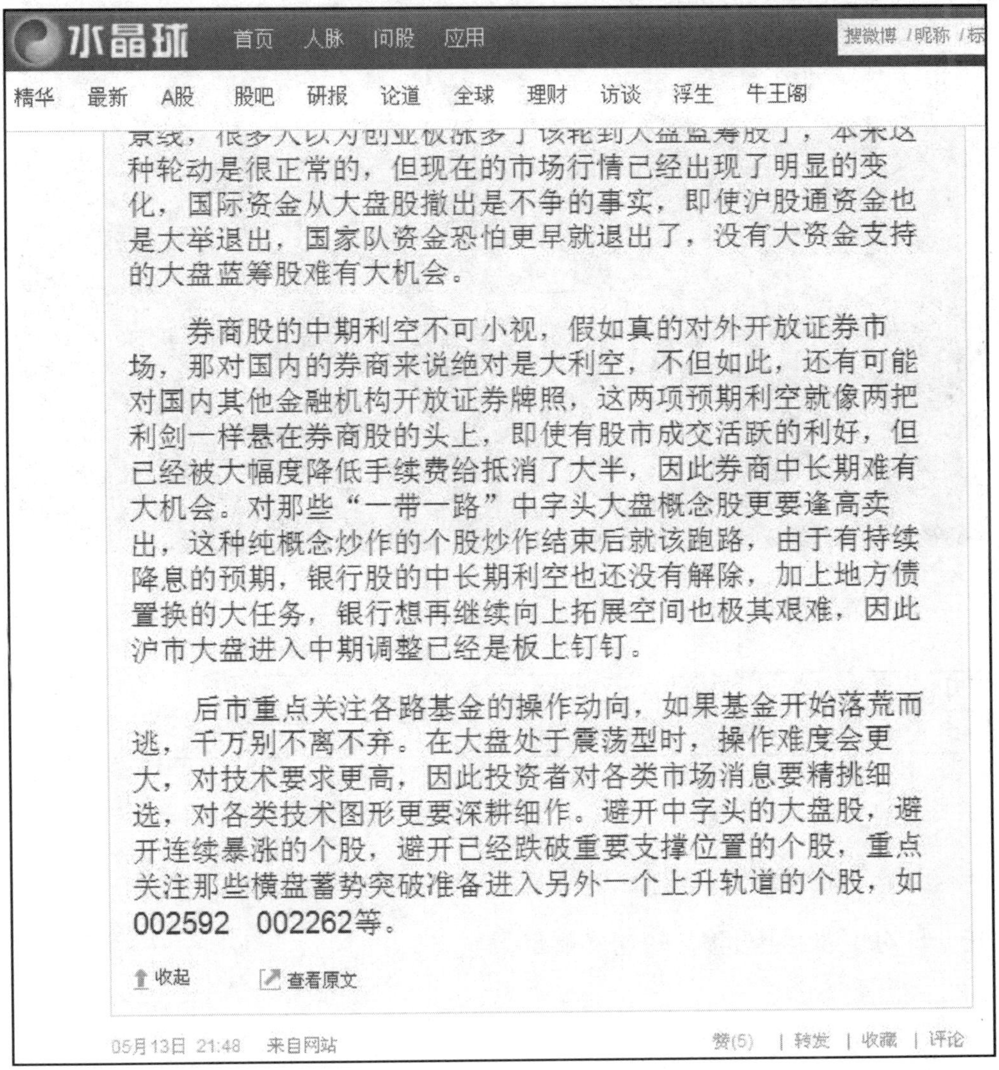

水晶球 首页 人脉 问股 应用 搜微博 /昵称 /标

精华 最新 A股 股吧 研报 论道 全球 理财 访谈 浮生 牛王阁

京线，很多人以为创业板涨多了该轮到大盘蓝筹股了，本来这种轮动是很正常的，但现在的市场行情已经出现了明显的变化，国际资金从大盘股撤出是不争的事实，即使沪股通资金也是大举退出，国家队资金恐怕更早就退出了，没有大资金支持的大盘蓝筹股难有大机会。

券商股的中期利空不可小视，假如真的对外开放证券市场，那对国内的券商来说绝对是大利空，不但如此，还有可能对国内其他金融机构开放证券牌照，这两项预期利空就像两把利剑一样悬在券商股的头上，即使有股市成交活跃的利好，但已经被大幅度降低手续费给抵消了大半，因此券商中长期难有大机会。对那些“一带一路”中字头大盘概念股更要逢高卖出，这种纯概念炒作的个股炒作结束后就该跑路，由于有持续降息的预期，银行股的中长期利空也还没有解除，加上地方债置换的大任务，银行想再继续向上拓展空间也极其艰难，因此沪市大盘进入中期调整已经是板上钉钉。

后市重点关注各路基金的操作动向，如果基金开始落荒而逃，千万别不离不弃。在大盘处于震荡型时，操作难度会更大，对技术要求更高，因此投资者对各类市场消息要精挑细选，对各类技术图形更要深耕细作。避开中字头的大盘股，避开连续暴涨的个股，避开已经跌破重要支撑位置的个股，重点关注那些横盘蓄势突破准备进入另外一个上升轨道的个股，如002592 002262等。

收起 查看原文

05月13日 21:48 来自网站 赞(5) | 转发 | 收藏 | 评论

2. 操盘解密及交割单截图

八菱科技（002592）

主升浪解密图，如下：

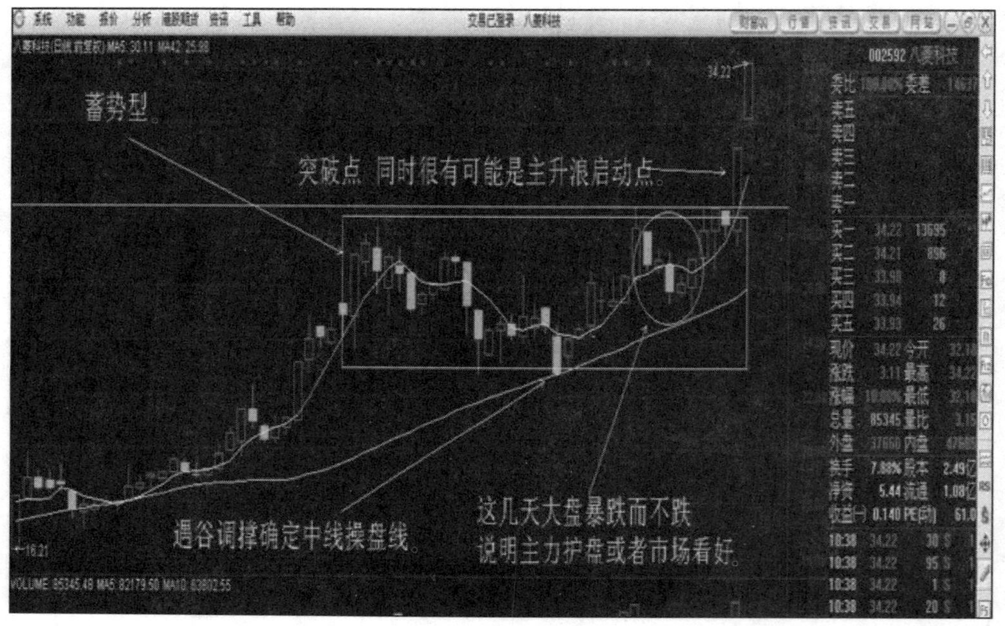

交割单，如下：

14:24:47	002592	八菱科技	买入	部成	28.980
14:25:06	002262	恩华药业	买入	已成	32.900

案例三

5 月 7 日公开推荐四川九洲（000801）、广东甘化（000576）后，股价依托 5 日均线进入主升浪，短期涨幅 50％左右。

1. 水晶球财经网5月7日刊登文章截图

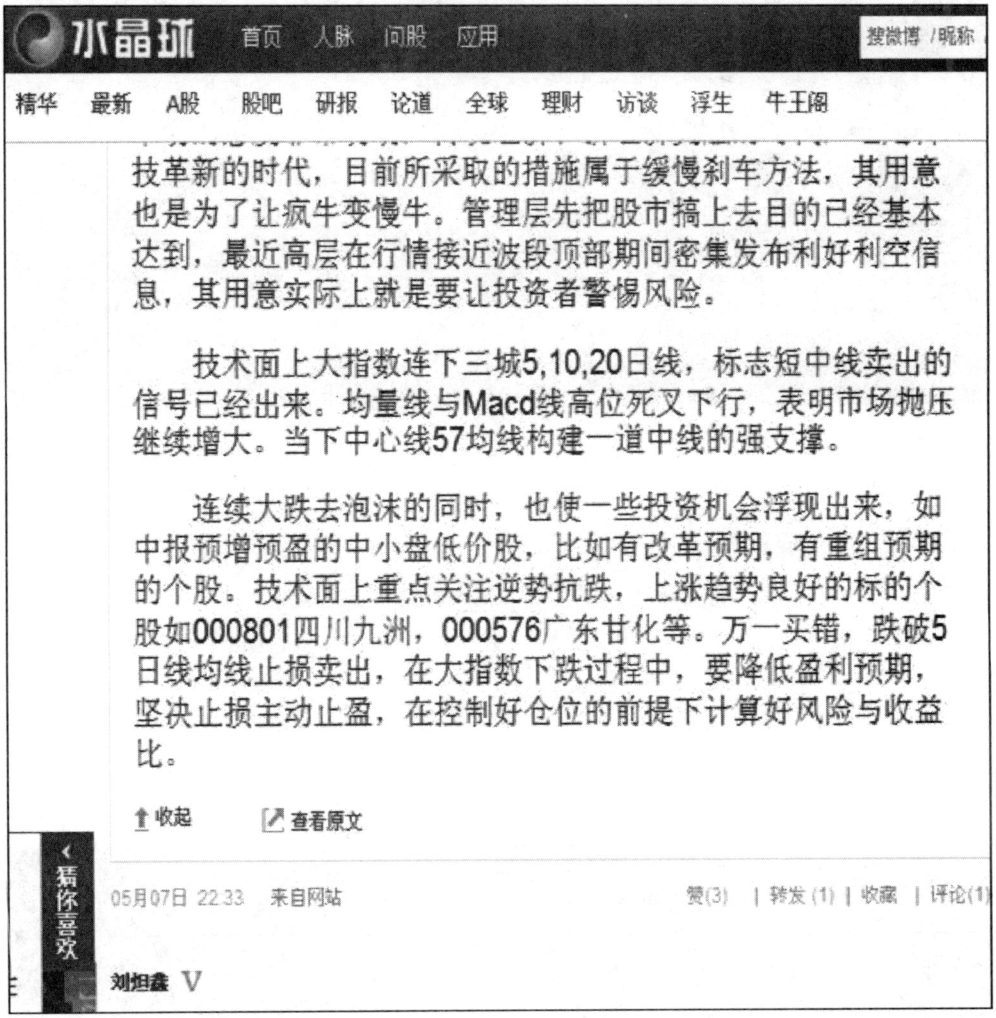

水晶球 首页 人脉 问股 应用 搜微博/昵称

精华 最新 A股 股吧 研报 论道 全球 理财 访谈 浮生 牛王阁

技革新的时代，目前所采取的措施属于缓慢刹车方法，其用意也是为了让疯牛变慢牛。管理层先把股市搞上去目的已经基本达到，最近高层在行情接近波段顶部期间密集发布利好利空信息，其用意实际上就是要让投资者警惕风险。

技术面上大指数连下三城5,10,20日线，标志短中线卖出的信号已经出来。均量线与Macd线高位死叉下行，表明市场抛压继续增大。当下中心线57均线构建一道中线的强支撑。

连续大跌去泡沫的同时，也使一些投资机会浮现出来，如中报预增预盈的中小盘低价股，比如有改革预期，有重组预期的个股。技术面上重点关注逆势抗跌，上涨趋势良好的标的个股如000801四川九洲，000576广东甘化等。万一买错，跌破5日线均线止损卖出，在大指数下跌过程中，要降低盈利预期，坚决止损主动止盈，在控制好仓位的前提下计算好风险与收益比。

收起 查看原文

猜你喜欢

05月07日 22:33 来自网站 赞(3) | 转发(1) | 收藏 | 评论(1)

刘担鑫 V

2. 操盘解密及交割单截图

(1) 四川九洲 (000801)

主升浪解密图，如下：

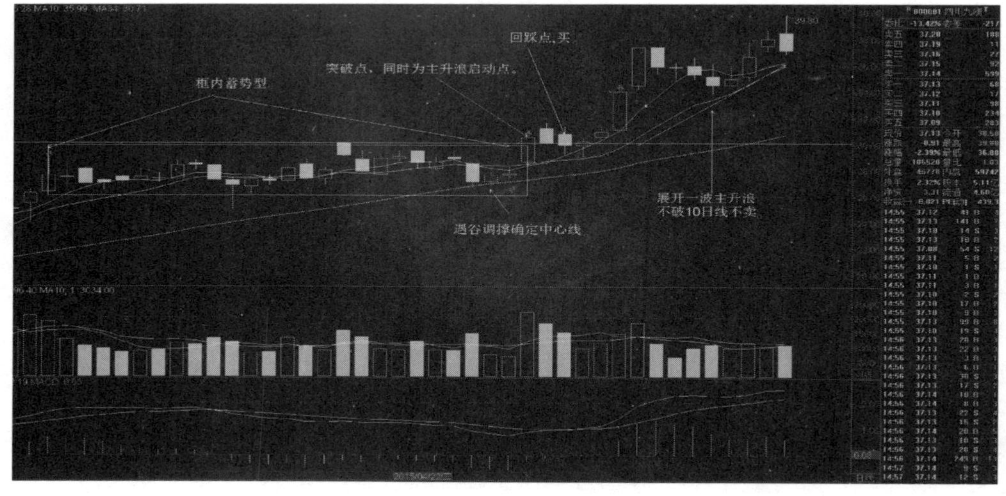

交割单，如下：

起始日期：2015/ 5/ 1　终止日期：2015/ 5/23

成交日期	证券代码	证券名称	买卖标志	成交价格
20150506	000801	四川九洲	买入	30.610

（2）广东甘化（000576）

主升浪解密图，如下：

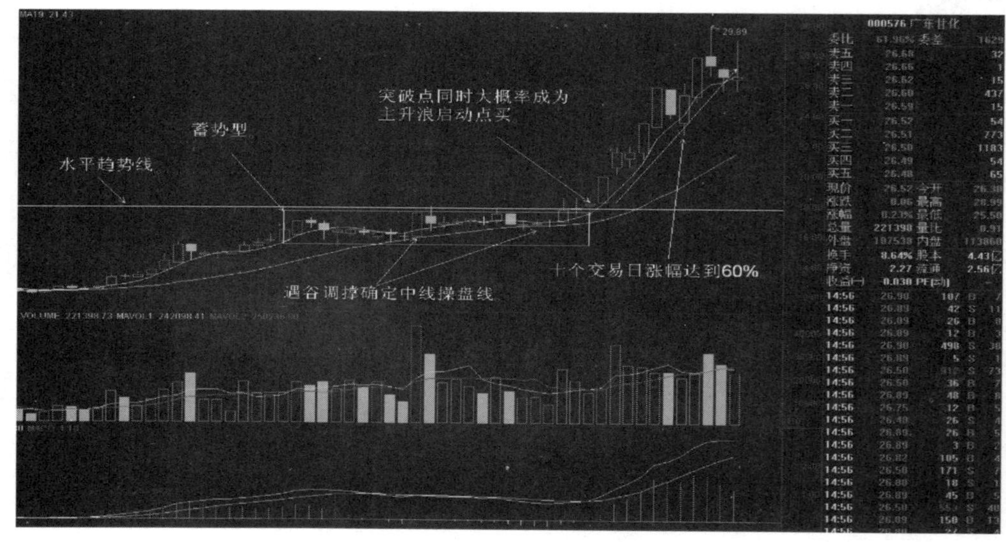

案例四

4月18日公开推荐“中字头”的二线蓝筹股，如中国远洋（601919），中海集运（601866）、中国重工（601989）等二线蓝筹权重板块集体暴涨，10个交易日内主升浪涨幅达到100%左右。

1. 水晶球财经网4月18日刊登文章截图

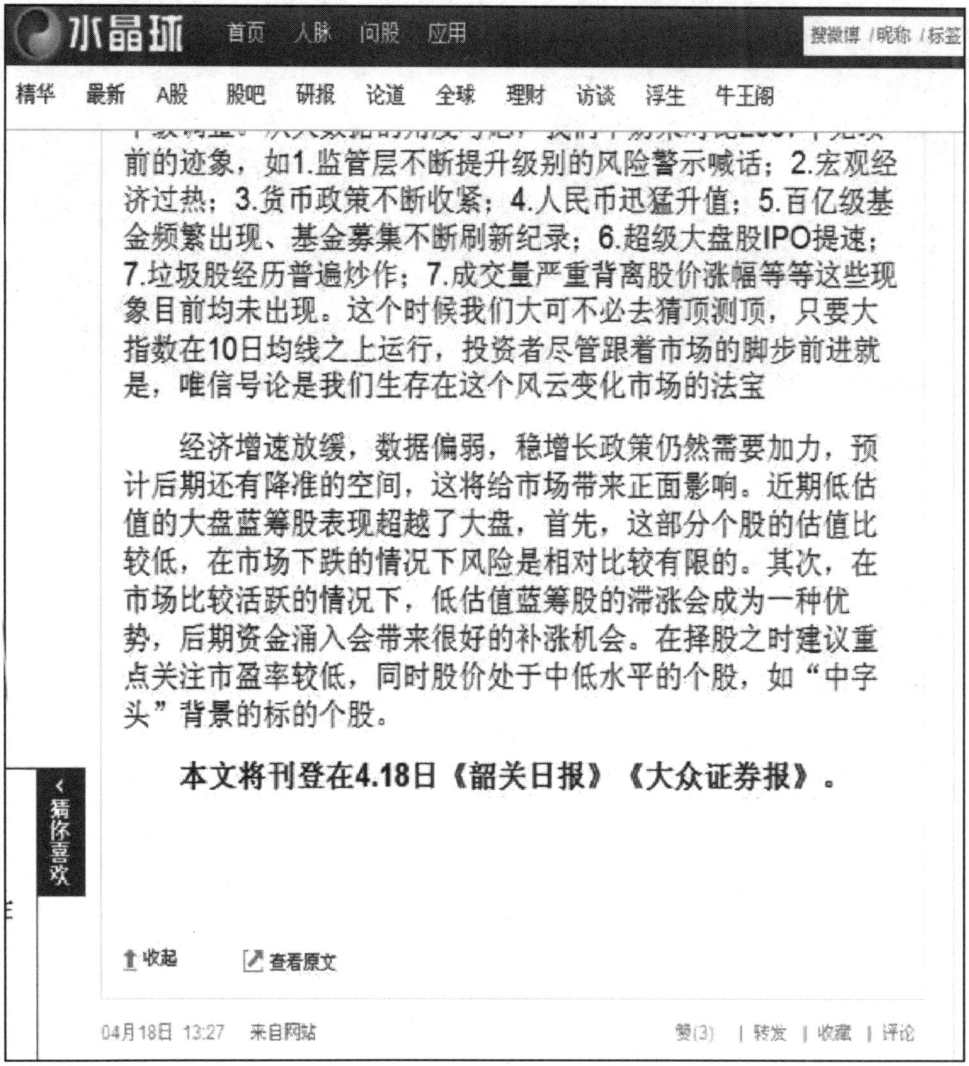

水晶球　首页　人脉　问股　应用　搜微博 /昵称 /标签

精华　最新　A股　股吧　研报　论道　全球　理财　访谈　浮生　牛王阁

前的迹象，如1.监管层不断提升级别的风险警示喊话；2.宏观经济过热；3.货币政策不断收紧；4.人民币迅猛升值；5.百亿级基金频繁出现、基金募集不断刷新纪录；6.超级大盘股IPO提速；7.垃圾股经历普遍炒作；7.成交量严重背离股价涨幅等等这些现象目前均未出现。这个时候我们大可不必去猜顶测顶，只要大指数在10日均线之上运行，投资者尽管跟着市场的脚步前进就是，唯信号论是我们生存在这个风云变化市场的法宝

经济增速放缓，数据偏弱，稳增长政策仍然需要加力，预计后期还有降准的空间，这将给市场带来正面影响。近期低估值的大盘蓝筹股表现超越了大盘，首先，这部分个股的估值比较低，在市场下跌的情况下风险是相对比较有限的。其次，在市场比较活跃的情况下，低估值蓝筹股的滞涨会成为一种优势，后期资金涌入会带来很好的补涨机会。在择股之时建议重点关注市盈率较低，同时股价处于中低水平的个股，如“中字头”背景的标的个股。

本文将刊登在4.18日《韶关日报》《大众证券报》。

猜你喜欢

收起　查看原文

04月18日 13:27　来自网站　赞(3) | 转发 | 收藏 | 评论

2. 操盘解密及交割单截图

(1) 中国远洋(601919)

主升浪解密图，如下：

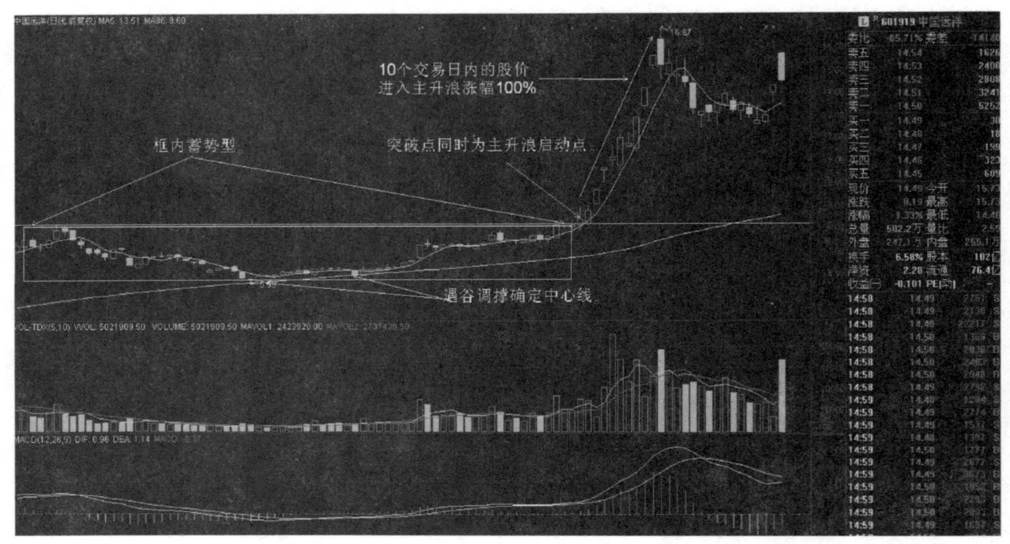

交割单，如下：

起始日期: 2015/ 4/ 1	终止日期: 2015/ 4/30				
成交日期	证券代码	证券名称	买卖标志	成交价格	成
20150415	601919	中国远洋	买入	8.170	

(2) 中国中冶(601618)

主升浪解密图，如下：

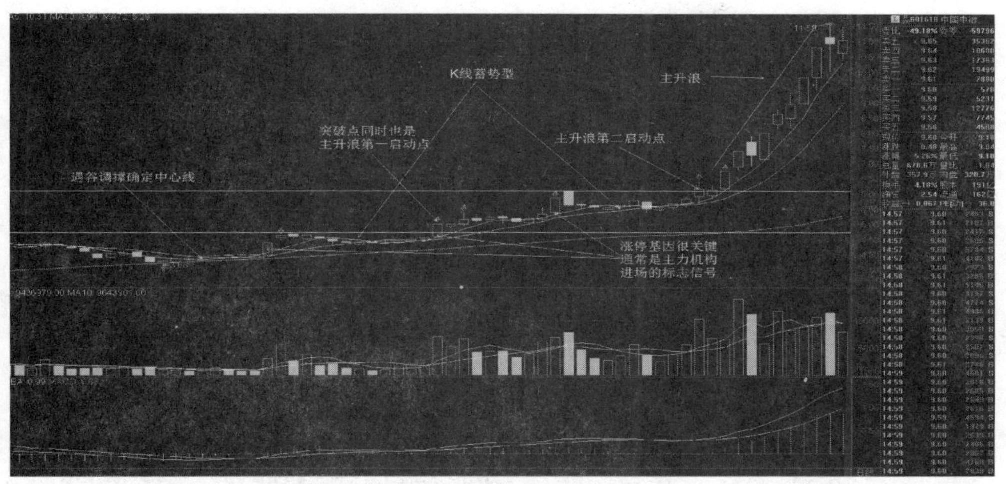

交割单，如下：

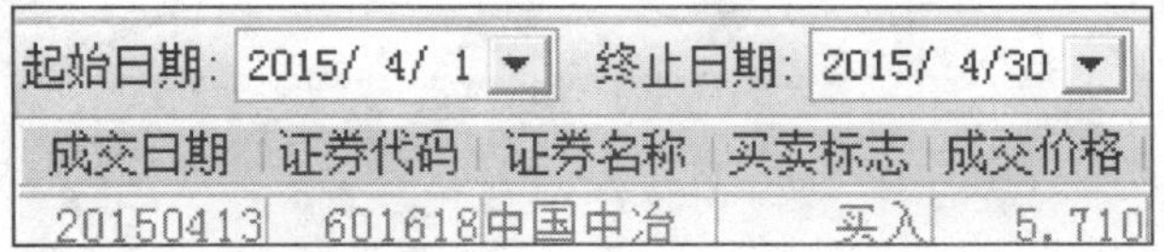

起始日期：2015/ 4/ 1　终止日期：2015/ 4/30

成交日期	证券代码	证券名称	买卖标志	成交价格
20150413	601618	中国中冶	买入	5.710

（3）中海集运（601866）

主升浪解密图，如下：

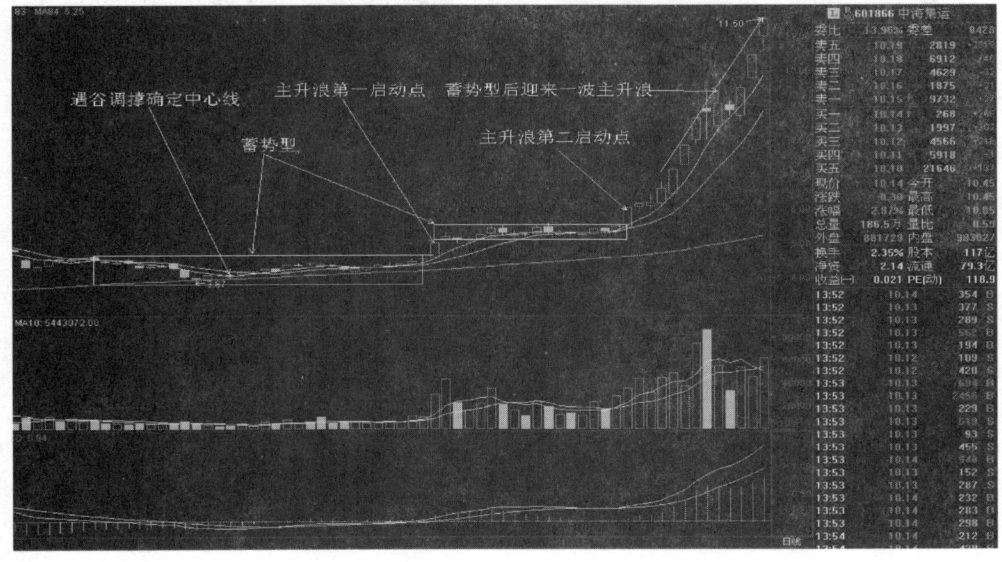

交割单，如下：

刷新 安全信息 诊断

起始日期: 2015/ 4/ 1　终止日期: 2015/ 4/30

成交日期	证券代码	证券名称	买卖标志	成交价格
20150413	601866	中海集运	买入	5.910

（4）中国重工（601989）

主升浪解密图，如下：

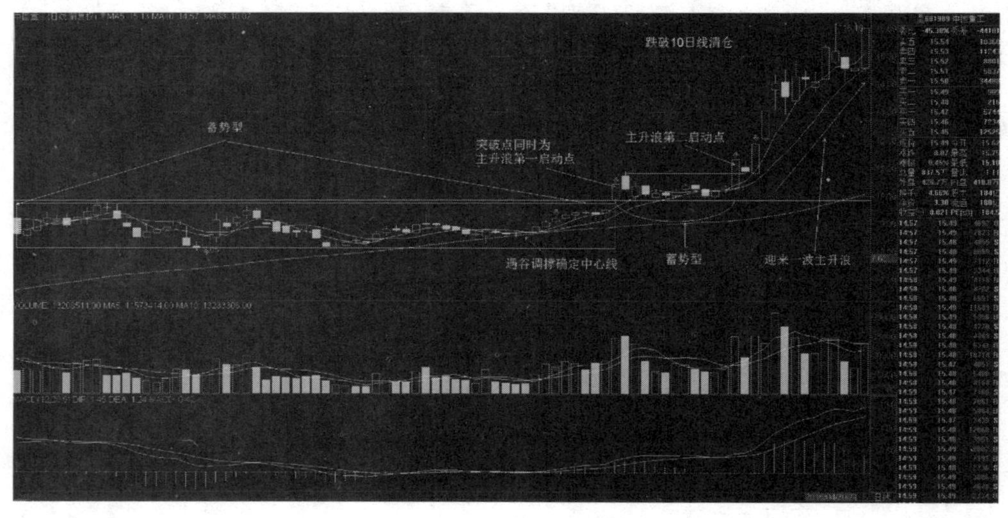

交割单，如下：

起始日期: 2015/ 4/ 1　终止日期: 2015/ 4/30

成交日期	证券代码	证券名称	买卖标志	成交价格	成交
20150407	601989	中国重工	买入	10.350	

（5）中国联通（600050）

主升浪解密图，如下：

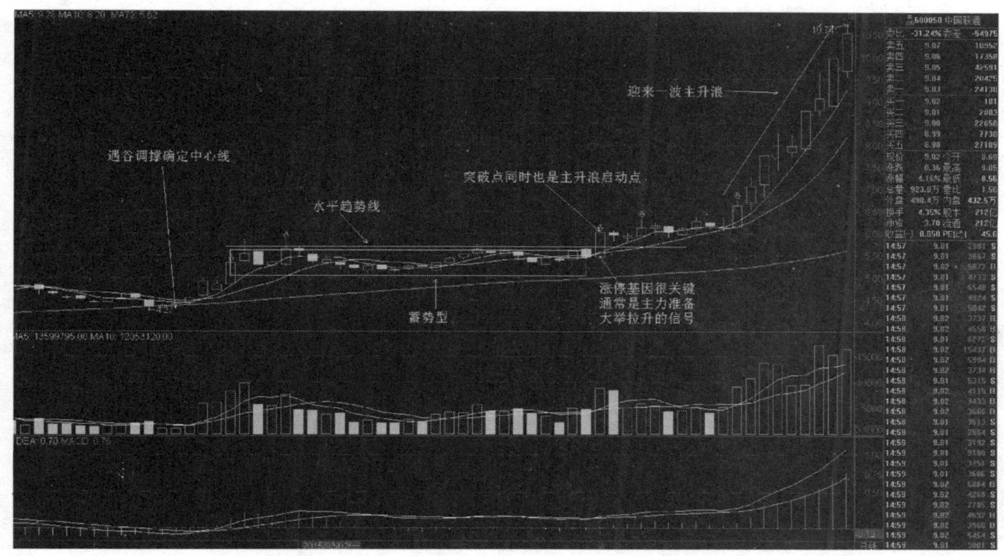

交割单，如下：

刷新 安全信息 诊断

起始日期：2015/ 4/ 1　终止日期：2015/ 4/30

成交日期	证券代码	证券名称	买卖标志	成交价格
20150420	600050	中国联通	买入	7.770

后记 有志者事竟成 苦心人天不负

《一线牵牛股——精确狙击买卖点》《三线骑牛股——精确掌控支撑与压力》分别于2013年、2014年由四川人民出版社出版，此后，我接到全国各地许多不同年龄不同性别，不同股龄不同水平股民的来函来电，询问读书过程中的一些疑惑与不解，问题主要集中于三个临界点、四大基本形态、五大买卖点的判断，以及如何利用一线交易系统在实战中猎取牛股，捕捉主升浪，获取暴利。基于此，笔者感到亟须出版第三本图书满足读者的需要，这就有了《卧底大牛股——均线捕捉主升浪》。

“三大涨跌临界点，四大涨跌形态，五大涨跌买卖点”是一线交易系统最大的一抹亮色，它把证券市场纷繁复杂眼花缭乱的众多买卖点与形态如庖丁解牛般直接简化到几个。这样做并不是为了赢得市场的眼光与噱头而进行的杜撰，更不是为了辞藻的华丽采取拿来主义而进行的生搬硬套，而是通过无数次真金白银实战总结出来的经验。本书力图形象生动，以最精最简最全的方式，展示一线交易技术。笔者坚信，有缘分的投资者通过努力学习，一定会很快掌握一线交易系统的理论与技术，尤其是精通了在任何资本市场通用的五大买卖点，操作胜算就会越来越大，从而逆袭多年亏损的经历，改变自己乃至家族的命运。

两本证券图书（《一线牵牛股——精确狙击买卖点》《三线骑牛股——精确掌控支撑与压力》）问世两年来，迅速成为国内畅销证券图书，笔者在此深深地感谢四川人民出版社的慧眼，感谢亚马逊网、卓越网、文轩网等网络渠道商，感谢广大读者与投资者的厚爱。本书在出版过程中得到了出版社及一些股友的帮助，本人甚感欣慰。感谢四川人民出版社江风先生、叶驰先生。感谢深圳前海大概率资产管理有限公司董事长杨济源，广东金字塔投资管理有限公司总经理曾东运，韶关日报社总编辑、社长刘炎生，阳光私募基金经理小黎飞刀，新华基金管理有限公司基金经理曹名长，东莞证券韶关新华南路营业部总经理李剑挥，北京锐阳资产管理有限公司董事长胡锐得，笔者的母校广东师范学院，以及水晶球财经网，金融投资报、大众证券报。三是鸣谢侯奇、幸三生、李元喜、高健等证券期货界同行对本人的关心与支持。

山岭道人 2015 年 7 月于广东省韶关市

1. 交流微信公众号：liudaxin468

2. 交流邮箱：sgliudaxin888@sina. com

3. 交流微博号：http：//t. qq. com/AB139278AB

4. 交流 QQ 群：225609141，29118479

5. 东方财富网博客：http：//blog. eastmoney. com/shanlingdaoren

6. 深圳前海大概率资产管理有限公司网址：http：//www. dagailv. com/index. html

7. 大概率资管粤北操盘室：广东省韶关市新华南路 17 号东莞证券股份有限公司 A5 房，电话：13927832468　0751－8887978